os sete passos para ficar

de bem com a vida

marci shimoff

com **carol kline**

os sete passos para ficar **de bem com a vida**

aprenda a ser feliz
sem motivo

Tradução
Bruno Casotti

BestSeller

CIP-BRASIL. CATALOGAÇÃO-NA-FONTE
SINDICATO NACIONAL DOS EDITORES DE LIVROS, RJ.

S559f Shimoff, Marci
Os sete passos para ficar de bem com a vida / Marci Shimoff e Carol Kline; tradução: Bruno Casotti. - Rio de Janeiro: Best*Seller*, 2008.

Tradução de: Happy for no reason
ISBN 978-85-7684-254-5

1. Felicidade. I. Kline, Carol, 1957-. II. Título.

CDD: 158
08-3121 CDU: 159.942

Título original norte-americano
HAPPY FOR NO REASON: 7 STEPS TO BEING HAPPY FROM THE INSIDE OUT

Publicado mediante acordo com Free Press,
uma divisão da Simon & Schuster, Inc.

Capa: Elmo Rosa
Diagramação: ô de casa

Impresso no Brasil
ISBN 978-85-7684-254-5

PEDIDOS PELO REEMBOLSO POSTAL
Caixa Postal 23.052
Rio de Janeiro, RJ – 20922-970

Este livro é dedicado a todos que sempre quiseram ser felizes. Isso não é mais uma ilusão. E a meu Pai, meu primeiro modelo exemplar de Feliz Sem Motivo. Carrego sua alegria em meu coração.

AGRADECIMENTOS

Este livro é, de muitas maneiras, um esforço coletivo. Sou profundamente grata pelo extraordinário apoio que recebi e pelas inestimáveis contribuições de amigos, familiares, colegas, os 100 Felizes e especialistas de diversas áreas. Eu e Carol gostaríamos de agradecer a muitas pessoas maravilhosas e generosas que fizeram essa viagem conosco.

De Marci:

Carol, por dar seu coração, sua mente e sua alma a este projeto com total dedicação e trabalhando incansavelmente para fazer o melhor livro possível. Obrigada por estar presente para mim como escritora de talento, colaboradora brilhante e amiga querida. Eu não teria conseguido fazer este livro sem você, e nem teria querido fazê-lo sem você.

Sergio, por ser meu porto seguro, meu herói e meu amor. Obrigada por seu apoio inabalável, por suas percepções profundas e por me mostrar continuamente, de muitas maneiras, grandes e pequenas, que o amor é sempre o mais importante. Sou muito abençoada por compartilhar minha vida com um homem que é realmente Feliz Sem Motivo!

Minha família extraordinária: Minha mãe e meu pai, os melhores pais do mundo, por seu amor incondicional e por sempre acreditarem em mim. Minha irmã, Lynda, por ser o outro "ser espiritual". Meu irmão, Paul, que me ensinou tudo o que sei (pelo menos é o que ele me diz). Minha cunhada fabulosa, Susan, e meus excelentes sobrinhos Aaron, Vickie, Jared e Tony. Maija Snepste, por ser um maravilhoso e querido acréscimo à nossa família. Leah Basch, por ser uma "irmãzinha" tão formidável. E a Francesca, Max e Silvia Baroni, por me apoiarem com seu amor e com aqueles soberbos jantares italianos domingo à noite em nossa casa.

Bonnie Solow, minha agente literária e querida amiga, que durante todo o processo de escrita do livro nos viu com amor, generosidade, incentivo, incrível paciência e capacidade. Obrigada por segurar minha mão e nutrir meu coração. Você é a melhor agente literária do mundo e uma amiga extraordinária. E a Lulu, por espalhar alegria em todos os lugares.

Jack Canfield, meu fenomenal mentor e irmão de "alma" em *Histórias para aquecer o coração*, por me orientar, me inspirar e tão generosamente compartilhar comigo toda a sua sabedoria e conhecimento extraordinários. Eu não estaria onde estou hoje sem você. Amo você e valorizo profundamente nossa amizade e o impacto tremendo que teve em minha vida. Inga Canfield, minha "fada divertida" e sábia num só pacote: obrigado por ser uma grande amiga. Mark Victor Hansen, Patty Aubery, Russ Kamalski, Patty Hansen e toda a família de *Histórias para aquecer o coração*, por sempre estarem presentes para mim com sabedoria, amor e apoio. Jennifer Hawthorne, por começar comigo esse caminho nas letras. Meus pássaros azuis a cercam de felicidade.

Pete Bissonette, Paul Scheele e Learning Strategies, por serem meus maravilhosos parceiros na iniciativa de trazer um novo nível de felicidade para o mundo. Adoro trabalhar com vocês, me sinto uma felizarda por estar na mesma equipe de vocês. Meus colegas do Transformacional Leadership Council, estou constantemente impressionada com o brilho, a bondade absoluta e o compromisso de fazer diferença no mundo – qualidades individuais e coletivas. Aprecio profundamente o apoio de vocês. Deborah Rozman, Howard Martin, Doc Childre e meus outros grandes amigos do Institute of HeartMath, por sua contribuição na esfera do desenvolvimento humano e por generosamente me ajudarem em meu trabalho.

Janet (Jani) Attwood, por ser minha melhor torcedora, amiga querida e pessoa favorita para rir junto. Seu coração afetuoso é tão grande quanto o universo. Chris Attwood, obrigada por sua grande sabedoria e seu coração aberto. Você foi excelente cada vez que precisei de ajuda. Jani e Chris, tem sido muito divertido brincar no mundo dos livros com vocês ao mesmo tempo – vocês são minha família.

Bill Bauman, por ser meu anjo da guarda pessoal e mentor espiritual. Sua visão ampla, seu amor profundo e seu senso de humor único são apenas alguns dos motivos pelos quais você está constantemente abençoando minha vida. Bill Levacy, por sempre me inspirar na direção certa e na hora certa. Você tem me orientado impecavelmente nos últimos 15 anos – você é uma estrela! Nandu, por me ajudar a manter o curso e a conservar minha energia elevada.

Catherine Oxenberg, minha querida irmã de alma, sua perspectiva espiritual e sua amizade carinhosa trazem muita alegria e paz para minha vida. Amo você. Debra Poneman, por ser minha primeira mentora, minha grande amiga, e por me ajudar a dizer *Sim ao Sucesso.*

Marianne Williamson, por ser um maravilhoso modelo. Adoro a maneira como você contribui para o mundo e sua magnificência como líder, visionária e amiga. Hale Dwoskin e Amy Edwards, por me encorajarem a lembrar a verdade e por sempre estarem disponíveis com amor e sabedoria. Arielle Ford e Brian Hilliard, por compartilharem seu amor e suas habilidades para a vida. Gayatri Schiffer e Brian Siddhartha Ingle, por manterem a alegria, a ordem e o ânimo em nossa casa. Jill Lublin e Steve Lillo, por sua grande disposição para ajudar. Suas habilidades, percepções e cuidado fantásticos salvaram meu dia muitas vezes. Stephen M. R. Covey, por nossa conversa, que me encorajou mais do que você imagina.

Meus amigos fenomenais, que têm me dado amor e apoio ao longo dessa jornada: Lenora Boyle, AlexSandra Leslie, Suzanne Lawlor, Mary Weiss, Stewart e Joan Emery, Peggy O'Neil, Barbara Stanny, Elinor Hall, Ron Hall, Jeddah Mali, Robert Kenyon, Renee Skop, Lynn Robertson, Cindy Buck, John e Bonnie Gray, Yakov Smirnoff, Donna Bauman, Diane Alabaster, Suelena Pamplin, Bruce Allen, Master George Yau, Janet Switzer. Meu grupo de mulheres: Holly Moore, Lane Cole, Janice Peterson, Sandy Kopff (sorrindo), Kami Mailloux, Terri Tate, Elyn Kopeck, Katherine Revoir e meu grupo de visões de segunda-feira de manhã. E a todos os meus amigos que viram artigos sobre felicidade e os enviaram para mim (vocês sabem quem são).

De Carol:

Marci, por me convidar para participar com você deste projeto que muda a vida. Você contribuiu de muitas maneiras para a minha vida e lhe serei sempre profundamente grata. Meu marido maravilhoso, Larry Kline, que me incentivou em cada passo desse caminho, aceitando pacientemente, mês após mês de trabalho incessante. Seu amor e apoio significam muito mais para mim do que você possa imaginar. Meus enteados, Lorin e McKenna – seu senso de si mesmo e seu espírito de aventura me inspiram continuamente. Minha mãe, Selma, sempre carinhosa e incentivadora. Minha irmã Bobbie, a outra escritora da família, que me ouviu de maneira compreensiva e sempre se dispôs a me ajudar com questões de gramática. Meu irmão "sensível" Burt, por me dar sábios conselhos sempre que eu pedia. Meus outros irmãos e seus cônjuges, Jim e Di, Wilbur, Pam, Holly e Charlie, que preencheram lacunas. Devo a vocês – e amo todos vocês. Cindy Buck, por ser minha querida amiga, incentivadora e confidente. Eu não teria conseguido fazer isso sem você, Cindala. Meu grupo de mulheres: Karen Joost, minha serena irmã do coração, e Toni D'Orr, a encarnação da bondade, por compartilharem tão livremente suas percepções e sua afeição. A cada ano que passa, amo mais vocês. Meus amigos adorados: Debbie Pogel – a outra Shaina Rivkah, Josie Batorski, Peggy O'Neill, Georgia Nemkov, Christian Wolfbrandt, Stephanie Hewitt, os Woolfs, Marcy Luikart, Kathy Bennett, Laurie Edgcomb e Wilma Melville; a amizade e o apoio de vocês me fazem ir em frente e tornam a vida muito doce.

De nós duas:

Nossas incríveis editoras: Betsy Rapaport, que não só é soberbamente talentosa no que faz, como também é divertida, gentil e muito sábia. Foi uma alegria trabalhar com você! Cindy Buck, cujo brilho editorial e contribuição valiosa melhoraram tremendamente este livro, e cuja amizade prezamos profundamente. Amamos você, Cin. Nancy Marriott, seu trabalho árduo, seu entusiasmo incansável e sua positividade foram uma bênção para nós. E Kristin Loberg, sua capacidade, seu bom humor e sua firmeza só se comparam à sua vasta experiência e competência.

Katina Griffin, assistente-executiva de Marci, por generosamente ir acima e além do dever de apoiar a nós e a este livro. Sue Penberthy, leal assistente e contadora de Marci, que há 11 anos a nutre com sua energia de "mãe" e sempre manteve o dinheiro fluindo. Laurie Kalter e Megan Woolever, por seu grande apoio, através da pesquisa, e pelo excelente gerenciamento do projeto. E D'ette Corona, que manteve nosso processo de permissões em ordem e cujo excepcional equilíbrio continua a nos impressionar. Você é uma jóia.

Sarah Clarehart, por sua sincera dedicação, paciência de jó e genialidade em design gráfico. Randall Heath e Liz Howard, por seu apurado talento artístico. Joe Burull e Jerry Downs, por seu acurado olhar fotográfico e seu trabalho esforçado para dar a Marci a melhor aparência! Aylene Rhiger, por sua magia em sites. Jerry Teplitz, por sua sensível maestria. Paul Hoffman, por fazer a nossa mensagem cantar! Scott de Moulin e Dalyce Brisbin, por seu treinamento generoso e brilhante.

Nosso "time campeão" da editora, as pessoas fabulosas e talentosas da Free Press: Dominick Anfuso, por ser a editora mais tranqüila, encantadora, reconfortante e positiva do planeta. Temos muita sorte por trabalhar com você neste projeto. Martha Levin, por sua confiança neste livro. Maria Auperin, por sua bondade, paciência e competência para nos ajudar em cada passo do caminho. Eric Fuentecilla, por seu excelente trabalho na capa. Eleni Caminis, por seu heroísmo em impressão. E o maravilhoso time de marketing e publicidade, incluindo Suzanne Donahue, Carisa Hays e Heid Metcalfe, por ajudarem a fazer este livro chegar às mãos de tantos leitores.

Os 100 Felizes, por disporem tão livremente de seu tempo e sua experiência para ajudar outras pessoas a encontrar a mesma felicidade que irradiam de maneira tão bela. As muitas pessoas que responderam à pesquisa Feliz Sem Motivo. Lemos todas as respostas, e elas nos forneceram informações muito valiosas.

Os especialistas de várias áreas que responderam pacientemente às nossas perguntas. Além dos muitos especialistas citados no livro, somos gratos às seguintes pessoas: Arjuna Ardagh, Jim Bunch, Katie Darling, Dr. John Demartini, Amy Edwards, Prayala Gordon, Joan Shivarpita Harrigan, Dr. Steven Hotze, a falecida Isa Lindwall, Dra. Helena Loboda, Sue Morter, Christian Opitz, George Ortega, Swami Chandrasekharanand Saraswati, Susan Seifert, Mark e Bonita Thompson, e Jerry White. Obrigada a vocês por explicarem processos científicos complexos de uma maneira que nós, leigos, pudemos entender facilmente e por compartilharem percepções brilhantes no campo da felicidade. Suas contribuições fornecem a estrutura objetiva do conceito de Feliz Sem Motivo e os passos para a construção da Casa da Felicidade.

Robert Biswas-Diener, um dos homens mais bondosos que já existiu, que compartilhou conosco seu tempo e seu conhecimento sempre que o procuramos.

Nossas cobaias, aquelas pessoas que dispuseram de seu tempo para ler e nos dar um retorno sobre nosso manuscrito: Chris Attwood, Janet Attwood, Sergio Baroni, Lane Cole, Oriana Green, Lisa Hotchkiss, Katrina Hunt, Brian Siddhartha Ingle, Suzanne Lawlor, Peggy O'Neill, Gayatri Schiffer, Barbara Stanny e Kevin Twohy. A contribuição de vocês foi imensamente útil.

Devido à proporção deste projeto, pode ser que tenhamos deixado de citar os nomes de algumas pessoas que contribuíram ao longo do caminho. Se isso aconteceu, por favor, perdoem-nos, e saibam que realmente estimamos muito vocês.

Somos muito gratas e amamos todos vocês!!!

SUMÁRIO

PREFÁCIO

de Jack Canfield

Dinheiro *pode* comprar felicidade – você acaba de fazer isso ao adquirir este livro! Ou pelo menos deu o primeiro e mais importante passo para se tornar o que minha colega e querida amiga Marci Shimoff chama de Feliz Sem Motivo.

Este é o momento perfeito para um livro sobre este tema. Agora que a maioria de nós supriu as necessidades de sobrevivência básicas e alcançou um certo nível de conforto material, estamos procurando algo a mais na vida. Seja comprando um ótimo carro, tirando as férias com que sonhamos, recebendo um aumento ou treinando uma seleção mirim, o que esperamos é que essas coisas nos dêem um sentimento de felicidade mais profundo. Mas estamos chegando perto. Não consigo pensar em uma necessidade mais universal hoje em dia do que a da verdadeira felicidade.

Em *Os sete passos para ficar de bem com a vida*, Marci oferece uma nova abordagem para ser feliz. Enquanto a maioria dos livros tem como foco a criação da felicidade que vem de fora, *Os sete passos para ficar de bem com a vida* fala da criação da felicidade que vem de dentro – onde realmente importa. Nestas páginas, você encontrará passos simples e práticos para experimentar um estado mais profundo e mais permanente de felicidade, independentemente das circunstâncias externas.

Se você viu o filme *O segredo*, sabe que Marci e eu acreditamos bastante na Lei da Atração – a idéia de que você tem o poder de atrair para a sua vida o que deseja mais profundamente. Neste livro, Marci fornece base para praticar mais efetivamente essa lei: manter um estado de alegria e felicidade dentro de você.

Quando conheci Marci, há quase 20 anos, em um de meus cursos de treinamento de auto-estima, ela me impressionou por sua energia e seu desejo de aprender – imediatamente! Mais tarde, ela foi assistente de meus programas e desenvolveu seus próprios seminários transformadores sobre sucesso e auto-estima. Um dia, ela me telefonou para dizer que tinha uma ótima idéia para um livro: *Histórias para aquecer o coração das mulheres* (Na época, apenas o livro original, *Histórias para aquecer o coração*, havia sido publicado.) "Parece uma idéia brilhante", eu disse "Mas por que eu preciso de você para fazer o livro?"

Marci e sua sócia, Jennifer Hawthorne, não perderam o rebolado: "Porque duas somos escritoras, falamos para públicos femininos e somos mulheres", disseram-me.

"Bem, vocês me pegaram com esse último argumento", tive que admitir.

Foi uma grande colaboração, e desde então Marci e eu trabalhamos bastante juntos. Quando decidi criar o Transformational Leadership Council, uma organização dos cem maiores líderes transformacionais do mundo, convidei-a para ser membro-fundador e integrar a comissão executiva.

Marci é a pessoa perfeita para escrever este livro, pois busca o crescimento espiritual e os valores mais profundos da felicidade desde que a conheci. Eu a vejo como o batedor à frente do batalhão, a líder que explora o território previamente e volta com o mapa indicando o que pode ser explorado. Cada vez que Marci fala comigo, tenho que rever alguns de meus conceitos, e sei que isso será bom.

Marci sempre teve um talento único para tornar profundos conceitos espirituais imediatamente acessíveis. Com *Os sete passos para ficar de bem com a vida*, ela marca um gol de placa. Este livro apresenta uma abordagem definitiva e amplamente embasada para se tornar realmente feliz, que combina uma grande profundidade espiritual com uma pesquisa nota dez e praticidade psicológica. É também uma leitura prazerosa.

Com a experiência de *Histórias para aquecer o coração das mulheres*, aprendemos que para um livro realmente funcionar, é necessário incluir histórias que ilustrem as mensagens. Desde os tempos em que nós, seres humanos, costumávamos nos sentar em volta de fogueiras nas cavernas, nossos cérebros são conectados por meio de histórias – é assim que damos sentido ao mundo. Em *Os sete passos para ficar de bem com a vida*, Marci e a co-autora Carol Kline capturam histórias reais comoventes e incríveis de pessoas que aplicaram esses princípios a sua vida para estabelecer um estado de felicidade profunda e duradoura.

Na busca dos segredos para a realização na vida, eu chamo minha irmã Marci de "manifestante mágica suprema". Tenho certeza de que se você seguir as práticas contidas em seu novo e fascinante livro, uma vida de felicidades se manifestará também para você.

PARTE I

Felicidade que chegou para ficar

Essa alegria que eu tenho, não foi o mundo que me deu,
não será o mundo que a levará.

– Shirley Caesar, cantora gospel

INTRODUÇÃO

*

Bem-vindo a uma vida mais feliz!

Eu estava comprimida na carroceria aberta de um velho caminhão, com mais trinta ocidentais, sacolejando por uma estrada de terra pedregosa em direção às encostas do Himalaia. Cada um de nós mantinha um lenço cobrindo o nariz e a boca, para não sufocar com a poeira. Estávamos a caminho de uma vila pequena e remota nas montanhas, onde daríamos apoio para suprir as necessidades educacionais, médicas e habitacionais dos camponeses. Eu estava cansada, irritada e meu corpo doía. Depois de seis horas de viagem, o motorista estacionou o caminhão, saltou e, sem cerimônia, pôs toda a nossa bagagem no chão empoeirado.

"O resto do caminho vocês vão ter de fazer a pé", disse ele. "Falta um quilômetro e meio. Daqui em diante a estrada é íngreme e estreita demais para meu caminhão." Enquanto o veículo se afastava chacoalhando, olhei temerosa para minha mala de quarenta quilos. Por que eu pusera tantas coisas desnecessárias? Ridículo. Tentei arrastá-la por alguns metros pela dura trilha montanhosa, mas era inútil; eu não tinha força suficiente. Anoitecia; o que eu podia fazer? Todos os outros membros do grupo estavam pelejando com suas bolsas; ninguém podia me ajudar. Mas eles estavam tentando subir a montanha e logo já estavam quase fora de minha visão. Sentei-me e fiquei alguns minutos lutando contra o pânico crescente. Será que havia tigres ali?

Então uma senhora idosa, pequena, descalça, o rosto repleto de rugas, surgiu da floresta e subiu a estrada na minha direção. Aproximou-se de mim com um sorriso afetuoso, pegou minha bolsa e, surpreendentemente, colocou-a sobre a cabeça, como se pesasse tanto quanto uma cesta de frutas. E então seguiu morro acima, fazendo sinal para que eu a acompanhasse.

Enquanto nos aventurávamos pelo caminho juntas, embora não falássemos a mesma língua, fiquei impressionada com o brilho em seus olhos e a alegria que dela emanava. Quando finalmente chegamos ao topo da montanha, fui recebida com sorrisos largos e saudações entusiasmadas de seus companheiros na vila.

Passei as duas semanas seguintes trabalhando ao lado daquelas pessoas, tomando conta de crianças, preparando comida e colaborando na assistência médica. Assim como elas, eu dormia no chão, tomava banho no rio e bebia leite fresco. Para minha surpresa, descobri que aquele estilo de vida sem luxo me agradava. Sentia-me limpa, em paz e cheia de energia.

Durante minha permanência ali, também passei muito tempo observando meus anfitriões da montanha. Eram pessoas que não tinham eletricidade, nem água encanada, e viviam com o mínimo, sem qualquer conforto material. Mas havia neles uma leveza de espírito, um senso de humor e uma amabilidade impressionantes. Eles simplesmente eram internamente felizes.

Claro que percebi que aquela alegria não era resultado da pobreza em que viviam. Eu já vira muitos homens, mulheres e crianças necessitados em todos os cantos do planeta completamente miseráveis. Também conhecera pessoas com todos os luxos que o dinheiro pode comprar empolgadas com sua sorte, assim como ricos que eram a prova viva do ditado "Dinheiro não traz felicidade".

Aquela experiência reforçou minha convicção de que felicidade não é ter tudo com o qual você sempre sonhou, nem é negar a necessidade dos prazeres materiais da vida. É algo mais profundo que isso. O que todos nós estamos realmente procurando é uma felicidade que vem de dentro, que não depende de circunstâncias externas – o que eu chamo de Felicidade sem Motivo.

Minha temporada com os camponeses himalaios consolidou meu objetivo: sem desistir da vida que levava, eu queria encontrar um caminho para desfrutar aquele tipo de felicidade, não importando onde estivesse ou o que estivesse fazendo.

* * *

Pode ser que você tenha escolhido este livro pelo mesmo motivo. Se você é humano, isso é algo que faz parte do pacote: todo mundo, em todos os lugares, quer ser feliz. Pode ser que você já seja bastante feliz e só queira "aumentar o volume" um pouquinho. Ou, talvez, seja infeliz e tenta imaginar como outras pessoas à sua volta conseguem encontrar prazer na vida. Talvez tenha criado a sua versão do Sonho Americano, mas ainda sinta um vazio lá dentro que nada consegue preencher.

A boa nova é que não importa por onde você comece. Onde quer que esteja neste exato momento, este livro mostrará a você como é possível ser mais feliz. Não é preciso ter genes de felicidade, ganhar na loteria, nem virar santo. Quando terminar de ler estas páginas, saberá como experimentar um autêntico estado de felicidade pelo resto da vida.

A busca de meu coração

Este livro nasceu do meu próprio desejo profundo de ser feliz. Um tipo de felicidade sólida, verdadeira, ancorada em meu ser, de modo que, não importasse quais fossem as circunstâncias externas, ainda houvesse um sentimento inabalável de realização, alegria e paz interior. Outras pessoas viviam assim, então eu sabia que era possível. Mas durante muitos anos, não importava o que eu fizesse, aquilo parecia uma ilusão.

Como você lerá em minha história no Capítulo 1, eu estava infeliz com a vida. No início da adolescência, comecei uma busca pessoal – e mais tarde profissional – que durou mais de 35 anos e acabou me levando às incríveis descobertas deste livro. Naquele período, eu participava de todos os seminários de auto-ajuda. Durante anos, estudei e ensinei princípios do sucesso. Apliquei-os em minha própria vida e obtive uma boa dose de sucesso. Tive *motivos* de sobra para ser feliz: meu livro ficou em primeiro lugar na lista de best sellers do *New York Times*, fui aclamada nacionalmente como uma palestrante inspirada e toquei milhões de vidas. Estava muito familiarizada com o que significava ser "feliz porque..." O problema era que aquilo não me trazia a felicidade que eu queria.

Olhando ao redor, via que as pessoas mais felizes que eu conhecia não eram as mais bem-sucedidas e mais famosas. Algumas eram casadas, outras solteiras. Algumas tinham muito dinheiro, outras não tinham um centavo. Algumas até tinham problemas de saúde. Do meu ponto de vista, não havia motivo para as pessoas serem felizes. A pergunta óbvia era: *É realmente possível uma pessoa ser feliz sem motivo?*

Eu tinha que descobrir.

O estudo da felicidade

Comecei, então, a estudar a felicidade. Entrevistei vários especialistas e me aprofundei em pesquisas no campo emergente da psicologia positiva – o estudo científico de características que permitem às pessoas ter vidas significativas, realizadas e felizes. Absorvi aquilo como uma esponja e descobri várias preciosidades – informações fascinantes, incríveis e úteis que mudaram minha vida e mudarão a sua também.

Minha primeira grande descoberta foi a de que cientistas descobriram que cada um de nós tem um "ponto fixo de felicidade", uma tendência genética e adquirida de permanecer num certo nível de felicidade, semelhante a um termostato dentro de um forno. Felizmente, para aqueles que não nasceram no lado ensolarado da rua, tem sido demonstrado que podemos mudar nossos ponto fixos de felicidade.

Aprendi também que duas de nossas maiores barreiras contra a felicidade – o medo e a ansiedade – estão instaladas firmemente em nós há milênios para assegurar nossa sobrevivência como espécie. No mundo de hoje, porém, essa instalação antiga se tornou mais prejudicial do que útil. Nos capítulos a seguir, você descobrirá maneiras de desconectar seu sistema de alarme interno para que possa ter uma vida mais feliz.

As descobertas dessas pesquisas me animaram, mas eu ainda queria mais. Depois de anos estudando o sucesso, eu havia descoberto que *ele deixa pistas*. Você pode observar a vida de pessoas bem-sucedidas para aprender a ser bem-sucedido. Imaginei que o mesmo aconteceria com a felicidade, então decidi entrevistar cem pessoas realmente felizes.

Os 100 Felizes

Não foi fácil encontrar cem pessoas realmente felizes, mesmo numa nação de 280 milhões de habitantes! Eu havia lido sobre uma epidemia de infelicidade no país: uma em cada cinco mulheres nos Estados Unidos toma antidepressivos e seis milhões de homens começam a tomar esses medicamentos a cada ano. Mas eu ainda estava disposta a descobrir aquilo diretamente na fonte. Perguntava a todo mundo que encontrava, "Quem é a pessoa mais feliz que você conhece?". As pessoas tinham realmente que parar para pensar. Em seguida, inevitavelmente, a primeira pessoa que indicavam era alguém extremamente bem-sucedido. "Mas, espere", diziam, "ele (ou ela) não é realmente feliz." Muitas pessoas não conseguiam pensar em ninguém que considerassem feliz de fato. Mas persisti em minha pesquisa e acabei descobrindo cem pessoas profundamente felizes para entrevistar. Eu as chamo de Os 100 Felizes. São homens e mulheres de idades e experiências variadas, com diferentes estilos de vida. Suas histórias são incríveis e reveladoras. Eles abriram meus olhos para um modo de vida totalmente novo.

Além de realizar as entrevistas, fiz uma pesquisa bastante simples em meu site, com uma única pergunta: "Qual é a coisa mais importante para se sentir Feliz Sem Motivo? As respostas foram esclarecedoras.

Eu estava certa. Assim como o sucesso, a felicidade deixa pistas. Terminei minhas entrevistas e minha pesquisa com a certeza de que as pessoas felizes vivem suas vidas de maneira diferente das pessoas infelizes. Descobri 21 hábitos que as pessoas felizes têm em comum – eu os chamo de Hábitos de Felicidade – e que qualquer pessoa pode praticar para sustentar com facilidade e eficiência uma sensação de felicidade profunda e duradoura.

Em seguida, fiz minha descoberta mais importante, que diferencia este livro de todos os outros: o conceito de Feliz Sem Motivo. Outros especialistas em felicidade lhe pedem para encontrar coisas na vida que o tornam feliz e para fazer mais essas coisas. Não há nada de errado aí, mas isso não lhe traz a felicidade verdadeira e duradoura. *Os sete passos para ficar de bem com a vida* apresenta uma abordagem radicalmente diferente, mostrando a você métodos revolucionários para viver constantemente a felicidade profunda, que está em seu interior – uma felicidade que não depende de motivos e que chegou para ficar.

Minha pesquisa sobre felicidade e minha própria experiência me convenceram de que tornar-se Feliz Sem Motivo é perfeitamente possível. Hoje em dia, sabemos muito mais sobre tudo em nosso mundo. Usamos a tecnologia para estudar muitos aspectos da vida, desde nossos próprios corpos até a composição da galáxia, e finalmente estamos usando a tecnologia para estudar ela. Nas últimas duas décadas, cientistas da área de psicologia positiva fizeram grandes avanços, identificando o ponto fixo de felicidade, os neurotransmissores de felicidade e até mesmo onde a felicidade está localizada no cérebro. Pela primeira vez na história, sabemos que a felicidade não é uma emoção abstrata; é um estado psicológico que pode ser medido – e vivido com mais freqüência em nosso dia-a-dia.

Minhas descobertas foram tão impressionantes que eu quis compartilhá-las com o maior número possível de pessoas, e então decidi escrever este livro. Procurei uma querida amiga há mais de 25 anos, Carol Kline – escritora que compartilhava meu entusiasmo com este tema –, e pedi-lhe que se unisse a mim. Carol me conhecia a fundo, portanto era a pessoa perfeita para embarcar comigo nessa viagem. Nós nos sentimos privilegiadas devido às milhares de horas que passamos pesquisando, conversando com especialistas e ouvindo histórias de pessoas felizes. E o resultado, *Os sete passos para ficar de bem com a vida*, é uma combinação dos melhores conhecimentos e pesquisas atuais sobre felicidade; métodos práticos reunidos com as pessoas felizes que entrevistei e as histórias inspiradoras de suas vidas.

O que você encontrará neste livro

Os sete passos para ficar de bem com a vida é dividido em três partes. Na Parte I, continuaremos a estudar o paradigma da felicidade verdadeira que chamo de Feliz Sem Motivo. A compreensão desta idéia por si só pode mudar a maneira como você se sente feliz. Você encontrará um questionário Feliz Sem Motivo que o ajudará a avaliar e compreender seu nível atual de felicidade. Aprenderá também três princípios orientadores que o ajudarão a ultrapassar as barreiras à felicidade comuns em sua vida e a acelerar seu progresso. Finalmente, compartilharei com você a maneira como tenho aplicado a Lei da Atração para ser mais feliz. Sinto-me honrada por ter sido retratada em *O segredo*, um fenômeno mundial que aborda essa lei da qual tenho testemunhado o poder para mudar vidas.

A Parte II é a seção "como fazer", que lhe mostra, passo a passo, como elevar o seu nível de felicidade. Durante minha pesquisa, descobri que há sete passos específicos para se tornar Feliz Sem Motivo. Eu queria tornar esses sete passos fáceis de lembrar, e como a casa das pessoas geralmente é uma metáfora de suas vidas, decidi apresentá-los fazendo uma analogia simples e fácil de lembrar: construindo a Casa da Felicidade. Os sete passos para construir a sua Casa da Felicidade correspondem às sete principais áreas de sua vida: poder pessoal, mente, coração, corpo, alma, propósito e pessoas.

A abordagem holística é vital. Muitos livros sobre felicidade têm como foco apenas a mente, mas se você não direciona seu comportamento habitual a outras áreas de sua vida, não sentirá a verdadeira felicidade. Eis uma visão geral sobre os passos (um por capítulo):

1. A Fundação – aproprie-se de sua felicidade
2. O Pilar da Mente – não acredite em tudo que você pensa
3. O Pilar do Coração – deixe o amor guiar
4. O Pilar do Corpo – faça suas células felizes
5. O Pilar da Alma – conecte-se com o espírito
6. O Telhado – viva uma vida inspirada por um propósito
7. O Jardim – cultive relações sadias

Cada passo tem três Hábitos de Felicidade, com exercícios correspondentes baseados nas mais recentes pesquisas e descobertas sobre como elevar seu ponto fixo de felicidade, além de histórias inspiradoras.

Como co-autora de *Histórias para aquecer o coração*, fiquei profundamente comovida ao ler mais de vinte mil histórias sugeridas para meus livros. Quando estes foram publicados, a resposta impressionante de milhões de leitores reiterou a idéia de que histórias abrem o coração das pessoas e as afetam profundamente. Por isso decidi incluir aqui algumas das inspiradoras histórias de transformação dos 100 Felizes, na primeira pessoa. Das cem entrevistas com essas pessoas incondicionalmente felizes, selecionei vinte histórias que definem claramente o que significa ser Feliz Sem Motivo.

Você vai ler casos fenomenais de várias pessoas, incluindo um ex-traficante de drogas que se tornou pastor, uma cineasta de sucesso, uma refugiada política e uma atriz famosa que escapou de uma "maldição de família", bem como histórias de médicos, enfermeiras, mães, professores e executivos. Conhecerá Zainab, que vivia sob o jugo de Saddam Hussein e trancou suas lembranças – e sua felicidade – numa caixa escondida em seu interior. E Janet, que tinha uma vida banal e um emprego sem futuro até descobrir uma maneira simples, mas profunda, de ser intensamente feliz a cada dia. Ouvirá a história de Gay, que perdeu 45 quilos e ganhou uma vida de sonhos depois de encontrar a chave da verdadeira nutrição. Essas histórias mostram que existem muitos caminhos para ser Feliz Sem Motivo, e que todos nós somos capazes de chegar a esse destino, não importa por onde comecemos a viagem.

A Parte III é sobre ser Feliz Sem Motivo permanentemente. Chega de esperar que alguma coisa caia do céu e imaginar quanto tempo sua felicidade vai durar. Nessa seção, você receberá uma orientação clara sobre como pôr seu Hábitos de Felicidade em prática todos os dias e como encontrar uma bibliografia que pode ajudá-lo a se manter Feliz sem Motivo pelo resto da vida.

* * *

Tornar-se Feliz Sem Motivo pode não ser algo que aconteça da noite para o dia – embora, conforme descobri em alguns casos, isso possa acontecer! Ter a noção de que isso existe e saber os passos para alcançar essa felicidade são coisas que vão pôr você no caminho mais rápido para transformar completamente sua vida. Sei disso porque aconteceu comigo e com muitas outras pessoas. Usei em mim e em meus clientes as ferramentas e as técnicas apresentadas neste livro. Embora eu não tenha sido feliz durante muitos anos, consegui passar de D+ para A na escala de felicidade. Agora, quando a vida me dá um pontapé, eu me recupero mais facilmente. Já não caio no chão. Ainda estou na estrada, ainda sou uma estudante tanto quanto uma professora, mas sou uma prova viva de que esses passos podem levá-lo imediatamente na direção certa, não importa por onde você comece. Acredite em mim: se posso fazer isso, você também pode.

Minhas preces e meu desejo profundo são para que este livro o leve a construir uma casa da felicidade inabalável dentro de si – e para que desse lugar forte e tranqüilo você possa criar mais felicidade no mundo.

1

Feliz Sem Motivo... Será?

A felicidade é o significado e o propósito da vida, todo o objetivo e fim da existência humana.

– Aristóteles

Anos atrás, fiz um seminário em que pedi a cada participante que apanhasse uma grande folha de papel e escrevesse nela "as cem principais coisas PARA SER, FAZER E TER". Em seguida, eles traçaram três colunas longas e começaram a relacionar seus sonhos, pequenos e grandes. Depois, quando compartilharam seus objetivos, ficaram invariavelmente empolgados: as pessoas queriam praticar mergulho, ter uma Mercedes SL600 Roadster (na cor creme, com roda de liga de titânio e prata), dançar na Casa Branca, dar a volta ao mundo num jatinho. Queriam chegar ao auge da carreira, acabar com a fome no mundo, aparecer na capa da revista *Time*.

Em algum lugar na lista do SER, algumas pessoas escreveram "Ser feliz". Mas fiquei surpresa com a freqüência com que a maioria das pessoas ignorou isso. Era a isso que a página inteira se referia, não? Ser, fazer e ter todas aquelas coisas não era igual a felicidade?

Ao longo do tempo, voltei a observar aquelas listas como um bom exemplo de perda de tempo. Por maiores e mais maravilhosas que sejam aquelas coisas, elas não são o que realmente todos nós queremos. Eis o xis da questão: o que queremos é ser feliz.

A verdade é que a felicidade é tão tentadora, tão atraente – tão irresistível – que, caso você perceba ou não, tudo o que faz tem o objetivo de lhe fazer feliz. A felicidade tem sido chamada de o santo graal da existência humana, o objetivo supremo da vida. Aristóteles a chamou de "o objetivo dos objetivos".

Estudos mostram que quando as pessoas são solicitadas a relacionar por ordem de importância o que querem da vida, elas põem o desejo de ser feliz no topo da lista, ou seja, como algo mais importante do que riqueza, status, um bom emprego, fama e sexo. Isso acontece com pessoas de todas as culturas, raças, religiões, idades e estilos de vida. E pesquisas mostram também o quanto a felicidade é vital: pessoas felizes vivem mais, são mais saudáveis e têm relações melhores. Na verdade, a felicidade leva você a ter mais sucesso em todas as áreas de sua vida.

Infelizmente, muitas pessoas não estão vivendo uma felicidade muito sólida e autêntica. Veja essas tristes estatísticas:

- Menos de trinta por cento das pessoas relatam que são profundamente felizes.
- Vinte e cinco por cento dos americanos e 27 por cento dos europeus alegam que são deprimidos.
- A Organização Mundial de Saúde prevê que, em 2020, a depressão será a segunda doença mais comum no planeta, perdendo apenas para as doenças cardíacas.

Embora nossos estilos de vida sejam melhores do que nunca, somos também mais infelizes do que nunca. Parece que quanto mais máquinas e bens obtemos pior nos sentimos.

Neste livro, não mostrarei diretamente como ganhar mais dinheiro, ser mais bem-sucedido ou ter melhores relacionamentos. Deixo isso para meus amigos e colegas do mundo da auto-ajuda transformacional, que o fazem tão bem. O que *vou* fazer é lhe dizer o que eu mais queria saber. Este livro responde a uma pergunta que passei os últimos 35 anos estudando e pesquisando, que é a mais importante para mim – e que acredito ser a mais importante para você: *Como posso ser realmente feliz?*

Embora essa pergunta tenha me absorvido durante a maior parte da minha vida, durante anos não tive muita sorte para respondê-la. Na verdade, passei boa parte desse tempo procurando no lugar errado.

Uma recruta infeliz

Quando eu era criança, pensava: vou crescer, morar numa bela casa, ter um marido maravilhoso e uma ótima carreira. Meu corpo seria perfeito e minha vida social divertida e animada. Eu seria *FELIZ*!

Para viver a vida dos meus sonhos, sabia de teria de trabalhar duro. E embora eu tivesse certeza do que queria, não tinha certeza de como conseguir. A única coisa que sabia era que eu não era feliz. Vim ao mundo cheia de angústia existencial. Eu era uma criança de 5 anos pensativa, que se preocupava com a situação do mundo, enquanto todas as outras assistiam a desenhos animados na tevê. Aos 7, importunava meus amados pais com perguntas insistentes sobre Deus e espiritualidade, e ficava frustrada porque eles não conseguiam responder. Quando olho os álbuns de família, vejo meu irmão e minha irmã sorrindo para a câmera enquanto eu sempre pareço alguém que acabou de perder o melhor amigo.

Embora eu não fosse uma pessoa feliz por natureza, algo em mim sabia que eu não tinha de aceitar aquela maneira de ser. Era como se eu tivesse algum tipo de antena sintonizada com o que quer que eu mais precisasse aprender. Aos 11 anos, me besuntei de bronzeador e entrei sorrateiramente no quarto de minha irmã para roubar um livro para ler enquanto tomava sol. Apanhei o mais fino, já que sempre li devagar, e fui para o lado de fora da casa. Quando cheguei na metade do livro *Sidarta*, de Herman Hesse – a história de um jovem indiano em busca de esclarecimentos, milhares de anos atrás – eu estava aos prantos. Descobri que não estava sozinha; alguém no planeta compreendia minha procura e compartilhava minha falta de conexão e de alegria. Aquele livro me pôs de volta no caminho da busca.

Enquanto outras meninas aperfeiçoavam suas piruetas para disputar uma vaga no grupo de torcedoras, eu fazia cursos de autodesenvolvimento. Quando tinha 13 anos, ouvi meu primeiro orador motivacional, Zig Ziglar. Eu o vi andando para a frente e para trás no palco, revelando os segredos do sucesso e contando histórias que me arrepiaram e me impressionaram. Descobri que queria ser era uma palestrante profissional. Era um objetivo de carreira estranho para uma adolescente no início dos anos 1970. Mesmo assim, eu me via falando diante de públicos numerosos em todo o mundo, inspirando pessoas a melhorar suas vidas. Meus pais me apoiaram, embora meu pai fosse dentista e ambos quisessem realmente que eu me tornasse uma especialista em higiene dental. Mamãe dizia, "Você fala muito, pode ser que consiga ganhar dinheiro com isso".

Deixei minhas histórias de mistério de Nancy Drew de lado para abrir espaço para todos os livros de psicologia humanista que pudessem chegar às minhas mãos. Eu os devorava. Aos 16 anos, comecei a meditar todos os dias, e quando fiz 20, era professora de meditação. Embora a meditação tenha tido um impacto profundo em minha vida, eu ainda procurava a felicidade.

O tempo passou, mas nunca perdi de vista o objetivo de me tornar uma oradora. Mergulhei em princípios de sucesso e fiz o melhor de mim para pôr cada um deles em prática. Doava um percentual de minha renda à igreja e visualizava meus objetivos. Fiz quadros de desejos* que me ajudavam a visualizar esses objetivos e descobri que eu tinha o dom de fazer meus desejos se realizarem. Por exemplo, depois de terminar meu MBA, consegui um emprego maravilhoso que incluía muitas qualidades que eu sempre desejara para minha carreira. Como vice-presidente de marketing de uma empresa que vendia cristal austríaco, eu era responsável por treinar e inspirar funcionários. Eu adorava aquilo! Ensinei a eles tudo o que havia estudado em minha vida: os princípios da Lei da Atração, ter clareza em relação ao que você quer e saber como utilizar sua intuição, como superar obstáculos e como alcançar seus objetivos.

A partir de então, passei a ensinar esses mesmos princípios de sucesso como treinadora corporativa em empresas da Fortune 500** e em seguida para uma empresa nacional de seminários, falando para públicos numerosos de mulheres em todo o país. A cada novo cargo vinha uma remuneração maior e mais elogios. Mas eu não era exatamente feliz. Sabia que ainda faltava alguma coisa. Só não sabia dizer o que era.

Talvez fosse o tema que eu abordava, concluí. Então, em vez de fazer seminários sobre sucesso, comecei a fazer seminários sobre auto-estima,

---

**Vision boards*: painéis com fotos, colagens e outros elementos que representam os objetivos de uma pessoa, feitos por ela com a intenção de atrair a realização desses objetivos. (*N. do T.*)

**Lista das 500 maiores empresas americanas, publicada na revista *Fortune*. (*N. do T.*)

para mulheres. Jack Canfield, o maior especialista em auto-estima do país, tornou-se meu mentor – anos antes de ele criar a mega-série de best sellers *Histórias para aquecer o coração* – e logo eu estava ensinando duzentas ou trezentas mulheres por dia a ter auto-estima. Levantava-me às 7 horas da manhã e trabalhava até o fim da tarde. Depois, entrava no carro e dirigia três horas até a próxima cidade, dia após dia. Era exaustivo e estimulante. Eu adorava ficar diante do público e ver os rostos das pessoas se iluminando. Mas ainda achava que aquilo não era suficiente – eu queria atingir mais pessoas.

Então veio meu grande intervalo. Começou com a decisão de cuidar de mim. Cansada de tantas viagens, tirei sete dias para fazer um retiro de silêncio, um verdadeiro desafio para uma tagarela como eu. No quarto dia, no meio de uma meditação, a famosa luz se acendeu. Visualizei por um instante um título: *Histórias para aquecer o coração das mulheres*. Àquela altura, apenas o *Histórias para aquecer o coração* original havia sido publicado, e eu sabia que aquela idéia era uma vitória colossal. Fiquei muito animada; eu acabara de ter uma epifania de minha carreira. O único problema era que eu tinha que ficar mais três dias em silêncio! No momento em que o retiro chegou ao fim, corri até o telefone público mais próximo e liguei para Jack. Um ano e meio depois, *Histórias para aquecer o coração das mulheres* chegava ao topo da lista de best sellers do *New York Times* e eu fui em frente, escrevendo mais cinco livros da série *Histórias para aquecer o coração* que tiveram mais de 13 milhões de exemplares vendidos.

Lá estava eu, em programas nacionais de rádio e tevê, fazendo apresentações para públicos enormes, sendo tratada como uma rainha e vivendo a roda-viva do sucesso. Numa conferência, fui apanhada por uma longa limusine branca para falar para uma multidão de oito mil pessoas. Durante aquele evento de três dias, milhares de mulheres fizeram uma fila que se estendia em volta de todo o centro de convenções para que eu assinasse seus livros. Uma massagista esfregava minha mão a cada hora enquanto eu autografava livro após livro – tantos, que tiveram que ser enviados de avião de cada canto do país para atender à demanda. Muitas mulheres da fila de autógrafos me disseram que meus livros haviam mudado, ou até mesmo salvado, suas vidas. Fiquei profundamente comovida com suas histórias e me senti bem por ter realizado algo que fazia diferença. Mas toda noite, quando ia para meu quarto de hotel, eu me jogava na cama, sentindo-me esgotada e estranhamente vazia.

Você diria que eu estava no topo do mundo. Mas não estava. Claro que meu ego ficou inflado, mas eu ainda tinha as mesmas preocupações, tensões, reclamações e dias ruins, como qualquer pessoa. A cada passo que eu dava, ficava animada com o sucesso que alcançara, mas notava que a animação nunca durava muito. Eu estava feliz com as *coisas* que aconteciam na minha vida, mas não estava realmente *feliz*.

Sim, sei o que isso parece. Estou chorando lágrimas de crocodilo, você diria. Bem, eu também assisti muito a *E! True Hollywood Stories** e me entretive com a triste história da celebridade cuja ascensão, fama e riqueza só lhe trouxeram lágrimas. *Ah, por favor*, eu dizia a mim mesma, se eu estivesse no lugar dela, estaria tão feliz que seria preciso ser amarrada para não flutuar. Mas agora eu estava sentindo o sabor daquela vida, e a felicidade profunda que eu tanto desejava simplesmente não estava acontecendo. Estava conhecendo pessoas famosas e vendo que muitas delas também não estavam felizes.

Talvez o problema não fosse minha carreira, mas minha vida afetiva. Se eu simplesmente encontrasse o parceiro certo, *então* eu seria feliz, disse a mim mesma. Enfrentei esse desafio com a mesma disposição que tivera para buscar o sucesso. Namorei com entusiasmo e tive alguns relacionamentos íntimos, mas que não foram *tudo*. Então, num fim de semana, participei de um seminário num grande centro de convenções no norte do estado de Nova York. Ali, no estacionamento de chão de cascalho, ele me tomou em seus braços e dançou comigo, fazendo-me flutuar com seu charme europeu. Sergio, meu príncipe italiano, havia chegado. Como na maioria dos romances, houve altos e baixos, mas acabamos ficando juntos, compramos uma casa adorável e nos mudamos.

Finalmente eu tinha a vida que imaginava: a casa, o homem, a carreira e uma ótima vida social. (Está bem, eu não tinha o corpo de Halle Berry – mas quatro numa escala de cinco não é mal.) Ainda assim, não conseguia expulsar os pensamentos de insatisfação que continuavam pipocando em minha cabeça nem escapar da dor que eu remoía em meu coração.

---

*Série de documentários da tevê americana sobre Hollywood. (*N. do T.*)

Percebi que tinha um grande problema. Eu não conseguia pensar em mais nada que pudesse me fazer feliz. Minha vida até aquele momento havia demonstrado o fracasso daquela abordagem. Eu havia chegado ao fim da linha. Alguma coisa tinha de mudar.

Tive de admitir para mim mesma a terrível verdade: eu ainda me sentia vazia. Tinha *todos* os motivos para ser feliz, mas não era.

Embora em retrospecto isso pareça óbvio, eu havia acreditado durante muito tempo que a felicidade viria do que eu tivesse, alcançasse ou vivesse, que demoraria um tempo para que finalmente eu conseguisse. Talvez a felicidade não viesse dos motivos que eu havia imaginado. Talvez a felicidade não tivesse nenhum motivo.

✳

Foi quando mudei meu foco para a idéia de Feliz Sem Motivo e comecei a aplicar os princípios que descobri ao longo de minhas pesquisas e entrevistas. Como resultado, meu nível de felicidade deu um grande salto. Tive um sentimento maior de paz e bem-estar que veio lá do fundo. Eu me vi cantando um dia inteiro e admirando as pessoas ao meu redor. Soube que fizera progresso realmente quando aproximadamente cinco anos atrás meus amigos começaram a me chamar de "coelhinha alegre". Fiquei tão animada, parecia que havia ganhado o Prêmio Nobel.

Em meio às minhas descobertas, uma informação se destacou. Ela transformou completamente minha abordagem sobre ser feliz e explicou por que, durante tantos anos, a verdadeira felicidade sempre estivera fora de meu alcance.

Por que algumas pessoas são mais felizes que outras

Se você e eu estivéssemos sentados, tomando chá num café de frente para a rua, e eu lhe perguntasse, "Você é feliz?", qual seria a sua resposta?

Alguns de vocês poderiam dizer, "Com certeza, mais feliz seria impossível!" (Está bem, seriam *muito* poucos de vocês).

Muitos provavelmente responderiam, "Às vezes."

Mas aposto que pelo menos metade de vocês diria, "Não, não exatamente."

Algumas pessoas aproveitam suas vidas não importa o que aconteça, enquanto outras não conseguem encontrar a felicidade, por mais que tentem. A maioria de nós está em algum lugar entre uma coisa e outra.

O motivo para essa enigmática disparidade é o ponto fixo de felicidade que eu mencionei na Introdução. Pesquisadores descobriram que *não importa o que aconteça com você em sua vida*, você tende a retornar a um nível fixo de felicidade. Assim como seu peso médio, que mantém a balança oscilando em torno do mesmo número, seu ponto fixo de felicidade permanecerá o mesmo *a não ser que você faça um esforço concentrado para mudá-lo.*

De fato, há um estudo famoso que analisou pessoas que haviam ganhado na loteria – o que muitas pessoas vêem como o bilhete para entrar no reino mágico da alegria. Um ano depois, esses felizardos ganhadores voltavam a aproximadamente o mesmo nível de felicidade que tinham antes da sorte inesperada. Surpreendentemente, o mesmo acontecia com pessoas que se tornavam paraplégicas. Mais ou menos um ano depois de ficarem paralíticas, elas também retornavam ao nível de felicidade original.

Qualquer que seja a experiência – positiva ou negativa –, as pessoas voltam a seus pontos fixos de felicidade. Novas pesquisas mostraram apenas três exceções a esse fenômeno: a perda do cônjuge, que pode levar a um tempo maior de recuperação; o desemprego crônico; e a pobreza extrema.

Você pode estar pensando, *Está bem, se meu nível de felicidade é fixo, como ele chegou aí?* O Dr. David Lykken, cientista da University of Minnesota, fez a mesma pergunta. Para determinar o quanto a felicidade de uma pessoa é natural e o quanto é adquirido, Lykken e sua equipe começaram a estudar, no fim dos anos 1990, milhares de gêmeos, inclusive vários gêmeos idênticos que haviam sido criados separadamente. Depois de testes extensos, eles descobriram que aproximadamente cinqüenta por cento de nosso ponto fixo de felicidade são genéticos e os outros cinqüenta por cento são aprendidos. Metade do motivo pelo qual você anda por aí geralmente alegre ou permanentemente triste é que você nasceu dessa maneira. A outra metade é determinada por seus pensamentos, sentimentos e crenças formados em resposta a suas experiências de vida.

OS TESTES MOSTRAM QUE VOCÊ TEM UM GENE DE IRRITAÇÃO HIPERATIVO.

Numa recente análise da literatura e dos estudos sobre felicidade, os pesquisadores de psicologia positiva Sonja Lyubomirsky, Kennon Sheldon e David Schaade confirmaram as descobertas anteriores de Lykken de que cinqüenta por cento de nossa felicidade vêm de nossa genética. Porém mais animadora foi a nova informação sobre os cinqüenta por cento restantes. Parece que apenas dez por cento de nosso ponto fixo de felicidade é determinado por circunstâncias como nosso nível de riqueza, situação conjugal e trabalho. Os outros quarenta por cento são determinados por nossos pensamentos, sentimentos, palavras e ações habituais. Por isso é possível elevar o nosso ponto fixo de felicidade. Da mesma maneira que você elevaria o nível do termostato para ficar confortável num dia frio, você realmente tem o poder de reprogramar seu ponto fixo de felicidade para um nível mais elevado de paz e bem-estar.

A descoberta do ponto fixo de felicidade e de nossa capacidade de mudá-lo faz tudo o que todos nós acreditávamos em relação à felicidade virar *de cabeça para baixo*. Passamos a vida inteira procurando a felicidade, desejando-a, tentando obter coisas que temos certeza que nos farão felizes: riqueza, beleza, relacionamentos, carreira e assim por diante. Mas a verdade é que para ser realmente feliz, tudo o que você precisa fazer é elevar o seu ponto fixo de felicidade.

Com certeza eu teria gostado de saber que eu era apenas uma dessas pessoas que têm um ponto fixo de felicidade baixo antes de gastar tanto tempo e energia procurando motivos para ser feliz. A partir de minhas entrevistas com os 100 Felizes, passei a ver que as pessoas genuinamente felizes são Felizes *Sem* Motivo.

Vamos dar uma olhada nesse fenômeno.

O *Continuum* da Felicidade

A felicidade por qualquer motivo é apenas
outra forma de sofrimento.

– Os Upanichades

Um dia, quando me sentei para organizar minhas descobertas, todas as peças do quebra-cabeça se encaixaram. Tive um simples, mas profundo, "a-rá" – existe um *continuum* da felicidade:

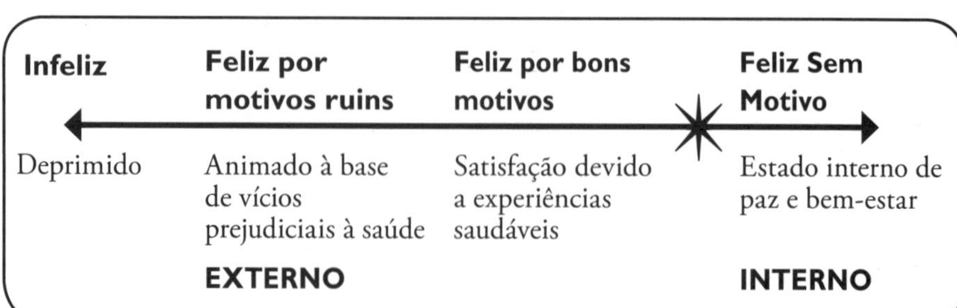

Infeliz: Todos nós sabemos o que isso significa. A vida é um desastre. Alguns sinais são: ansiedade, fadiga, tristeza e desânimo – sua infelicidade corriqueira. Não é a mesma coisa que depressão clínica, caracterizada por um desespero profundo e uma desesperança que interferem dramaticamente em sua capacidade de levar uma vida normal, quando a ajuda profissional é absolutamente necessária.

Feliz por motivos ruins: Quando as pessoas são infelizes, freqüentemente tentam se sentir melhor entregando-se a vícios ou comportamentos que podem fazê-las se sentir bem no momento, mas que acabam sendo prejudiciais. Elas buscam satisfação em drogas, álcool, sexo em excesso, "terapia das compras", jogos de apostas compulsivos, excesso de comida e obsessão por televisão, para citar alguns exemplos. Esse tipo de felicidade não é real. É apenas uma maneira temporária de anestesiar a infelicidade, ou escapar dela, por meio de experiências de prazer.

Feliz por bons motivos: É o que as pessoas geralmente consideram felicidade: ter boas relações com a família e os amigos, sucesso na carreira, segurança financeira, uma bela casa ou um bom carro e usar bem o talento e a força. É o prazer que provém de termos em nossas vidas as coisas saudáveis que queremos.

Não me entenda mal. Concordo inteiramente com esse tipo de felicidade! Só que isso é apenas metade da história. Ser feliz por bons motivos depende de condições externas. Se essas condições mudam ou são perdidas, nossa felicidade geralmente vai embora também.

No fundo, você sabe que o significado da vida não é ter coisas, anestesiar a dor, ou ter tudo "sob controle". A verdadeira felicidade não está simplesmente em colecionar experiências felizes. Em seu íntimo, você sabe que há algo além disso.

Você está certo. Há mais um nível no *continuum* da felicidade: ser Feliz Sem Motivo.

Feliz Sem Motivo: É a verdadeira felicidade – um estado de paz e bem-estar neuropsicológico que *não* depende de circunstâncias externas.

Feliz Sem Motivo não é animação, euforia, picos de humor, nem passageiras experiências de clímax. Não significa rir 24 horas por dia, sete dias por semana, nem ter uma satisfação superficial. Feliz Sem Motivo não é uma emoção. Na verdade, quando você é Feliz Sem Motivo, pode sentir qualquer emoção – inclusive tristeza, medo, raiva ou mágoa – e ainda assim viver num estado subliminar de paz e bem-estar.

Quando você é Feliz Sem Motivo, *traz* alegria para suas experiências externas, em vez de tentar *extrair* felicidade delas. Não precisa manipular o mundo à sua volta para tentar se sentir feliz. Você vive *da* felicidade, e não *para* a felicidade.

Este é um conceito revolucionário. A maioria de nós tem como foco ser Feliz por bons motivos, juntando tantas experiências felizes quanto possível – como se junta as contas de um colar – para criar uma vida feliz. Temos que gastar muito tempo e energia tentando encontrar as contas certas para que possamos ter um "colar feliz".

Em nossa analogia com o colar, ser Feliz Sem Motivo é como ter um barbante feliz. Não importa o tipo de conta que colocamos em nosso colar – contas boas, ruins ou indiferentes –, nossa experiência interna – que é o barbante que as mantém juntas – é feliz, criando uma vida feliz.

Quando você é Feliz Sem Motivo, é feliz incondicionalmente. Não é que sua vida pareça sempre perfeita – mas o que quer que ela pareça, você ainda é feliz.

Como Rumi, poeta do século XIII, descreveu, "Feliz, não por alguma coisa que aconteça. Caloroso, não pelo fogo ou por um banho quente. Leve, eu registro zero numa escala." Todas as vezes que pedi aos 100 Felizes para descreverem as qualidades de ser Feliz Sem Motivo, recebi as mesmas respostas repetidamente:

- Ter um sentimento de leveza ou de estar flutuando
- Sentir-se vivo, vigoroso, energizado
- Sentir-se fluindo, aberto
- Sentir amor e compaixão por si mesmo e pelos outros
- Sentir paixão por sua vida e seus objetivos
- Sentir gratidão, perdoar
- Estar em paz com a vida
- Estar totalmente presente no momento

Matthieu Ricard, cientista francês que se tornou monge budista há mais de 30 anos, é chamado freqüentemente de "o homem mais feliz do mundo" por pesquisadores que mediram o funcionamento de seu cérebro tanto durante a meditação quanto fora dela. (Mais informações sobre monges no laboratório no Capítulo 7.) O livro de Ricard, *Felicidade – prática do bem-estar*, oferece uma das mais claras descrições de Feliz Sem Motivo que já ouvi. Ele escreve, "Ser feliz para mim significa um sentimento profundo de florescimento que surge de uma mente excepcionalmente saudável. Não é um mero sentimento prazeroso, uma emoção passageira, ou um humor, mas um estado máximo de ser."

O quanto você é Feliz Sem Motivo?

O questionário Feliz Sem Motivo que se segue dará a você uma rápida noção sobre o quanto é Feliz Sem Motivo em sua vida neste momento. Embora você possa ter respondido antes a questionários sobre felicidade, pode ser que não tenha notado que geralmente eles dependem de uma situação; ou seja, pedem a você para classificar sua felicidade de acordo com o que está acontecendo em sua vida (trabalho, carreira, relacionamentos e daí por diante) e com o quanto está satisfeito com as circunstâncias de sua vida. Esses questionários medem a Felicidade por Bons Motivos. O questionário que se segue é diferente: mede a Felicidade *sem* Motivo.

O questionário Feliz sem Motivo é organizado de acordo com uma Escala de Bem-Estar, que é parte do Questionário de Personalidade Multidimensional, uma ferramenta desenvolvida por Auke Tellegen, professor de psicologia na University of Minnesota, para ajudar pesquisadores a determinar pontos fixos de felicidade. Ao responder a essas perguntas, pense em como elas se aplicam a você de uma maneira geral.

Questionário Feliz Sem Motivo

Classifique cada afirmação numa escala de 1 a 5:

1 = Não verdadeira
2 = Pouco verdadeira
3 = Moderadamente verdadeira
4 = Na maior parte verdadeira
5 = Completamente verdadeira

1. Freqüentemente me sinto feliz e satisfeito sem qualquer motivo específico.
   1 2 3 4 5
2. Vivo o momento.
   1 2 3 4 5
3. Sinto-me vivo, ativo e energizado.
   1 2 3 4 5
4. Tenho um profundo sentimento de paz interior e bem-estar.
   1 2 3 4 5
5. Para mim a vida é uma grande aventura.
   1 2 3 4 5
6. Não deixo que situações ruins me abalem.
   1 2 3 4 5
7. Tenho entusiasmo pelas coisas que faço.
   1 2 3 4 5
8. Na maioria dos dias, tenho uma experiência de riso ou alegria.
   1 2 3 4 5
9. Tenho confiança de que o universo é amistoso.
   1 2 3 4 5
10. Procuro uma dádiva ou uma lição em tudo o que acontece.
    1 2 3 4 5
11. Tenho capacidade de esquecer e perdoar.
    1 2 3 4 5
12. Sinto amor por mim mesmo.
    1 2 3 4 5
13. Procuro coisas boas em todas as pessoas.
    1 2 3 4 5

14. Mudo as coisas que posso mudar e aceito as coisas que não posso.
1 2 3 4 5
15. Me cerco de pessoas que me apóiam.
1 2 3 4 5
16. Não culpo os outros nem reclamo.
1 2 3 4 5
17. Meus pensamentos negativos não me atrapalham.
1 2 3 4 5
18. Tenho um sentimento geral de gratidão.
1 2 3 4 5
19. Sinto-me conectado com algo maior do que eu.
1 2 3 4 5
20. Sinto-me inspirado por um propósito em minha vida.
1 2 3 4 5

Pontuação:
Se você marcou de 80 a 100 pontos, é Feliz Sem Motivo num nível alto.
Se você marcou de 60 a 79 pontos, é Feliz Sem Motivo num nível médio.
Se você marcou de 40 a 59 pontos, é Feliz Sem Motivo em alguns momentos.
Se você marcou menos de 40 pontos, tem pouca experiência em ser Feliz Sem Motivo.

Qualquer que seja a sua pontuação, você *sempre* pode avançar para ser mais Feliz Sem Motivo. Como eu disse antes, não importa por onde você começa; o que importa é *começar*. Quando terminar de ler este livro e começar a praticar os sete passos e os Hábitos de Felicidade, responda ao questionário novamente. Depois disso, veja sua pontuação regularmente, o que o ajudará a medir o seu progresso.

Feliz Sem Motivo: seu estado natural

Feliz Sem Motivo não é apenas uma idéia simpática. Como explicarei em capítulos posteriores, é *um estado psicológico específico, mensu-*

rável, caracterizado por atividade cerebral, ritmo cardíaco e química corporal distintos.

Cientistas relatam que todas as nossas experiências subjetivas têm um estado de funcionamento correspondente em nossos corpos. Pessoas Feliz Sem Motivo tendem a ter uma atividade maior no córtex pré-frontal esquerdo, padrões de ritmo cardíaco regulares e uma quantidade maior de neurotransmissores específicos associados a bem-estar e felicidade: oxitocina, serotonina, dopamina e endorfinas.

Embora a ciência moderna nos dê uma nova percepção sobre a psicologia do Feliz Sem Motivo, este estado tem sido mencionado em praticamente todas as tradições espirituais e religiosas ao longo da história. O conceito é universal. No budismo, é chamado de alegria sem causa; no cristianismo, o reino do paraíso interior; e no judaísmo é chamado de *ashrei*, um sentimento interno de santidade e saúde. No Islã, é chamado de *falah* – alegria e bem-estar – e no hinduísmo, é *ananda*, ou felicidade pura. Algumas tradições se referem a um estado iluminado ou de despertar.

Notei que há um amplo conhecimento desse conceito no mundo. Onde quer que eu vá, quando as pessoas ouvem a expressão Feliz Sem Motivo, é como se tocasse uma música no íntimo delas. Parece que sabemos intuitivamente que nossa essência mais íntima é a felicidade. Você não tem que criá-la: ela é você. O restante deste livro é dedicado a lhe mostrar como voltar a esse estado natural.

2

Praticando a felicidade

As coisas não mudam; nós mudamos.

– Henry David Thoreau, escritor e filósofo

Pense em pessoas que você conhece que são Felizes Sem Motivo. Freqüentemente, essas pessoas nos atingem como pequenos sóis, irradiando calor e energia positiva para todos os que estão sob a influência delas. Certamente são figuras otimistas, que não só vêem o copo meio cheio, como carregam um jarro para enchê-lo até a borda – e ainda enchem o copo dos outros. Nem sempre são torcedores extremamente animados; às vezes, são simplesmente uma presença silenciosa de paz interior e contentamento, centros de calma no meio do caos em que muitos de nós vivemos. São aquelas pessoas com as quais você adora passar um tempo porque têm uma maneira de levantar seu astral mesmo nos dias em que você está completamente mal-humorado.

Tive a bênção de crescer com uma dessas pessoas Felizes Sem Motivo: meu pai, Marc. Ele foi premiado com seu ponto fixo de felicidade. Não importava o que fizesse ou aonde fosse, havia sempre um brilho nele. Mas a alegria de meu pai não provinha de circunstâncias externas. Ele era um homem pobre de estatura baixa que, durante a Depressão americana, lutou para pagar seus estudos e enfrentou inúmeras perdas pessoais ao longo de sua vida. Mas não parecia se importar com nada disso. Adorava *tudo*.

Depois de lutar para fazer seu curso de odontologia, necessitando trabalhar por um ano numa fábrica de chocolates (talvez para garantir futuros pacientes), ele serviu ao exército americano como dentista no Pacífico Sul por quatro anos durante a Segunda Guerra Mundial. Embora certamente não tenha gostado de ficar no meio de batalhas, nunca perdeu seu sentimento interno de felicidade. Era tão dedicado a minha mãe, que escrevia uma carta para ela todo dia durante o tempo que passou no exterior – 858 cartas no total e algumas ainda existem. Quando estava no exército, economizou o dinheiro que ganhava no pôquer – o suficiente para financiar sua especialização em odontologia ao voltar para casa. Adorava sua carreira e quando se aposentou, fez algumas coisas incríveis que você vai saber num capítulo adiante.

Embora ele tenha continuado a enfrentar desafios depois da guerra – às vezes o dinheiro era curto; nós, as crianças, não saímos exatamente de uma pintura de Norman Rockwell*; e mesmo com a sua saúde se deteriorando, ele se sentia feliz o tempo todo. Depois de passar seu aniversário de 90 anos jogando golfe, faleceu, aos 91 anos, em paz.

Meu pai acordava toda manhã animado e grato por estar nessa aventura chamada vida. Foi meu primeiro exemplo de Felizes Sem Motivo, a inspiração deste livro. Um dia, quando eu tinha aproximadamente 19 anos, pedi a ele um conselho para a vida. Ele respondeu com duas palavras: Seja feliz!

"Ótimo, pai", eu disse, "mas como?"

Ele não respondeu. Para ele, ser feliz era algo tão natural, que ele não conseguia entender por que as pessoas não se sentiam daquela maneira e por que estavam tão ocupadas em procurar a felicidade.

O que Thomas Jefferson realmente quis dizer

Quando falo com as pessoas sobre felicidade, freqüentemente elas citam um trecho famoso da Declaração da Independência, de Thomas Jefferson. "Com certeza eu quero ser feliz", dizem elas. "Afinal de contas, não são todos que têm direito à vida, à liberdade e a perseguir a felicidade?"

---

*Pintor e ilustrador norte-americano. (*N. da E.*)

Somos condicionados a acreditar que a felicidade é algo a ser *perseguido*. Então, como um cachorro atrás de um pedaço de pau, corremos atrás da felicidade, agarrando tudo o que achamos que possa nos fazer feliz.

Então, um dia, descobri o que Thomas Jefferson realmente quis dizer.

Eu estava num avião, indo para uma conferência com meus amigos Stewart e Joan Emery – autoridades no estudo do potencial humano. Falávamos sobre o conceito de felicidade – algo que faço muito – quando Stewart se voltou para mim e disse com seu charmoso sotaque australiano, "Marci, você sabe o que Thomas Jefferson realmente quis dizer quando falou em perseguir a felicidade?"

Co-autor de *Sucesso feito para durar*, Stewart conhece muitos fatos fascinantes e freqüentemente obscuros. Na época de Jefferson, explicou ele, o sentido comum da palavra "perseguir" não era "correr atrás". Em 1776, perseguir algo significava praticar essa atividade, fazer isso regularmente, transformá-la em hábito.

Como faz diferença uma definição! Thomas Jefferson, nosso sábio Pai Fundador, quis dizer que todos nós temos o direito de *praticar* a felicidade, e não de correr atrás dela – o que não é muito produtivo.

Então, vamos parar de perseguir a felicidade e vamos começar a praticá-la. Fazemos isso praticando novos hábitos.

Os hábitos das pessoas felizes

As pessoas com pontos fixos de felicidade elevados são seres humanos como nós. Elas não têm poderes especiais, um coração a mais, nem visão de raio X. Simplesmente têm hábitos diferentes. É simples assim. Psicólogos dizem que pelo menos 90 por cento de todos os comportamentos são habituais. Portanto, para ficar mais feliz, você precisa observar seus hábitos.

Alguns livros e programas dirão que você pode simplesmente decidir ser feliz. Algo simples assim: resolva ser feliz e será.

Eu não concordo.

Você não pode simplesmente decidir ser feliz, assim como não pode decidir que está em forma, ou que é um grande pianista, e esperar o poder instantâneo. Você *pode*, porém, decidir dar os passos necessários, tar-se ou estudar piano, e, desenvolvendo essas habilidades, r em forma ou dar recitais. Da mesma maneira, pode se tor- Sem Motivo praticando os hábitos de pessoas felizes.

os seus pensamentos e comportamentos do passado criaram caminhos neurais específicos na estrutura de seu cérebro. Quando pensamos ou nos comportamos de certa maneira repetidamente, o caminho neural é reforçado, da mesma maneira que uma rota muito usada num campo acaba se tornando uma trilha bem definida. Pessoas infelizes tendem a ter mais caminhos neurais negativos. Por isso você não pode simplesmente ignorar a realidade da estrutura de seu cérebro e *decidir* ser feliz! Para elevar seu ponto fixo de felicidade, você tem que criar novos meios.

Cientistas pensavam que, quando uma pessoa se torna adulta, seu cérebro fica firme como uma rocha e não há muito o que se possa fazer para mudá-lo. Mas novas pesquisas estão revelando informações animadoras sobre a neuroplasticidade cerebral: quando você pensa, sente e age de maneiras diferentes, o cérebro muda e reorganiza sua estrutura. Você não está condenado a ter os mesmos caminhos neurais negativos pelo resto da vida. Grande neurocientista, o Dr. Richard Davidson, da University of Wisconsin, diz, "Com base no que sabemos sobre a plasticidade do cérebro, podemos pensar em coisas como felicidade e compaixão como habilidades que não são diferentes de aprender a tocar um instrumento musical ou jogar tênis... é possível treinar nossos cérebros para sermos felizes."

Embora alguns dos 100 Felizes que entrevistei tenham nascido felizes, a maioria deles *aprendeu* a ser feliz cultivando hábitos que sustentavam sua felicidade.

De acordo com Dalai Lama, um dos meus heróis da felicidade (Não consigo deixar de sorrir quando penso nele), é importante saber quais são os hábitos que sustentam a felicidade em sua vida e quais os que não sustentam. Em seu livro *A arte da felicidade*, ele escreve:

> *Começa-se identificando aqueles fatores que levam à felicidade e aqueles que levam ao sofrimento. Depois desse estágio, passa-se gradativamente a eliminar os que levam ao sofrimento e a cultivar os que levam à felicidade. É esse o caminho.*

Ao longo deste livro, identificarei os fatores que levam à felicidade. Mas quais são os "fatores que levam ao sofrimento" e bloqueiam nossa felicidade? Dois desses Bloqueadores de Felicidade, o Mito do Mais e o Mito do Serei-Feliz-Quando, são tão predominantes em nossa cultura, que seguraram quase todo mundo.

O Mito do Mais

Quem é rico? Aquele que é feliz com o que tem.

– O Talmude

A maioria de nós se torna escravo do que eu chamo de Mito do Mais: quanto mais você tem, melhor se sente. O transe coletivo de nossa sociedade de querer cada vez mais coisas, ou mais "objetos brilhantes, reluzentes", como diz meu amigo Stewart, tem como base uma crença compartilhada, insidiosa e freqüentemente inconsciente: mais brinquedos, mais sucesso e mais dinheiro significa mais felicidade. Mas, como mostram as estatísticas, isso simplesmente não é verdade:

- A renda pessoal dos americanos aumentou mais de duas vezes e meia nos últimos 50 anos, mas o nível de felicidade deles permaneceu o mesmo.
- Quase 40 por cento das pessoas da lista da revista *Forbes* dos americanos mais ricos são menos felizes que o americano médio.
- Quando uma riqueza pessoal ultrapassa US$ 12 mil por ano, mais dinheiro não produz praticamente nenhum aumento de felicidade.

É óbvio que as pessoas mais felizes não são aquelas que têm mais bens. (Se fossem, haveria muito mais pessoas felizes em Hollywood!) Mas somos seduzidos pela crença profundamente sedimentada de que dinheiro traz felicidade. Uma pesquisa recente mostrou que, em todos os níveis de renda, as pessoas acham que mais dinheiro com certeza aumentará a felicidade delas.

Certa vez um repórter perguntou a J. Paul Getty, fundador da Getty Oil e primeiro bilionário do mundo: "O senhor é o homem mais rico do mundo. Quando sabe que tem o suficiente?" Ele pensou por um momento e disse: "Ainda não sei bem."

Isso mostra que nosso "desejo de adquirir" não nos traz uma alegria verdadeira. Então, por que é tão difícil escapar da vontade de ter mais?

Porque a Madison Avenue não quer. A propaganda existe para perpetuar o Mito do Mais; ela é o motor que move nossa economia. Bilhões de dólares são gastos a cada ano para convencê-lo de que não está bem da maneira como está e que precisa de *coisas* – muitas coisas – para ficar feliz. Certa noite, fiz uma experiência. Contei quantas vezes e de quantas maneiras me disseram isso quando eu assistia à televisão.

"Tudo o que eu quero é uma chance de *provar* que o dinheiro não vai me fazer feliz."

Foi chocante. Em apenas três horas, fui bombardeada por 68 mensagens me dizendo que eu estava condenada ao sofrimento se não tivesse o que determinada empresa estava vendendo. Das maneiras mais divertidas, convincentes e criativas possíveis, os anunciantes tentaram me convencer de que eu precisava ter o carro certo (cinco empresas diferentes diziam que o delas era o melhor), o sutiã mais sexy (um deles, enfeitado com diamantes, custava 2 milhões de dólares – 1 milhão por cada seio!), pílulas mágicas (falaremos sobre isso mais tarde) e o melhor produto para a pele (Deus me perdoe, eu pareço ter a idade que tenho).

Sei o que você está pensando: *Mas eu não presto atenção a esses comerciais. Eles não me afetam.* Desculpe estourar a sua bolha, mas eles o afetam, sim. É inevitável: as mensagens que vemos e ouvimos repetidamente entram em nossos cérebros num nível subconsciente e se tornam crenças. Se não fizessem isso, os anunciantes não gastariam um monte de dinheiro para assegurar que você veja suas propagandas repetidamente.

Com as crianças assistindo à televisão em média cinco horas por dia, não é de surpreender que seus filhos estejam infelizes e loucos para ter o mais novo brinquedo, videogame, ou jeans de marca famosa. Se você passa o Natal cercado de crianças, vai entender por que fiquei tão comovida com a seguinte história contada por um jovem pai que entrevistei.

> Quando minha filha mais velha, Victoria, tinha quase 3 anos, líamos a história *Como o Grinch roubou o Natal* para ela todas as noites de dezembro.
>
> Ela se enroscava em mim enquanto eu lia: *Todo quem na vila Quem-Lândia gostava bastante do Natal...*
>
> Victoria prestava atenção quando o Grinch revelava seus planos de arruinar o Natal dos Quem. Disfarçando-se de Papai Noel e fingindo que seu cachorro é uma rena, o Grinch rouba as casas dos Quem e leva tudo. Mas, para sua surpresa, os Quem continuam felizes, apesar de perderem os presentes, as árvores e os enfeites. Ele não impede a chegada do Natal, que "chega do mesmo jeito".
>
> Naquela manhã de Natal, acordamos um pouquinho antes de Victoria para que pudéssemos observar seu entusiasmo ao ver os presentes sob a árvore. Primeiro ela correu até a mesa da cozinha, onde havia deixado uns quitutes para Papai Noel e suas renas. Notou as provas da visita do velhinho: farelos de biscoito no prato, um copo de leite vazio e restos de cenoura. Eu e minha mulher, grávida de nosso segundo filho, vibramos ao ver nossa filha tão surpresa e animada ao pensar que

> Papai Noel viera à nossa casa. Em seguida, ela correu para a sala e viu os presentes sob a árvore.
>
> Esperávamos que se atirasse para os presentes, mas não foi o que fez. Ela ergueu sua mãozinha e disse, "Parem. Vamos fazer de conta. Vamos fazer de conta que o Grinch esteve aqui, levou tudo e ainda assim estamos felizes."
>
> Então, nós paramos e ficamos felizes. E assim como aconteceu com o Grinch, meu coração ficou três vezes maior naquele dia.

Como seria a nossa vida se todos nós pudéssemos ser felizes não importando o que acontecesse?

Quando você vive sua felicidade interior, inata, e é Feliz Sem Motivo, ainda aproveita as coisas de sua vida sem esperar que elas a façam feliz, você consegue banir o Mito do Mais.

O Mito do Serei-Feliz-Quando

Um parente próximo do Mito do Mais é o Mito do Serei-Feliz-Quando. Quantas das seguintes frases soam familiares para você?

- Serei feliz quando eu tiver o companheiro perfeito.
- Serei feliz quando eu tiver um emprego melhor.
- Serei feliz quando eu tiver um filho (ou outro filho).
- Serei feliz quando as crianças forem para a escola.
- Serei feliz quando eu for mais reconhecido ou admirado.
- Serei feliz quando eu me aposentar.

E aquela frase sempre tão popular:

- Serei feliz quando eu perder dois (quatro, seis, oito) quilos.

Não importa quantos serei-feliz-quando você de fato realizar, nunca será o suficiente. Em cada caso, você tem uma satisfação passageira, ou um desapontamento total. Pense nos últimos cinco objetivos que você atingiu. Quanta felicidade eles lhe trouxeram? E quanto tempo a felicidade durou?

Contudo você ignora a sensação de que está faltando alguma coisa e continua tentando: trabalha cada vez mais, dizendo a si mesmo, "*Só um pouquinho mais e eu chego lá*". ou "*Se conseguir apenas resolver isso, vou ficar bem.*" Você é como um rato correndo numa roda. Fica rodando, rodando, tentando enlouquecidamente controlar e manipular as circunstâncias externas, e sempre com medo de perder o que quer que já tenha. Quando você é dominado pelo serei-feliz-quando, a felicidade está sempre no futuro, quando na verdade o único tempo em que se pode realmente viver a felicidade é exatamente agora, neste momento.

Estudos recentes de Daniel Gilbert, um respeitado professor de psicologia de Harvard, provaram o fracasso total do raciocínio serei-feliz-quando. Autor de *O que nos faz felizes*, Gilbert fez uma pesquisa fascinante sobre o fato do ser humano não saber prever muito bem o que o fará feliz no futuro. Ele concluiu que superestimamos a felicidade que obteremos ao conseguirmos coisas que queremos. Imaginamos o quanto vamos nos sentir bem quando sairmos de férias, ou quando tivermos uma promoção, ou quando tivermos um relacionamento específico, mas quando realmente conseguimos essas coisas, geralmente

"Consegui o prato, o osso, o jardim. Sei que deveria estar feliz."

ficamos bem menos felizes do que esperávamos. Além do mais, nos habituamos ao que achávamos que nos faria felizes, de modo que a excitação diminui cada vez que vivemos a experiência mágica que supostamente nos tornaria felizes para sempre.

Para ficarmos mais felizes, temos que sair do transe no qual acreditamos que nossa felicidade está no "mais" e no "melhor" que teremos "algum dia". Não importa o que temos, o Feliz Sem Motivo existe apenas agora, e não mais tarde.

Os três orientadores: princípios para viver

À medida que eu ouvia os 100 Felizes descreverem suas vidas, comecei a ver certos padrões surgindo. Todos eles haviam conseguido banir o mito do Mais e saltar da roda de rato do serei-feliz-quando. E todos pareciam viver de acordo com os mesmos três princípios orientadores, ou leis universais. Independentemente das palavras que os 100 Felizes usavam para descrevê-los, esses princípios eram importantes para ajudá-los a se tornar – ou a continuar sendo – Felizes Sem Motivo. Chamo esses princípios de Os Três Orientadores:

1. O que o expande o faz mais feliz. (a Lei da Expansão)
2. O universo está aí para apoiá-lo (a Lei do Apoio Universal)
3. O que você quer, acontece (a Lei da Atração)

Ao começar a praticar os Hábitos de Felicidade que aprenderá na Parte II, talvez você se descubra, em alguns momentos, preso a velhos comportamentos e maneiras de pensar e sentir. É em momentos assim que você pode evocar os Três Orientadores para ajudá-lo a continuar.

Princípio Orientador nº 1: O que o expande o faz mais feliz

A ciência tem demonstrado que tudo no universo, inclusive você, é composto de energia. Tudo que você diz, pensa ou faz, tudo que está à sua volta, ou expande a sua energia ou a contrai.

Quando sua energia se expande, você sente mais felicidade; quando sua energia se contrai, você sente menos felicidade.

Você pode sentir isso por si próprio fazendo este simples exercício: Sente-se reto. Jogue seus ombros para trás, abra bem os braços, respire fundo e sorria. Feche os olhos e perceba como se sente.

Provavelmente você vai descrever sua experiência mais ou menos assim:

Livre
Aberto
Alegre
Há um sentimento de leveza e espaço – isso é a expansão.

Agora pense em alguém que você ama, admira e gosta de ter por perto. Como o seu corpo se sente quando pensa nessa pessoa?

Mais uma vez, provavelmente se sente expandido, aberto, leve. Sempre que você está feliz, está num estado de expansão. Na verdade, cientistas podem dizer o quanto você está feliz apenas observando o nível de expansão no funcionamento de seu corpo. Se você estivesse preso a instrumentos científicos de medição durante seus momentos de felicidade, conseguiria ver o aumento da absorção de oxigênio, a dilatação dos vasos sangüíneos, o relaxamento muscular, a suavidade de seu ritmo cardíaco e uma integração maior no funcionamento de seu cérebro – todos esses são sinais de que você expandiu sua energia.

Agora encolha os ombros, feche as mãos, faça respirações curtas e rápidas e franza a testa. Perceba como você se sente.

Ansioso
Rígido
Agitado
Há um sentimento pesado – isso é a contração.

Pense em alguém de quem tenha medo ou raiva. O que você sente? Aquela mesma energia pesada, contraída.

Esta é nossa experiência básica de infelicidade. Todas as nossas emoções negativas – raiva, medo, tristeza, inveja – nos contraem e literalmente restringem o fluxo da nossa energia da vida. Quando nós as sentimos, nossos músculos se contraem, nossa respiração fica curta e nossa circulação é dificultada. Se você estivesse preso àqueles mesmos instrumentos de medição, conseguiria ver o nível de seus hormônios do estresse elevar-se. Isso afeta seu sistema imunológico e aumenta o risco de infecções e doenças.

Os 100 Felizes escolhem os pensamentos, os sentimentos e os comportamentos que os expandem, e não aqueles que os contraem. Elevar seu ponto fixo de felicidade é uma questão de desenvolver esses hábitos que expandem sua energia. Eis o que nos faz sentir expandidos ou contraídos:

Contração	**Expansão**
infelicidade	felicidade
medo	amor
pessimismo	otimismo
constrição	fluxo
resistência	aceitação
energia baixa	vitalidade
doença	calma
mal-estar	bem-estar
separação	conexão
sentir-se mal	sentir-se bem

A expansão é sua estrada para a felicidade. Tendo consciência do quanto se sente contraído ou expandido durante o dia, você pode usar esse princípio orientador para verificar se está caminhando para a felicidade.

Seu sistema orientador interno, ou o jogo do quente/frio

Você já esteve num desses carros novos que têm sistema de posicionamento global (GPS)? Não importa onde esteja, o GPS pode direcioná-lo para onde for. (Você pode até programar o tipo de voz que o orienta.

O GPS de uma amiga minha soa como um educado mordomo inglês! Ela diz que isso a faz se sentir uma rainha.)

Acontece que cada um de nós tem o próprio GPS embutido que nos leva para a felicidade, na forma de um sistema de feedback expansão/contração. Se você se sente mais expandido, está indo na direção certa; se você se sente contraído, é hora de mudar a direção. É como uma brincadeira que provavelmente você fazia quando era criança, em que se procura algum objeto com os olhos vendados. Quando você se aproximava do alvo, seus amigos diziam, "Está quente, está quente!". E quando se afastava do alvo, diziam, "Está frio, mais frio, congelando." A única diferença é que seu GPS interno diz "expandido" ou "contraído".

Recorro a meu GPS interno com freqüência. Quando estou diante de uma escolha, paro, respiro fundo e sinto qual das opções me trará mais leveza, abertura e expansão. Faço isso para tomar decisões simples, como escolher uma entrada num cardápio, e para tomar decisões maiores, como a busca de oportunidades de trabalho. Sempre fico mais feliz com a escolha que me faz sentir expandida.

Para verificar o quanto você está vivendo sua vida em expansão ou contração, faça o seguinte exercício:

Lista expansão/contração

1. Escreva dois títulos no alto de uma folha de papel. Ponha "Contração" à esquerda e "Expansão" à direita.
2. Pense em sua vida: seu trabalho, sua casa, seu corpo, suas relações e assim por diante. Quando pensar em cada item, feche os olhos, respire fundo, sinta se ele expande ou contrai sua energia e o escreva embaixo do título apropriado.
3. Analise as listas e observe quais são as áreas de sua vida que estão contribuindo para a sua felicidade e quais as que o estão puxando para baixo. Os itens da lista de contração são áreas em que você deve mudar a direção.

Todos os Hábitos de Felicidade que recomendo praticar na Parte II baseiam-se no primeiro Princípio Orientador: tudo que o expande o faz mais feliz. Em cada capítulo, você encontrará um gráfico de expansão/

contração relacionado a um passo. Prestar atenção no que o contrai e no que o expande – escutando seu GPS interno – é uma atitude que reforça os comportamentos que elevam seu ponto fixo de felicidade e que o ajuda a se sentir Feliz Sem Motivo.

Princípio Orientador nº 2: O universo está aí para apoiá-lo

Einstein disse certa vez que a pergunta mais importante que uma pessoa pode fazer a si mesma é "O universo é amistoso?". Os 100 Felizes respondem a essa pergunta com um sonoro "Sim!". Em vez de pensar que o universo está aí para *sugá-los*, eles acreditam que o universo está aí para *apoiá-los*.

O impressionante é que eles não acreditam que o universo é benevolente somente quando acontecem coisas boas – eles pensam dessa forma o tempo todo. Quando alguma coisa ruim acontece, eles não lamentam e resmungam, "Por que eu? Isso não é justo." Eles vêem todos os acontecimentos de sua vida através da lente do "No fim das contas, isso está acontecendo para o meu bem. Não há erro algum. Deixe-me procurar a bênção que há nisso." Essa crença num universo amistoso é a raiz da atitude relaxada e confiante que eles têm em relação à vida.

Existem pesquisas mostrando que a crença num universo amistoso pode ter um impacto sobre a saúde das pessoas. Um estudo recente realizado por Gail Ironson, PhD, médica e professora de psicologia e psiquiatria na University of Miami, descobriu que pessoas com HIV que acreditavam num poder universal amoroso permaneceram saudáveis por mais tempo do que aquelas que acreditavam num poder universal punitivo.

Pode ser que este seja um conceito difícil de aceitar. Com certeza muitas coisas terríveis acontecem nesse mundo: guerras, perseguições, fome e sofrimento. É fácil pensar que não vivemos num universo amistoso. O que me ajudou a abraçar a idéia de que o universo sempre está aí para me apoiar é a compreensão de que todos os homens e mulheres de grande sabedoria – os sábios e santos do passado e do presente – compartilham essa crença. Assim, quando tenho dificuldade de ver como o universo está me apoiando numa situação em particular, procuro admitir que meu raciocínio e minha compreensão podem ser limitados e lembro a mim mesma da visão iluminada e mais clara daquelas pessoas.

Mas não precisamos entrar nas implicações filosóficas ou religiosas dessa crença; não é este o objetivo dessa discussão. Estou apenas relatando que as pessoas Felizes Sem Motivo a usam como Princípio Orientador, e que você pode usá-la para elevar seu nível de felicidade.

Em vez de tentar decidir se esse princípio é verdadeiro ou não, sugiro que você adote essa perspectiva na próxima semana, ou nas próximas duas semanas, e veja como se sentirá diferente em sua vida ao fim desse período. Isso significa que, não importa o que aconteça, admita que o universo está do seu lado – mesmo que isso não lhe pareça óbvio.

Quando comecei a fazer isso, notei que embora eu não encarasse com alegria e amor tudo o que tinha de enfrentar na vida, com certeza eu sentia muito mais paz e serenidade dentro de mim. Às vezes, quando estava particularmente triste ou desnorteada –, quando um relacionamento romântico terminava, por exemplo – acreditar que o universo sempre me apoiava e que havia um plano maior me ajudou a superar minha ladainha habitual de "Isso não é justo" e "Nunca encontrarei o verdadeiro amor". Ajudou-me a manter o coração aberto, o que acabou me levando a Sergio.

Quando você acredita que o universo está aí para apoiá-lo, consegue parar de resistir ao que está acontecendo. Isso não significa ficar passivo nem complacente em relação aos acontecimentos do mundo ou de nossa própria vida. Significa simplesmente não lutar contra nem lamentar *o que já aconteceu* e não pode ser mudado. Muitos de nós gastamos uma quantidade enorme de energia ficando aborrecidos e resistindo à vida. Quando você aceita que não há erros e admite as coisas como são, consegue usar sua energia para lidar efetivamente com a situação *agora*.

Acreditar que o universo está sempre oferecendo maneiras de apoiar você e seu melhor crescimento é um ótima ferramenta para continuar se sentindo expandido.

Princípio Orientador nº 3: o que você quer, acontece

Este princípio se baseia na Lei da Atração, que, enunciada de maneira simples, diz: *Semelhante atrai semelhante*: o que quer que você pense, sinta, diga ou aja, atrai para si como um ímã. Cada vez que você aprecia a felicidade que já existe em sua vida, como o dinheiro no banco, ela aumenta!

Houve muita polêmica em torno da Lei da Atração nos últimos anos, em grande parte graças ao filme de sucesso e fenômeno editorial *O segredo*. Sinto-me honrada pelo fato de a criadora e produtora Rhonda Byrne ter me escolhido para fazer parte desse projeto transformador. Rhonda realmente segue o que diz: ela usou a Lei da Atração para criar o megasucesso de *O segredo*. Sua intenção e sua visão sempre foram espalhar alegria e ver o mundo transformado pelo uso da Lei da Atração. A primeira vez que a encontrei, fiquei impressionada com o quanto ela era radiantemente feliz. Embora tenha passado por um período de muito desespero na vida, ela hoje exala um alegre entusiasmo combinado com uma paz profunda. Você encontrará a extraordinária história de Rhonda no Capítulo 8 deste livro.

Muitas pessoas se concentram em usar a Lei da Atração para atrair coisas que acham que as farão felizes. Mas isso é o inverso. Ser feliz é o que atrai as coisas que você quer – este é o fundamento da Lei da Atração. Em *O segredo*, Rhonda escreve:

> *Quero deixar você entrar no segredo de* O segredo. *O atalho para qualquer coisa que você quer na vida é SER e SENTIR-SE feliz agora! Este é o caminho mais rápido para conseguir dinheiro e qualquer outra coisa que você queira na vida. Concentre-se em irradiar para o Universo esses sentimentos de alegria e felicidade... Tudo o que você quer é um trabalho interno! O mundo externo é o mundo dos efeitos; é apenas o resultado dos pensamentos. Sintonize seus pensamentos e sua freqüência na felicidade.*

Quando você se sente bem, sua energia cria um campo vibracional poderoso que o atrai para o que você mais quer. Embora você possa manifestar seu ideal de carro, casa ou trabalho, como já vimos, a chave para a felicidade na vida não é manipular o mundo para que ele nos dê o que queremos. O uso mais elevado da Lei da Atração é aplicá-la ao objetivo que sustenta todos os objetivos: ser Feliz Sem Motivo. Embora a Lei da Atração tenha funcionado como um encanto para mim no

reino material, recebi recompensas muito maiores cada vez que a apliquei no nível espiritual, para curar-me de mágoas focando em gratidão e para criar uma transformação em minha vida apreciando cada passo do progresso, por menor que fosse. Usar a Lei da Atração dessa maneira leva a ser Feliz Sem Motivo.

Minha fórmula secreta

Minha ferramenta favorita para usar a Lei da Atração é o que chamo de minha Fórmula Secreta: Intenção, Atenção, Nenhuma Tensão. Aprendi esse processo simples de três partes com meu amigo Bill Levacy, consultor de desempenho. Eis como você pode aplicá-lo para se tornar Feliz Sem Motivo:

1. Intenção: Seja claro em relação ao que você quer – neste caso, seu desejo de uma felicidade maior.
2. Atenção: Aquilo em que você põe sua atenção cresce mais forte em sua vida. Ponha sua atenção na felicidade praticando os Hábitos de Felicidade todos os dias.
3. Nenhuma Tensão: Solte-se e relaxe. Quando praticar os hábitos, esteja à vontade consigo mesmo e acredite que está removendo blocos para sentir uma felicidade maior.

Estabelecendo sua intenção e visualizando seu ideal

Toda mudança consciente começa com uma intenção. Antes de conseguir elevar seu ponto fixo de felicidade, é importante estabelecer sua intenção de ser Feliz Sem Motivo. Comece escrevendo uma declaração de sua intenção. Comece com "Sou grato porque sou..." e complete a frase com o que Feliz Sem Motivo representa para você.

Quero que você use "sou" ou "estou" na frase porque essas são duas palavras muito fortes; elas ajudam a chamar sua atenção para a existência. Note, por favor, que estou lhe pedindo para declarar sua intenção no tempo gramatical presente, embora você já esteja se sentindo Feliz Sem Motivo. O poder e a imediatidade do tempo gramatical presente magnetizam o desejo de seu coração para você. Por exemplo, minha intenção pessoal Feliz Sem Motivo é "Sou grata por que estou experimentando um estado profundo de paz interior e felicidade."

Sua intenção Feliz Sem Motivo

____

Agora, imagine-se sendo Feliz Sem Motivo. Como seria sua vida se você experimentasse esse estado de paz interior e bem-estar inabaláveis? O que você sentiria e faria? Como iria interagir com as pessoas?

Imaginar como você quer se sentir pode parecer algo fantasioso ou tolo, mas na verdade é um exercício poderoso. Quanto mais claramente você puder experimentar o que Feliz Sem Motivo representa para você, mais facilmente fará isso existir.

Simplesmente fazer o processo é algo que põe você no campo vibracional de Feliz Sem Motivo. Provavelmente, você começou a se sentir mais feliz apenas por pretender e imaginar isso.

Recomendo também criar um quadro de desejos para olhar enquanto pratica os Hábitos de Felicidade. O quadro de desejos é uma representação visual do que você quer criar em sua vida. Muitas pessoas usam esses quadros para focar coisas que querem obter: um carro, um relacionamento, uma casa. Sugiro que crie um quadro com imagens que representem estados de felicidade. Você pode escolher uma fotografia de uma paisagem bonita ou uma imagem de alguém rindo ou dançando. Talvez use fotos de si mesmo com outras pessoas que ama ou admira. Escolha imagens que o façam se sentir expandido, aberto e elevado, mesmo que não saiba dizer exatamente por que, e acrescente sua declaração de intenção Feliz Sem Motivo. Assim como deve ser feito com sua intenção, é importante focar as coisas do quadro como se elas já existissem.

Meu quadro tem fotos minhas em meus momentos mais felizes, na natureza e com pessoas que amo, além de imagens, cores e frases que me inspiram alegria. Está pendurado na parede em frente à minha escrivani-

nha e olho para ele o dia inteiro. Todos os dias, passe algum tempo olhando seu quadro de desejos e sentindo a felicidade que ele inspira em você.

Construindo seu lar interior de felicidade

Agora você está pronto para começar a pôr suas intenções em prática. Na Parte II, aprenderá os sete passos para construir sua Casa da Felicidade. Depois de ler este livro, sugiro que você passe uma semana em cada um desses passos, cultivando os Hábitos de Felicidade, fazendo os exercícios e dando os passos relacionados ao fim de cada capítulo. Pode ser que você ache alguns passos fáceis, enquanto outros representarão um desafio. Quando isso acontecer, gaste o tempo que precisar para tornar a nova prática fácil.

Quando estiver trabalhando com essas idéias e técnicas, mantenha os Três Orientadores em mente. Use seu GPS interno para se mover na direção da expansão. Veja o que acontece quando você acredita que o universo está aí para apoiá-lo. E continue trabalhando com a Lei da Atração para elevar seu ponto fixo de felicidade, apreciando profundamente a felicidade que você já está sentindo.

Com essas ferramentas à mão, é hora de começar a construir a sua Casa da Felicidade. Vamos começar.

PARTE II

Construindo sua Casa da Felicidade

Primeiro criamos nossos hábitos,
depois nossos hábitos nos criam.

– John Dryden, poeta e dramaturgo inglês do século XVII

3

A Fundação – aproprie-se de sua felicidade

A maioria das sombras dessa vida é causada por ficar na própria luz.

– Ralph Waldo Emerson, escritor e filósofo

Embora construir uma casa não seja algo que esteja no alto da minha lista de habilidades, sei que o primeiro passo é fazer a fundação. Ela é a base de uma casa firme.

A construção da sua Casa da Felicidade começa com o mesmo primeiro passo importante: você faz a fundação apropriando-se de sua felicidade. Isso significa primeiramente acreditar que você pode ser feliz, depois tomar consciência dos hábitos que o atrapalham e finalmente adotar, com suavidade e persistência, novos hábitos de pensar, sentir e agir que serão melhores para você.

Uma das coisas que mais me impressionou nos 100 Felizes foi que ninguém questionou sua capacidade de ser feliz. Eles sabiam que isso era possível – e que a felicidade dependia deles. Não adiavam a felicidade para o futuro, esperando que as condições de suas vidas se tornassem perfeitas ou que algum dia tivessem sorte. E não ficavam agarrados ao passado, dizendo, "Não posso ser feliz por causa de minha origem ou por causa do que aconteceu comigo". Eles eram proativos, focando as possibilidades do futuro, em vez de se vitimizarem pelas circunstâncias do passado ou do presente.

Essa ligação entre a felicidade e a responsabilidade foi demonstrada num estudo importante publicado em 2005 no *International Journal of*

Behavioral Medicine. O estudo, conduzido pela Dra. Gail Ironson, cujas pesquisas apresentei no capítulo anterior, mostraram que pessoas otimistas portadoras do vírus HIV tinham um comportamento mais proativo, lidavam melhor com sua condição e tinham uma progressão mais lenta da doença. De acordo com o Dr. Johnson, a proatividade está altamente relacionada ao otimismo, uma característica associada ao aumento da felicidade.

A boa notícia é que, não importa por onde comece, quando você é proativo e assume responsabilidade total por sentir felicidade, toma as rédeas da vida. Então, pode dar muitos saltos para aumentar seu ponto fixo de felicidade.

Em nosso íntimo, todos nós já somos Feliz Sem Motivo. Um sol interno de paz e bem-estar já está brilhando em cada um de nós, embora freqüentemente esteja encoberto por nuvens. Neste capítulo, vamos fazer uma luz brilhar sobre aquelas nuvens – nossos padrões de vitimização –: os velhos hábitos arraigados que estão bloqueando nossa capacidade de sentir nossa felicidade essencial o tempo todo.

Apropriando-se

Observei em meu trabalho que um número cada vez maior de pessoas está acordando para o poder que elas têm de criar seu futuro através de tudo o que pensam, sentem, dizem e fazem. Elas estão reconhecendo que suas escolhas determinam suas vidas. Quando você entende a Lei da Atração, sabe que é responsável pela experiência de felicidade (ou infelicidade) em sua vida.

Apropriar-se de sua felicidade tem dois aspectos:

1. Aceitar que ser feliz depende de você e que você tem a capacidade e o poder de ser mais feliz mudando seus hábitos.
2. Assumir "responsa-habilidade": responder a todos os acontecimentos de sua vida de uma maneira que sustente sua felicidade.

Com a leitura deste livro, você já começou a fazer isso. Esta não é apenas uma "conversa inspiradora". Está provado que simplesmente dar

atenção a se tornar mais feliz tem um efeito poderoso. Na verdade, uma das primeiras experiências sobre felicidade já feitas demonstrou isso. Em 1977, o Dr. Michael Fordyce, psicólogo e autor de *The Psychology of Happiness*, publicou os resultados revolucionários de sua experiência que mostravam que estudantes incumbidos de estudar os hábitos de pessoas felizes tinham um aumento de sua própria felicidade e satisfação na vida simplesmente por aprenderem sobre o tema.

Como destaca a Dra. Sonja Lyubomirsky, professora da UC Riverside cujas pesquisas discuti no Capítulo 1, investir tempo e atenção para se tornar feliz é como dieta e exercício: você não pode fazer apenas um dia ou dois, tem que dar continuidade. Infelizmente, a maioria das pessoas gasta mais energia planejando qual carro vai comprar do que elevando seu nível de felicidade.

Responsa-habilidade: habilidade para responder

Nossa habilidade para responder ao que nos acontece – nossa responsa-habilidade – afeta dramaticamente nossa felicidade. Os 100 Felizes respondem aos acontecimentos em suas vidas de uma maneira que sustenta sua paz interior e seu bem-estar.

Anos atrás, meu mentor, Jack Canfield, ensinou-me a seguinte equação que explica esse conceito:

A + R = Re (Acontecimentos + Resposta = Resultado)

Pessoas Felizes Sem Motivo administram os acontecimentos de suas vidas quando podem. Quando não conseguem mudar os acontecimentos, elas *mudam suas respostas*.

Na próxima vez em que você estiver num engarrafamento, olhe à sua volta. Provavelmente vai ver alguém de cara feia, gritando para outros motoristas e agarrando-se ao volante com força. Alguém em outro carro poderá estar dançando sentado, ao som do rádio, e cantando na maior altura. São respostas diferentes ao mesmo acontecimento.

Cada vez que você escolhe responder de uma maneira que o expande e que cria mais paz e bem-estar, está fortalecendo sua capacidade de fazer

a mesma escolha positiva no futuro. Isso é realmente aumentar o poder; isso faz com que você deixe de ser uma vítima para ser um vencedor.

O vencedor final

Na primeira vez que fui apresentada a essa idéia transformadora de vidas, eu estava na escola secundária e meu professor de inglês deu à turma a tarefa de ler *Em busca de sentido,* de Viktor Frankl, um sobrevivente do Holocausto que escreveu com incrível eloqüência sobre como ele e outras pessoas superaram o desespero enquanto suportavam atrocidades diárias como prisioneiros de um campo de concentração nazista. De início, resisti, temendo ficar horrorizada demais com aquele relato, mas a cada página sentia meu coração se elevar enquanto ficava cada vez mais inspirada. Um trecho em particular me tocou mais fundo:

> *Nós que vivemos em campos de concentração podemos nos lembrar dos homens que caminhavam pelas cabanas confortando outras pessoas, distribuindo suas últimas migalhas de pão. Podiam ser poucos, mas ofereciam provas suficientes de que se pode tirar tudo de um homem, exceto uma coisa: a última das liberdades humanas – tomar uma atitude em qualquer tipo de circunstância, escolher o próprio caminho.*

Se Viktor Frankl pôde achar significado – e até sentir amor – nas piores circunstâncias imagináveis, então tenho que acreditar que todos nós podemos encontrar coragem a cada dia para mudar o modo como respondemos ao que quer que aconteça em nossas vidas.

Seu nome diz tudo. Ele é a Vitória final!

Os ladrões de felicidade

Quando estamos presos a antigos padrões de vitimização, atraímos as mesmas situações para nós mesmos, repetidamente (eis a Lei da Atração atuando). Você vê isso o tempo todo – por exemplo, a mulher que acaba sempre tendo o mesmo tipo de relacionamento doentio. Homens diferentes, problemas iguais.

O escritor Eckhart Tolle é um modelo exemplar de Feliz sem Motivo. Em seu livro *O poder do agora*, ele diz que podemos substituir a energia de vítima que perpetua antigos problemas tomando consciência do nosso próprio poder no presente:

> *A identidade de vítima é a crença de que o passado tem mais força do que o presente, o que é o oposto da verdade. É a crença de que outras pessoas e o que elas fizeram a você são os responsáveis por quem você é agora, por sua dor emocional ou por sua incapacidade de ser você mesmo. A verdade é que o único poder que existe está contido neste momento. Quando entende isso... percebe que você – e ninguém mais – é responsável por seu espaço interno agora e que o passado não consegue prevalecer sobre o poder do Agora.*

Somos sempre livres no momento presente para romper nossos hábitos antigos e estabelecer Hábitos de Felicidade que criarão um futuro diferente. Eis alguns dos antigos hábitos de se vitimizar que roubam a nossa felicidade: reclamar, culpar e envergonhar-se.

Reclamar: Reclamar, lamentar-se, tentar obter simpatia, ser um mártir ou excessivamente generoso são sinais claros de que somos o convidado de honra para nossa própria festa de piedade. Sabemos pela Lei da Atração que se focarmos o que não queremos, reclamando constantemente de como nossos relacionamentos são ruins ou de quanto dinheiro estamos devendo, estamos atraindo mais coisas para nós – consolidando a energia de relacionamentos ruins ou de dívidas em nossas vidas. Reclamar é como colocar no universo uma ordem de que queremos mais aquilo que *não* queremos!

O lema daquele que reclama: Pobre de mim!

Culpar: Culpar as circunstâncias, arrumando desculpas, ou culpar os outros por nossa dor ou nossos problemas são atitudes que nos enfraquecem. Se dispensamos nosso poder, a energia de que precisamos para lidar com uma situação fica indisponível, porque a estamos direcionando para outra pessoa ou outra coisa.

O lema daquele que culpa: A culpa não é minha!

Envergonhar-se: Quando pomos a culpa em nós mesmos, quando nos envergonhamos de coisas que aconteceram conosco, ou quando nos sentimos culpados por algo que fizemos (ou não fizemos), freqüentemente tentamos suprimir a dor ou enterrar esses sentimentos incômodos. Isso requer um bocado de energia e bloqueia a nossa felicidade.

O lema do envergonhado: É tudo culpa minha!

"Você acha que eu *quero* ser infeliz? Eu *já fui feito* com essa cara feia!"

Pense nas pessoas infelizes que você conhece. Provavelmente elas passam um bocado de tempo culpando, reclamando e se envergonhando, o que lhes rouba a experiência da felicidade inata. Livrar-se do jogo da vítima é com certeza uma maneira de expandir sua energia e ser mais feliz:

Contração	**Expansão**
Reagir como vítima	Responder como vencedor
Reclamar de problemas	Focar soluções
Culpar os outros ou as circunstâncias	Procurar a lição e a dádiva
Sentir-se culpado ou envergonhado	Ficar em paz consigo mesmo

Prendendo os ladrões de felicidade

O hábito de se sentir vítima pode ser muito sutil e estar profundamente entranhado. Percebi esse padrão de comportamento das pessoas pela primeira vez quando era treinadora corporativa. Costumava dar aulas sobre a importância de assumir responsabilidades pessoais e, no início da aula, perguntava a todos os alunos se eles concordavam em voltar do intervalo na hora certa. Todos diziam sim. Se alguém se atrasasse, teria que ficar diante da turma e cantar uma canção escolar ou – se não conseguisse se lembrar de seus tempos de estudante – uma canção que eu escolhesse. Você não tem idéia de quantos executivos de empresas da Fortune 500, bem-sucedidos e competentes, chegavam atrasados, davam desculpas, culpavam outros ou reclamavam de nosso acordo! Era incrível ver como era difícil para as pessoas assumir uma responsabilidade, mesmo pequena. Mas me mantive firme e, depois de três dias de aula, todos nós havíamos sido submetidos a inúmeras interpretações de *Stop in the Name of Love*, minha escolha favorita, apresentadas por altos executivos que exibiam crachás de identificação e expressões envergonhadas.

Há alguns anos participei de um seminário em que o jogo se virou contra mim. O líder do seminário tinha uma regra segundo a qual cada vez que meus colegas ou eu agíssemos como vítimas – cada vez que culpássemos alguém, déssemos uma desculpa, reclamássemos, manifestássemos piedade por nós mesmos ou culpássemos a nós mesmos, teríamos de colocar 2 dólares numa cesta.

Eu não saberia dizer quantas vezes fiz cada uma dessas coisas durante um só dia! Quando me atrasei, culpei a fila da lanchonete. Epa! Lá se foram 2 dólares (pelo menos eu não tive que cantar). Quando reclamei que estava frio demais, isso me custou mais 2 dólares. (Depois de eu participar de tantos seminários em salas que parecem geladeiras, você deve estar achando que eu deveria saber que tinha de levar um suéter.) Culpar, sentir vergonha e reclamar haviam se tornado atitudes tão automáticas, que eu não tinha consciência de que as tinha. Passei o dia inteiro esvaziando minha carteira, mas a multa de 2 dólares foi pequena para aprender o quanto eu me fazia de vítima.

E não era só eu. Ao fim de três dias, nossa cesta estava cheia. Doamos o dinheiro a uma instituição de caridade local, e estávamos fazendo muito menos o jogo da vítima – só por termos prestado atenção a nossos hábitos.

Recomendo que você faça esse exercício durante uma semana com sua família, com seus colegas de trabalho ou com amigos e veja o que acontece. Aposto que você também vai acabar coletando algumas cestas cheias de dinheiro para caridade. Sua nova consciência vai beneficiá-lo também, fornecendo-lhe pistas claras para você adotar os hábitos que sustentam o estado de ser Feliz Sem Motivo.

Nunca é tarde demais

É sempre possível mudar hábitos, não importa quando você comece. Vi minha própria mãe passar por uma transformação maravilhosa numa fase mais avançada da vida. Como muitas outras mulheres de sua geração, mamãe sempre foi uma mulher carinhosa com tendência a "dar em excesso" – tanto, que muitas vezes negligenciava suas próprias necessidades e ficava esgotada e exausta. Mas, com o passar do tempo, ela aprendeu a superar seus antigos padrões e a assumir mais responsabilidade por levar mais alegria e satisfação a sua vida. Quando tinha mais de 50 anos, começou a meditar, o que a permitiu livrar-se de alguns medicamentos e recuperar a saúde. Quando se aproximava dos 70, começou a se exercitar regularmente, algo que nunca fizera antes. Hoje, aos 85, ela caminha duas vezes por dia e é a pessoa mais idosa em sua aula de ginástica aeróbica – a primeira aula de ginástica que já fez na vida! Quando meu pai morreu, depois de um casamento de 63 anos, ela encontrou coragem para fazer muitas coisas sozinha pela primeira vez: viajar, integrar vários clubes e até receber massagens semanalmente. Mamãe está muito mais fortalecida agora, aos 85 anos, do que quando tinha 50, ou mesmo 25 – prova de que nunca é tarde demais para assumir a responsabilidade por sua felicidade.

Em minhas entrevistas com os 100 Felizes, descobri que eles tinham três maneiras básicas de superar padrões antigos, fortalecer-se e assumir a responsabilidade pela felicidade em suas vidas.

Hábitos de Felicidade para fortalecimento

1. Foque a solução
2. Procure a lição e a dádiva
3. Fique em paz consigo mesmo

Hábito de felicidade para fortalecimento nº 1

Foque a solução

Se você não gosta de uma coisa, mude-a. Se não pode mudá-la, mude sua atitude. Não reclame.

– Maya Angelou – escritora e poeta

Você já ouviu o velho ditado "A preocupação é como uma cadeira de balanço; suga um bocado de energia e não leva você a lugar nenhum"? O mesmo acontece com a reclamação. Tenho certeza de que em um momento ou outro você reclamou de uma situação ou um problema que o incomodava e ficou excessivamente agitado por causa disso.

Imagine empregar essa mesma energia para *resolver* o problema – usando sua criatividade, inteligência e imaginação para analisar as possibilidades.

Qual das duas coisas faz você se sentir mais feliz?

Não há dúvida: enquanto focar o problema é algo que contrai sua energia, focar-se na solução a expande e o faz se sentir mais feliz – *à la* Princípio Orientador nº 1. Os vencedores focam as soluções, enquanto as vítimas reclamam de problemas.

Quando li histórias sugeridas para meus livros da série *Histórias para aquecer o coração*, notei que as mais inspiradoras eram sobre pessoas que haviam transformado suas vidas, passando de vítimas a vencedoras.

A história que se segue, a partir de minha entrevista com Aerial Gilbert, membro dos 100 Felizes, é a primeira das 21 histórias incríveis que começarei a compartilhar com você ao longo deste livro. Escolhi esta história para ilustrar esse Hábito de Felicidade porque é um dos exemplos mais memoráveis de transição para a vitória.

Quem primeiro me falou sobre Aerial foi meu amigo Paul. Estávamos sentados à mesa de minha sala de jantar, comendo, quando ele descreveu a pessoa mais feliz que conhecia: Aerial, uma jovem mulher adorável que trabalhara como enfermeira no hospital local antes de sua vida ser virada de cabeça para baixo. Quando Paul terminou de me contar sobre Aerial, fiquei em silêncio, refletindo sobre o que ouvira. Que segredo Aerial tinha para ser tão feliz? Leia e descubra.

A história de Aerial

Uma nova visão

Era junho de 1988 e mais um dia chegava ao fim. Eu terminara minha jornada de enfermeira pediátrica e estava a caminho de casa. Meus olhos estavam irritados, então parei na farmácia da esquina para comprar um colírio. Quando cheguei em casa, a primeira coisa que fiz foi pingar o colírio em meus olhos. Imediatamente, senti uma forte ardência e mal conseguia enxergar.

Eu ainda estava com meu uniforme branco de enfermeira quando fui levada às pressas para a sala de emergência, onde fizeram tudo o que podiam para me ajudar, mas sem sucesso. O colírio havia sido adulterado – com um desinfetante – e uma hora depois de pingá-lo em meus olhos eu estava cega.

De uma hora para outra, eu era um bebê num corpo de 34 anos. Durante meses, fiquei a maior parte do tempo na cama, dormindo de vez em quando, a qualquer hora. Os danos em meus olhos causavam enxaquecas freqüentes, o que me deixava exausta. Quando o telefone tocava, raramente eu atendia. Não queria visitas. Minha autopiedade era como uma enorme parede ao meu redor, fazendo de mim uma prisioneira e mantendo o resto do mundo afastado. Embora meu marido e os poucos amigos com os quais eu falava tentassem me confortar, eles não conseguiam.

Antes de perder a vista, eu não pensava muito na vida, como a maioria das pessoas. Bastava ter meu trabalho, sair com meus amigos, cuidar de meus interesses e praticar meus hobbies. Naquela vida, minha vida *real*, eu era uma pessoa intensamente orientada pela visão. Além de ser enfermeira, era artista, joalheira, fotógrafa e piloto. Adorava astronomia. Também era atleta e adorava ficar ao ar livre. Nadava, jogava tênis, remava regularmente com uma equipe local e fazia longas caminhadas com binóculos e um guia de observação de pássaros à mão.

Desde os cinco anos de idade, meu avô e eu saíamos freqüentemente juntos para observar pássaros. A atividade altamente visual de analisar uma paisagem em busca de sinais de pássaros e depois notar as características, a plumagem e o formato para identificar a espécie havia aumentado meu poder de observação, bem como minha ligação com a natureza. Agora, observar pássaros e todas as outras coisas que eu fazia bem e amava me pareciam perdidas – completamente fora do alcance daquela pessoa nova, cega.

Passei quase um ano assim. Então, um dia, quando estava deitada na cama, perguntei a mim mesma, *Que qualidade minha vida tem?* Eu estava afundando em meu sofrimento, enfiando-me cada dia mais num buraco negro dentro de mim que era muito pior do que a ausência de visão. Fiz uma projeção dos próximos 20, 30, 40 anos. *É isso que você quer?*

Meu espírito se rebelou. *Não!*, pensei. *Não posso viver assim.* Senti a primeira fagulha de energia e interesse pela vida ressurgindo dentro de mim. *Está bem, quero minha vida de volta*, pensei, *então o que faço agora?* Todas as pessoas cegas que eu já havia visto tinham cães-guia ou uma longa bengala branca. Sempre gostei de cachorros, então minha escolha era óbvia. Eu queria um cão-guia.

Pela primeira vez em muitos meses, em vez de reclamar sobre o que acontecera comigo, eu tinha um objetivo e uma direção. Precisava telefonar para uma instituição que prepara cães-guias para acompanhar deficientes visuais. Senti meu coração bater mais rápido. Onde estava o telefone? Eu conseguiria ligar para o serviço de informações para conseguir o número? Sentei-me na cama e comecei a mexer minha mão avidamente na escuridão, à procura do telefone. Era tão bom estar animada com alguma coisa.

Tateando, mas determinada, consegui telefonar para a tal instituição. Disseram-me que eu precisaria dominar algumas habilidades básicas antes de conseguir um cachorro. Mais um objetivo. Durante a troca de informações, finalmente me senti viva novamente.

Nos seis meses seguintes, enquanto eu participava do programa, tive vontade de desistir várias vezes. Havia sido tão mais fácil ficar deitada, me lamentando. Mas logo percebi que mergulhar naquilo e fazer as coisas mudarem era realmente estimulante. Pequenas bolhas de esperança começaram a brotar dentro de mim. As bolhas se uniram para formar um balão de alegria que flutuou dentro de meu peito na primeira vez que segurei meu cão Webster pela coleira e saímos para caminhar. Quando usava uma bengala, eu tinha que tatear a passos lentos, avaliando cada passo, temendo esbarrar nas coisas. Agora, caminhando com Webster num ritmo bastante rápido, conseguia me mover pelos espaços de maneira completamente confortável e funcional. De repente, tudo parecia fluir – eu era eu mesma novamente: relaxada, confiante e competente.

Com o passar do tempo, tendo Webster como guia, comecei até a fazer longas caminhadas. Um dia, quando estava fazendo uma caminhada com meu marido em Tucson, ouvi um pássaro cantando e disse, "Oh! Você está ouvindo esse pássaro? Consegue ver a cor de suas asas?".

Meu marido localizou o pássaro e me disse a cor dele. Animada, comecei a lhe fazer perguntas. "Tem umas listas pretas no rabo? Qual é o tamanho dele?"

Igualmente animado, meu marido descreveu o pássaro para mim. "Sim! E tem o pescoço branco! E seu bico parece...." Ele me dava os detalhes.

Eu estava encantada. "Ah, é uma cambaxirra!"

Rimos com nossa nova técnica de observar pássaros. Durante o resto da caminhada – eu ouvindo os pássaros, ele me dando as informações visuais e eu os identificando –, consegui experimentar uma alegria que pensava ter perdido para sempre. Na verdade, aquela nova maneira de observar pássaros era ainda mais agradável, porque eu conseguia compartilhá-la com meu marido de um modo maravilhosamente cooperativo.

Webster também me permitiu entrar novamente no mundo do trabalho. Consegui um emprego no mesmo hospital em que trabalhara como enfermeira, primeiro revelando raios-X numa sala escura e depois fazendo transcrições médicas. Agora, eu conseguia funcionar com independência, e logo me tornei voluntária da instituição de cães-guias, a Guide Dogs for the Blind, fazendo apresentações e liderando passeios. Acabei trabalhando lá em horário integral.

Adorava meu novo trabalho. Participar do processo de transformação de outras pessoas me proporcionava um sentimento maravilhoso. Lembro-me de um homem que chegou com sua mulher, que enxergava normalmente, para um passeio no campus da Guide Dogs. A visita provavelmente era idéia dela. Ele estava muito quieto durante o passeio, quase ausente. Um dos voluntários com visão me disse que ele usava um chapéu, tinha o cabelo longo e uma barba grande; ainda estava se escondendo do mundo, exatamente como eu estivera durante tanto tempo. Mas acabou participando de uma turma em regime de internato durante um mês. Mais ou menos na metade daquele período, no momento em que se adaptou a seu cachorro, ele disse ao instrutor que queria cortar o cabelo e raspar a barba. Saiu e comprou roupas novas. Enquanto continuava a se ligar a seu cão e ao mundo, ele realmente floresceu, física e emocionalmente. A mudança era impressionante. Quando caminhou pelo palco, durante a cerimônia de formatura, sua mulher, que estava sentada na platéia e não o via há um mês, nem sequer o reconheceu.

Às vezes, não me reconheço. Antes de perder a visão, considerava-me uma pessoa bastante feliz. Mas hoje estou mais feliz e mais fortalecida do que antes – com uma base mais firme e num lugar mais repleto de sentidos. Agora há um sentimento mais profundo de contentamento e paz em minha vida. Porque embora eu tenha perdido visão, ela se tornou maior.

* * *

O foco nas soluções

Embora a maioria de nós não tenha experimentado algo tão repentino e extremo quanto a deficiência visual de Aerial, todos nós temos nossa maneira de nos sentirmos vítimas. Os menores desapontamentos, traições e frustrações da vida podem se acumular e, antes que possamos notar, estamos reclamando de sobrecarga e infelicidade. Recentemente, soube que uma pessoa comum reclama setenta vezes por dia!

Will Bowen, pastor de Kansas City, apresentou uma maneira inovadora de enfrentar a síndrome da reclamação. Ele distribuiu pulseiras roxas aos membros de sua congregação e pediu a eles que participassem de uma experiência. Cada vez que se vissem reclamando, teriam que mudar a pulseira para o outro braço. O objetivo era passar 21 dias sem mudar a pulseira de braço. Seu desafio se disseminou rapidamente, e agora milhões de pessoas no mundo estão usando pulseiras roxas e participando do esforço de Will para criar "um mundo livre de reclamações".

A transformação de Aerial começou no momento em que ela parou de pensar em si mesma como vítima e procurou uma maneira de resolver seu problema. Qualquer pessoa pode fazer essa mudança usando uma técnica poderosa chamada Foco nas Soluções, desenvolvida por Mark McKergow, um físico brilhante que se tornou consultor corporativo e escreveu um livro que tem o nome dessa técnica. Tenho usado esse processo com grande sucesso, tanto profissional quanto pessoalmente. Lembro-me de que certa manhã, logo depois de aprendermos o Foco nas Soluções, eu e Sergio estávamos meio temerosos em relação ao nosso relacionamento e decidimos fazer uma tentativa. (Esta é uma das grandes vantagens de viver com um psicoterapeuta: ele se dispõe a discutir o relacionamento!)

O primeiro passo do Foco nas Soluções é avaliar como você se sente em relação à sua situação numa escala de 1 a 10, sendo que 10 significa "Estou muito satisfeito". Sergio me orientou durante o processo. "O quanto você está satisfeita com nosso relacionamento?", perguntou-me ele.

Eu estava particularmente desanimada aquele dia e disse, "Hmmm, mais ou menos 6".

O passo seguinte é o que realmente estabelece essa técnica e demonstra a genialidade de Mark. Antes de aprendermos o Foco nas Soluções, eu e Sergio teríamos passado três dias discutindo por que nosso relacionamento não alcançava a nota 10. Teríamos nos concentrado em todas as razões pelas quais estávamos insatisfeitos e nas coisas que queríamos mudar.

Em vez disso, Sergio disse, "Uau, estamos em 6!" (Às vezes Sergio consegue ser irritantemente positivo.) "O que nós temos para estar em 6, e não em 1?"

"Bem", eu disse depois de pensar um pouco, "estamos em 6 porque nos divertimos juntos, porque nos amamos profundamente e confiamos um no outro. Estamos em 6 porque fazemos a Prática da Apreciação juntos todos os dias (você vai aprender mais sobre isso no Capítulo 9). Estamos em 6 porque gostamos de fazer passeios de bicicleta e caminhadas ao ar livre juntos." Continuei listando todos os motivos pelos quais nosso relacionamento funcionava.

Sergio concordou e acrescentou seus motivos pelos quais não estávamos em 1, incluindo o fato de que éramos honestos um com o outro, flertávamos um com o outro e compartilhávamos os mesmos valores.

Naquela tarde, resolvemos sair para uma caminhada. Rimos e nos divertimos; ouvimos um ao outro e quando voltamos para casa, nosso relacionamento estava em 11!

O Foco nas Soluções mantém você atento ao que está funcionando, de modo que pode parar de usar sua energia para reclamar e começar a criar mais felicidade em sua vida. Eis os passos simples para usar a técnica do Foco nas Soluções em sua vida.

Exercício

Técnica do Foco nas Soluções

Escreva suas respostas às perguntas a seguir numa folha de papel:

1. Pense numa situação da qual você vem reclamando ultimamente. Dê uma nota para o modo como se sente em relação a ela numa escala de 1 a 10, na qual 1 é "estou muito insatisfeito com a situação" e 10 é "estou muito satisfeito".

(Se você classificou sua situação em 1, pule, por favor, para a pergunta 3.)

2. Ótimo, você não marcou 1. Escreva o que está fazendo (tantas coisas quanto conseguir se lembrar) que o faz classificar seu nível de satisfação no número que você marcou, e não num número mais baixo.

3. Quais seriam os primeiros *pequenos* sinais de que sua satisfação aumentou um ponto? Pense com cuidado e escreva tantas coisas quanto puder.
4. Com base no que você escreveu acima, quais são os primeiros pequenos passos que você pode dar no dia seguinte para aumentar sua satisfação com essa situação.
5. Comece a executar as ações que você relacionou no item anterior. Comece a observar momentos em que você está um pouco mais satisfeito e amplie o que o ajuda.

Adaptado da Técnica Foco nas Soluções. Usado com a permissão de Mark McKergow.

Hábito de Felicidade para fortalecimento nº 2

Procure a lição e a dádiva

Os melhores anos de sua vida são aqueles em que você conclui que seus problemas são unicamente seus. Você não culpa sua mãe, a ecologia nem o presidente por eles. Você percebe que controla seu próprio destino.

– Dr. Albert Ellis, psicólogo

Pesquisas confirmam que projetar a culpa afasta a felicidade. Um estudo de 1999 realizado por Shane Frederick, do MIT, e George Loewenstein, da Carnegie Mellon University, mostrou que pessoas que culpavam outras por acidentes graves em que haviam se envolvido oito a doze meses antes "demontravam índices especialmente baixos de superação." A triste verdade é que enquanto você disser "a culpa é da minha mãe, a culpa é do meu marido, a culpa é do governo, a culpa é da minha professora de piano...", você não será feliz.

"SE ELES NÃO TINHAM PAIS, QUEM ELES CULPAVAM POR TODOS OS SEUS PROBLEMAS?"

Os 100 Felizes têm um segredo que lhes permite parar de culpar. Eles acreditam que o universo está aí para apoiá-los (Princípio Orientador nº 2) e sentem que tudo o que acontece tem uma dádiva ou uma lição para eles.

Se a culpa é uma das nuvens que encobre sua felicidade interna, tente fazer isso também. Em vez de perguntar *De quem é a culpa?*, comece perguntando *O que posso aprender com isso? Qual é a dádiva que existe nisso para mim?*

Escritora e oradora motivacional, Chellie Campbell é um membro de destaque dos 100 Felizes. Mas nem sempre ela foi assim. Na história a seguir, Chellie descreve como o pesadelo de todas as mulheres acabou ajudando-a a despertar para seu hábito de culpar.

A história de Chellie

O fim da lamentação

"Não vou conseguir", disse meu noivo, Stan.

Eu estava certa de que não havia ouvido direito. Era início da noite e nós dois havíamos acabado de chegar em casa, vindo do trabalho. Eu dei a ele umas camisas que havia comprado, mas ele mal olhou para elas e as jogou na mesa.

"Não vou conseguir", repetiu.

Uma nuvem negra me envolveu e fechei os olhos. Minha respiração parou.

Não, não, não, não, não.

Ele abaixou a cabeça e olhou para o chão. "Sinto muito", disse, "não posso me casar com você."

O casamento aconteceria dentro de três semanas.

Fiquei boquiaberta diante dele. *Não chore, não chore, não chore.*

"Por quê?", respirei finalmente. "O que aconteceu?"

Ele não sabia responder. Durante as quatro horas seguintes, brigamos, eu implorei, ele retrocedeu, eu gritei, ele gritou, eu lamentei, lutei para encontrar uma resposta. Medo? Não gostou da igreja, do bolo, do terno, do DJ, o quê? Me dê uma resposta, qualquer resposta, só não diga, por favor, "Eu não te amo".

A resposta foi: "Eu não me sinto muito próximo de você."

Então, eu fugi. Eram 3 horas da manhã e telefonei para minha melhor amiga, Gaye. Eu e ela sempre brincávamos que o melhor amigo era alguém que o atendia às 3 horas da manhã. Preciso de você, eu disse. Stan não quer se casar comigo.

Durante as semanas seguintes, eu e Stan cancelamos nossa vida feliz. Cancelamos vestido, cancelamos igreja, cancelamos flores, cancelamos damas de honra, fotógrafo, salão de recepção, lua-de-mel. Devolvemos os presentes, recolhemos os convites. Meus pais choraram. Meus amigos me abraçaram. Eu me mudei.

Dez semanas depois, Stan se casou com outra mulher.

Eu consumia pelos menos duas caixas de Kleenex cada dia da semana. Num esforço para me recuperar, fiz terapia individual. Fiz terapia em grupo. Enlouqueci, viajei, lamentei, vomitei, bati na poltrona até não poder mais com uma raquete de tênis. Cada vez que encontrava alguém eu chorava, "Nosso relacionamento era *tããão* bonito. Era o melhor relacionamento do *muuundo*!"

"Ah, era?", disse finalmente um dia minha terapeuta, que já perdia a paciência, durante uma sessão de grupo. "O quanto era bonito? Se fosse tão bom, não teria acabado."

O choque daquela verdade crua me atingiu como um murro. O grupo inteiro suspirou em conjunto comigo. Olhei para minha terapeuta com os olhos arregalados. Como ela podia me dizer aquilo? De que lado ela estava?

Eu não queria parar de projetar a culpa, de acusar Stan, muito menos de posar de vítima inocente. Vitimizar-se é muito confortável quando todos os seus amigos o abraçam e o amam e aliviam suas feridas. Você culpa todo mundo, menos você mesma, por sua vida sofrida: o sujeito, seus pais, seu terapeuta, seu trabalho e até Deus. Agora eu procurava meus amigos para lhes contar aquela mais recente traição. Não só havia sido usada e abusada por meu namorado mau, como minha terapeuta má achava que era culpa minha! Eu me deleitava no refúgio seguro do martírio.

Me tranquei atrás da porta de meu escritório, no trabalho, e todo mundo pisava em ovos em volta de mim. Até que certa manhã, uma colega minha entrou no meu escritório sem se anunciar e me olhou diretamente nos olhos.

"Quando eu tinha 18 anos e estava grávida, meu noivo deixou a cidade uma semana antes do casamento e entrou para o exército", disse ela.

Eu a fitei durante um longo tempo. Ela ficou ali sentada, esperando calmamente que entrasse na minha consciência o fato de que outra pessoa havia sofrido – tanto ou mais do que eu – e sobrevivido. Ela era divertida, perfeita e feliz. De alguma maneira havia se recuperado, recobrado seu sentimento de amor próprio e prosperado. Não deixara que um incidente infeliz em sua vida a pusesse para sempre no papel de vítima.

Sua revelação lançou-me um desafio. O que eu faria com a minha vida agora? Viveria como a senhorita Havisham*, com um vestido de casamento esfarrapado e um bolo mofado? Ou assumiria a responsabilidade, entenderia o que eu havia feito para criar aquela situação e cresceria?

Um dia, o anjo que fica sobre mim sussurrando "Cresça" venceu. Voltei para a terapia. Agora podia ter início o trabalho de recuperação.

Comecei a ver a minha parte no que havia acontecido. Por que a infelicidade de Stan havia surgido como uma surpresa tão grande? Analisei os pequenos alarmes, as luzes de advertência piscando, sinalizando em letras garrafais: "Estrada Fechada!" Ele reclamava que eu era controladora quando queria estabelecer uma agenda. Eu queria gastar e ele queria economizar. Quando foi ao casamento de seu irmão, ele me disse até que eles pareciam apaixonados de uma maneira especial, diferente de nós. Em retrospecto, os sinais eram bastante claros. Eu deveria ter prestado atenção. Stan não era mau nem estava errado – e eu também não. Simplesmente éramos diferentes. Nosso tempo de caminhar pela mesma estrada havia acabado, e agora eu podia ver que o melhor de cada um de nós seguia em direções diferentes. Eu queria ser uma vencedora, mas não podia fazer isso tornando ele um perdedor. Eu tinha de parar de pensar como vítima, parar de culpar outras pessoas por meus infortúnios, parar de contar histórias de vítima.

Assumir responsabilidades era um jogo totalmente novo. Embora eu tivesse feito algumas escolhas ruins no passado, decidi adotar novos raciocínios e comportamentos para mudar minhas experiências.

Encontrei meus modelos exemplares que viviam de uma maneira que eu queria viver e me liguei a eles. Li biografias de pessoas famosas que eu queria imitar e segui as sugestões delas. Comemorei cada sucesso como prova de que eu era uma vencedora. Encontrei pessoas felizes, alegres, bem-sucedidas, mantive-as por perto e aprendi como elas agiam. Quando meu namorado seguinte reclamou de meu comportamento durante

---

*Personagem do romance *As grandes esperanças*, de Charles Dickens, que vive num mundo de ilusões doentias, numa mansão arruinada. (*N. do T.*)

uma discussão, parei e escutei. Eu me via de outra perspectiva e disse, "Steve, você está certo. Eu nem sequer gosto de meu comportamento. Não sei por que fiz isso. Acho que era apenas um antigo padrão meu."

Ele disse baixinho, "Uau, estou impressionado não apenas por você conseguir ver dessa maneira, mas por me dizer isso. Obrigado."

Juntamente com os relacionamentos melhores vieram melhores clientes, melhores empregos, melhores vitórias. Comecei a fazer workshops e a ensinar outras pessoas. Escrevi dois livros. Em seminários e apresentações, compartilhei minhas histórias e lições duramente aprendidas, e ajudei outras pessoas a se tornarem também vencedoras em suas vidas.

Descobri que o que parece má notícia nem sempre o é. Como eu poderia ter previsto que ser abandonada no altar, três semanas antes do casamento, me ajudaria a romper o hábito mais prejudicial que eu tinha – e que me impedia de ser feliz? Culpar é uma proposição de não-vencer e eu tinha coisas melhores para fazer – tais como estar em paz, contente e feliz.

* * *

Rejeição é proteção de Deus

Optar por procurar a dádiva e a lição de uma situação, em vez de ficar preso à culpa, é uma atitude que nos liberta de nosso antigo padrão de apontar o dedo e recriar a mesma situação repetidamente.

Procurar a lição pode parece algo desafiador a princípio. Acredite, eu entendo. Quando estou passando por um período difícil, não é fácil dar ouvidos a pessoas que dizem, "Espere, isso vai acabar se revelando bom para você". Mas passei a ver que elas estão certas.

Um de meus amigos freqüentemente me lembra que "rejeição é proteção de Deus". Embora nem sempre eu consiga reconhecer isso quando a situação está acontecendo, quando olho para minhas decepções nos últimos anos consigo ver que muitas coisas às quais me dediquei de coração não me fizeram feliz (confirmação pessoal da pesquisa de Daniel Gilbert!). E freqüentemente, coisas que eu achava que eram ruins acabaram sendo as maiores bênçãos de minha vida.

Isso acontece tão freqüentemente, que alguns anos atrás comecei a usar uma frase que tem me servido bem. Cada vez que começo a culpar uma pessoa ou circunstância, paro e pergunto a mim mesma: Se isso estivesse acontecendo por um objetivo mais elevado, que objetivo seria esse?

Os 100 Felizes reconhecem que não é útil rotular acontecimentos de "bons" e "ruins" logo de saída. Em vez disso, eles optam por confiar que tudo contém uma dádiva ou uma lição, embora nem sempre consigam ver isso no momento.

Existe uma antiga história chinesa que ilustra esse raciocínio de maneira brilhante:

> Um velho fazendeiro usava um cavalo para cultivar suas terras. Um dia, o cavalo fugiu, e quando os vizinhos do fazendeiro se solidarizavam com ele, devido à sua má sorte, o fazendeiro deu de ombros e reagiu: "Má sorte? Boa sorte? Quem sabe?"
>
> Uma semana depois, o cavalo voltou com uma manada de cavalos selvagens, e desta vez os vizinhos parabenizaram o fazendeiro por sua boa sorte. Sua reação foi, "Boa sorte? Má sorte? Quem sabe?".
>
> Então, quando o filho do fazendeiro tentava domar um dos cavalos selvagens, caiu e quebrou a perna. Todos concordaram que era muita má sorte. Mas a única reação do fazendeiro foi, "Má sorte? Boa sorte? Quem sabe?"
>
> Uma semana depois, o exército estava marchando pela vila e recrutando todos os jovens. Quando viram o filho do fazendeiro com a perna quebrada, deixaram-no para trás. Boa sorte? Má sorte?

Como você pode ver, nunca podemos saber.

Quando as coisas não funcionam da maneira como você quer, tente acreditar que o que aconteceu foi para o bem. Lembre-se: o universo está aí para ajudá-lo. Isso expandirá instantaneamente sua energia. E com a prática esse processo fica cada vez mais fácil.

Eis um exercício que o ajudará a romper com o hábito da culpa procurando a lição e o presente:

Exercício

Procure a lição e a dádiva

1. Sente-se sozinho, em silêncio. Feche os olhos e respire fundo algumas vezes.
2. Relembre uma situação que o fez se sentir ofendido ou o fez culpar uma ou mais pessoas. Imagine a pessoa ou as pessoas envolvidas, o ambiente e o que foi dito ou feito.
3. Imagine que você deu vários passos para trás e está observando a situação a uma certa distância, como se estivesse assistindo a um filme.
4. Qual é a parte do que aconteceu pela qual você pode assumir responsabilidade? Você ignorou os sinais de que havia um problema? Você agiu de alguma forma que pode ter provocado a situação? Seus pensamentos ou suas ações agravaram a situação?
5. Qual a lição a ser aprendida com o que aconteceu? Você precisa de mais paciência, ou de limites mais precisos? Você precisa escutar mais, ou falar menos?
6. Pergunte a si mesmo: Se isso estivesse acontecendo por um objetivo mais elevado, qual seria esse objetivo? Você consegue encontrar a dádiva?
7. Escreva as coisas mais importantes que você pode fazer de maneira diferente como resultado de encontrar a lição ou a dádiva.

Hábito de Felicidade para fortalecimento nº 3

Fique em paz consigo mesmo

Nunca conseguiremos ter paz no mundo exterior se não ficarmos em paz com nós mesmos.

– Sua Santidade o Dalai Lama

Deixe-me adivinhar. Assim como acontece com a maioria das pessoas, há algumas coisas em sua vida que não estão indo muito bem, certo? E você culpa a si próprio. Talvez seja um casamento ou negócio fracassado, ou seus filhos estão passando por dificuldades. Talvez você tenha magoado alguém ou deixado que alguém o magoasse. Culpar a nós mesmos é um ladrão de felicidade tão grande quanto culpar os outros; gera sentimentos de vergonha e de que se fez algo errado. Quando tentamos acomodar esses sentimentos desagradáveis, gastamos um bocado de energia para mantê-los ali. E lentamente eles nos consomem, minando nossa capacidade de sentir uma felicidade duradoura.

Para ficar em paz consigo mesmo, é importante liberar sua energia, aceitando os sentimentos que você está evitando e deixando que eles passem. Quando você faz isso, consegue seguir em frente com sua vida e sentir uma expansão e felicidade maiores.

A extraordinária história a seguir, extraída de minha entrevista com Zainab Salbi – membro dos 100 Felizes, escritora e ativista, fundadora e diretora-geral da organização humanitária Women for Women International* –, descreve uma maneira de fazer isso.

A história de Zainab

Contando minha história

Cresci num subúrbio de Bagdá, nos anos 1970. Meu pai era piloto da Companhia Aérea Iraquiana e, quando criança, viajei pelo mundo inteiro. Brincava tanto com carrinhos esportivos quanto com Barbies, e não havia limites em meus sonhos para o futuro. As coisas mudaram quando fiz 11 anos e começou a Guerra Irã-Iraque. Foi quando vi pela primeira vez aviões militares e artilharia antiaérea no

*Organização que hoje ajuda mulheres sobreviventes de guerras em todo o mundo a reconstruir suas vidas, ligando-as a mulheres dos Estados Unidos que todos os meses lhes enviam uma pequena quantia em dinheiro, bem como uma carta pessoal.

céu, ruas cheias de soldados e canhões e até mísseis caindo nas casas das pessoas. Lembro-me de meus pais discutindo se seria melhor toda a nossa família (meus dois irmãos, meus pais e eu) dormir na mesma cama, para que morrêssemos juntos se uma bomba atingisse nossa casa, ou continuarmos dormindo em nossos quartos e vivendo nossas vidas normalmente. A vida definitivamente não era normal, e às vezes parecia assustadora e arriscada. Então, da noite para o dia, tornou-se infinitamente mais perigosa: meu pai passou a ser piloto particular de Saddam Hussein.

Quando lhe ofereceram o trabalho, ele não pôde recusar; isso teria significado prisão, e até execução. Tentamos evitar, mas, como um gás venenoso, Saddam penetrou na casa de minha família. Apoderou-se de nossas vidas enquanto nós o respirávamos lentamente. Tudo que dizia respeito a nós acabou ficando associado ao trabalho de meu pai. Referiam-se à nossa casa como a casa do piloto, a rua em que vivíamos era a rua do piloto e, o pior de tudo, referiam-se sempre a mim como a filha do piloto.

Como todas as crianças iraquianas, fui ensinada a chamar Saddam de "Amo" (palavra árabe que significa "tio"). Mas, diferentemente das outras crianças iraquianas, eu era convidada, junto com minha família, para festas no palácio. Fazer parte do círculo interno de Saddam era muito perigoso. Minha mãe me orientou a nunca relaxar ou baixar a guarda. Muitas vezes, estávamos sentados em sua sala de jantar conversando e ele casualmente mencionava o assassinato de um membro de sua família, ou de um amigo, ou de um colega. Em seguida, ele nos observava muito cuidadosamente. Ofender Saddam com uma observação equivocada ou uma expressão facial errada podia ser fatal, então aprendi a adequar minhas reações a ele. Se ele estava sério, eu ficava séria. Se ele sorria, eu sorria. Durante anos, eu e minha família vivemos com medo daquele homem e de suas loucuras.

Quando eu estava com quase 20 anos, minha mãe me pediu que aceitasse uma proposta de casamento de um homem que eu nunca tinha visto, um expatriado iraquiano que morava em Chicago. Fiquei horrorizada. Casar-me com alguém que eu não conhecia e que definitivamente não amava ia contra tudo o que meus pais haviam dito que queriam para mim: amor, paixão e liberdade para decidir minha vida. De início, recusei, mas minha mãe chorou e implorou tão desesperadamente, que acabei concordando, mais para fazê-la feliz do que por qualquer outro motivo. O que eu não sabia na época – e que minha mãe só me diria dez anos depois – era que ela temia que Saddam começasse a se interessar por mim e por isso estava louca para me tirar do Iraque, pondo-me fora do alcance dele.

Nossa família voou para Chicago, para o casamento, e a primeira vez que vi meu futuro marido meu estômago doeu. Eu não sentia absolutamente qualquer atração por ele. Mas ele me disse que tentaria ser um bom marido; eu teria liberdade para terminar o curso universitário que abandonara no Iraque e para seguir uma carreira; e, com o tempo, aprenderíamos a amar um ao outro.

Em poucas semanas, descobri que meu marido não tinha intenção alguma de honrar as promessas que fizera a mim. Ele não me dava quase nenhum dinheiro e nenhum acesso ao carro, e não permitiu que eu freqüentasse a universidade. Durante meses, senti-me presa numa armadilha, vitimizada e violentada, uma empregada doméstica contratada para trabalhar numa casa onde eu era desrespeitada e abusada verbal e emocionalmente. Continuei dizendo a mim mesma que as coisas iam melhorar, mas não melhoravam. A gota d'água foi uma relação sexual com meu marido que me deixou machucada física e emocionalmente. Quando aquilo terminou, arrastei-me até o chuveiro e fiquei sentindo a água quente batendo em mim enquanto chorava. Não importava que eu fosse casada com aquele homem; ele havia me estuprado. Arrumei minhas coisas, juntei todo o dinheiro que tinha – cerca de US$ 400 – e telefonei para uma amiga de minha mãe na região, que me ajudou a escapar.

Depois disso as coisas começaram a melhorar. Mudei-me para uma outra cidade, comecei a freqüentar a faculdade e fiz novos amigos. Deixei para trás tudo o que havia acontecido – minha infância assustada pela guerra, os anos em que vivi à sombra de Saddam e meu casamento opressor. Peguei toda a dor, medo e trauma que tivera e pus numa caixa bem lá no fundo de mim. Nunca mais eu queria sequer pensar nela. Durante esse período, embora eu tivesse momentos felizes, havia sempre uma parte de mim profundamente triste.

Em 1992, casei-me novamente, desta vez com um homem maravilhoso que conheci na faculdade e pelo qual me apaixonei. Estávamos economizando dinheiro para uma lua-de-mel quando li numa revista um artigo sobre milhares e milhares de mulheres bósnias e croatas aprisionadas em "campos de estupro" durante a guerra. Alguma coisa nas fotos dos rostos das mulheres atingiu a dor profunda que eu mantinha dentro de mim e comecei a chorar. Meu marido entrou correndo na sala para ver o que acontecera. Quando lhe expliquei por que estava chorando, ele me tomou em seus braços e nós dois choramos. Queríamos fazer alguma coisa para ajudar, mas não conseguíamos encontrar organizações que assistiam aquelas mulheres em particular, e, então, decidimos agir por nós mesmos. Pegamos nossas economias para a lua-de-mel e, com a ajuda de uma igreja unitarista que apoiou nossos esforços, viajamos para a Croácia para ajudar.

A resposta nos impressionou. Muito rapidamente compreendi que era aquilo que deveria fazer. Nossa viagem à Croácia foi o início da Women for Women International. Comecei a viajar pelo mundo inteiro, falando com milhares de mulheres que haviam sido vítimas de violência e estupros inacreditáveis, e incentivando-as a contar suas histórias. Percebi repetidamente que, para elas, compartilhar aquelas histórias era algo que iniciava o processo de cura e as ajudava a fazer a transição de vítima para sobrevivente e finalmente para cidadã ativa.

Então, em 2003, quando Saddam foi capturado, decidi escrever um livro sobre o que as mulheres do Iraque haviam passado e ainda passavam. Não tinha intenção alguma de explorar meu próprio trauma, mas um dia minha agente me telefonou e disse, "Você precisa realmente fazer um livro sobre você. Você *é* a história".

Eu gritei, "Não! Não é sobre mim, é sobre outras mulheres." Dei todas as desculpas possíveis, mas dentro de mim havia uma raiva e um medo profundos, e eu lutava comigo mesma contra expor a dor e o trauma dos quais havia me distanciado há tanto tempo. Contar minha história arruinaria minha imagem de mulher forte, feminista e defensora dos direitos das mulheres que eu projetara para o mundo – e na qual eu própria acreditava. Porém, mais do que qualquer outra coisa, eu estava realmente convencida de que se dissesse a qualquer pessoa o que sabia sobre Saddam

Hussein, minha identidade, minhas crenças e minhas realizações desapareceriam e Saddam assumiria o controle de tudo, exatamente como fizera quando eu vivia no Iraque.

Dias depois, no Congo, numa missão da Women for Women International, cheguei a um momento decisivo. Durante duas horas, estivera sentada numa sala com uma mulher chamada Nabito e um tradutor, enquanto Nabito descrevia o que acontecera com ela durante os combates em seu país. Era uma história terrível – e comum. Soldados haviam estuprado em grupo aquela mulher e suas filhas; haviam ordenado que um dos filhos dela a estuprasse e, quando ele se recusou, atiraram em sua perna. Fiquei chocada ao ouvir detalhes. Quando ela terminou, olhou para mim e disse, "Nunca contei minha história para ninguém além de você."

Sua declaração desencadeou uma série de coisas em mim. Ela estava me contando a sua verdade e eu tinha muito medo de contar a minha. Então, perguntei a ela, "O que quer que eu faça? Meu trabalho é escrever a sua história e contá-la ao mundo. Devo mantê-la em segredo? Não devo contar isso a ninguém?".

Ela me olhou nos olhos e, com um sorriso, disse, "Se eu puder contar ao mundo inteiro minha história, talvez isso impeça que outras mulheres passem pelo que passei. Sim, vá em frente e conte ao mundo – só não conte aos vizinhos."

Foi um dos momentos mais humilhantes de minha vida. Entrei no carro e chorei durante as cinco horas que demorei para ir do Congo a Ruanda, dirigindo. Não conseguia parar de pensar em Nabito. Ela era analfabeta, sem-teto; não tinha nada, apenas um vestido que alguém lhe dera e sapatos que encontrara no lixo. Mas tinha muito mais compaixão e coragem do que eu. Não apenas estava querendo assumir sua história e abrir a caixa na qual guardava toda a dor e o trauma em seu interior, como queria contá-la ao mundo, se isso pudesse ajudar até mesmo uma única mulher a evitar que passasse pelo mesmo sofrimento.

Embora eu ainda tivesse muitos motivos para me agarrar ao meu medo, eu sabia que minha mãe morrera em silêncio, e também minha avó. Eu não queria ser mais uma mulher que morreria em silêncio. Então, quando cheguei ao hotel em Ruanda, mandei um e-mail para coautora de meu livro e minha agente e disse a elas, "Vou fazer."

Comecei a escrever minha história, removendo cada dolorosa camada de verdade e emoção. No final, foi a experiência mais libertadora de minha vida. Acredito realmente que abrir a caixa dentro de mim e apropriar-me dos sentimentos que acumulara lá dentro foi o caminho para a minha cura e minha paz.

Hoje, já não tenho aquela dor dentro de mim. Lá dentro está tudo cristalino. Quando inspiro, o ar me penetra inteira. Sinto-me profundamente confortável comigo mesma e a alegria que sempre tive na vida é muito mais intensa.

Tenho visto muita morte e muita vida. E a vida é simplesmente linda; é como uma maçã quando você dá a primeira mordida – aquele som crocante, o sumo e a doçura. Ah, eu adoro isso!

Acredito realmente que cada infortúnio que tive me levou à minha sorte, à vida feliz que tenho hoje. Quando as pessoas têm medo de contar suas histórias, digo a elas, com base em minha própria experiência, que contá-las só vai levá-las a uma sorte maior – de paz interior, alegria e leveza que decorrem disso.

* * *

Um novo começo

Há muitas maneiras de ficar em paz consigo mesmo. Se, assim como Zainab, você é traumatizado por acontecimentos em sua vida, talvez precise desenterrar seus sentimentos reprimidos e aprender a aceitar seu passado. Pesquisas mostram que pessoas que enterram seus traumas vivem menos, com menos saúde e menos felizes do que aquelas que contam suas histórias.

Mas é importante também não ficar preso a esses sentimentos. De acordo com a antropóloga cultural Angeles Arrien, em muitas culturas indígenas as pessoas são incentivadas a "contar suas histórias" quando tiveram uma experiência dolorosa ou traumática, mas não mais do que três vezes. Essas culturas reconhecem que é importante compartilhar a história com pessoas que o amam e o apóiam para liberar a dor, mas repeti-la mais de três vezes serve apenas para manter a pessoa presa à energia de vítima. Ficar em paz consigo mesmo é curar-se e libertar-se para seguir em frente.

Às vezes as pessoas se sentem vítimas por vergonha. Não por alguma coisa que aconteceu com elas, mas por arrependimento ou culpa em relação a suas próprias ações no passado. É difícil se sentir bem quando uma vozinha dentro de você está sempre lhe lembrando que "depois do que você fez", você não merece ser feliz. Quando continuamos a nos julgar por nosso passado, é como se arrastássemos um fardo pesado – exige muita energia. Como me disse Harriet Goslins, que desenvolveu a Reeducação do Campo Cortical, "Quando você consegue fazer uma diferenciação entre assumir responsabilidade e culpar-se, você está livre para fazer novas escolhas. Isso abre a possibilidade de se perdoar verdadeiramente".

Em situações como essas, ficar em paz consigo mesmo pode significar fazer reparos. Embora não possa mudar o que aconteceu no passado, com um pouco de criatividade você geralmente consegue encontrar um caminho para consertar as coisas. Por exemplo, se tomou emprestado um dinheiro de alguém e nunca lhe pagou, pode pagar agora, seja de uma vez só ou em prestações – e anonimamente, se preferir. Ou, se não consegue localizar essa pessoa, pode doar a mesma soma de dinheiro a uma instituição de caridade respeitável. Você ficará impressionado com a leveza e a energia que sentirá depois de fazer um reparo.

A mágica mente-corpo

Nos últimos dez anos, fiquei muito interessada no campo da Psicologia da Energia, que cresce rapidamente e inclui diversas técnicas avançadas de mente-corpo, que liberam velhos padrões de vitimização e julgamento. Praticadas por terapeutas, médicos e leigos, essas técnicas consistem em posturas e ações que funcionam como trocas para recuperar nosso equilíbrio energético adequado. Removem bloqueios no campo de energia sutil do corpo através de meridianos de energia – canais de energia reconhecidos por antigos sistemas de saúde há milhares de anos. As técnicas também reprogramam a mente subconsciente, que controla 90 por cento de nosso comportamento, e estabelecem novos padrões no sistema nervoso central que promovem o bem-estar. Várias delas podem ser praticadas em apenas alguns minutos e auto-aplicadas sem um treinamento formal.

Existem hoje milhares de casos documentados de pessoas que se beneficiaram das técnicas de psicologia da energia, e centenas de novos estudos estão sendo realizados. Em minha entrevista com o Dr. Dawson Church, PhD, autor de *The Genie in Your Genes* e fundador do Soul Medicine Institute, ele me contou sobre um estudo recém-concluído do National Institutes of Health, realizado pela Kaiser Permanente. Neste estudo foi descoberta uma técnica de Psicologia da Energia que ajuda bastante as pessoas a lidar bem com seu próprio peso. Quando eliminam seus padrões e crenças limitadores, elas ficam mais ligadas ao lado vibrante, energético e fortalecido de si mesmas.

Algumas práticas fáceis e eficientes de Psicologia da Energia incluem as técnicas de Sincronização Bioenergética (B.E.S.T.), Técnica Emocional da Liberdade e Técnica de Acupressão de Tapas (TAT). (Você pode encontrar mais informações sobre o assunto na seção de bibliografia deste livro).

Aprendi recentemente sobre o sistema da B.E.S.T. com aquele que o desenvolveu, o Dr. M. T. Morter, membro dos 100 Felizes, médico quiroprático e pioneiro no campo de saúde mente-corpo. Uma de minhas entrevistas mais empolgantes foi com o Dr. Morter, que, aos 72 anos, é tão radiante, energético e cheio de vida quanto qualquer pessoa de 35 anos. Certa noite, encontrei-me com ele para um maravilhoso jantar italiano e ele me contou histórias fascinantes de sua vida e sua filosofia de felicidade. Ele claramente atingira a felicidade, portanto fiquei animada quando se ofereceu para me ensinar o M-Power March, um exercício específico da B.E.S.T. que ele desenvolveu para ajudar as pessoas a remover seus bloqueios à felicidade. (Eu o compartilho com você em seguida).

De acordo com o Dr. Morter, o M-Power March reinicia o sistema nervoso central, remove bloqueios subconscientes e ativa a capacidade de perdoar. O exercício – que envolve movimentos simultâneos das partes superior e inferior do corpo e dos lados esquerdo e direito – põe o sistema nervoso central num estado mais equilibrado, para que possa processar pensamentos e emoções de maneira mais efetiva e eficiente. Ele "limpa o computador", de modo que conseguimos reprogramar a maneira como informações subconscientes, como antigas mágoas e arre- s. É uma ótima ferramenta para mudar qualquer um dos pa- ıtima e de julgamento que discutimos neste capítulo. Esse simp ercício de três minutos, bem como outros procedimentos e exercícios da B.E.S.T., ajudaram-me de maneira bastante eficiente a me sentir mais fortalecida em minha vida, e é muito fácil fazer todos eles.

Exercício

M-Power March: fique em paz consigo mesmo

1. Fique em pé, ereto: concentrado, mas confortável e relaxado.
2. Mova sua perna esquerda como se fosse dar um passo grande, mas mantenha a perna direita firmemente no chão. Os dois pés devem estar virados para a frente. Dobre levemente seu joelho esquerdo, o suficiente para que você consiga manter ainda o calcanhar direito sobre o chão.
3. Mantendo a perna esquerda nessa posição, levante o braço direito a um ângulo de aproximadamente 45 graus. Seu braço esquerdo automaticamente vai se mover para trás, para ajudá-lo a manter o equilíbrio, portanto estique-o atrás de você num ângulo de aproximadamente 45 graus. Neste momento, você está com a perna esquerda e o braço direito estendidos à frente; e a perna direita e o braço esquerdo estendidos atrás.
4. Agora, vire sua cabeça na direção do braço direito estendido, olhe para cima, feche os olhos e estique-se.
5. Enquanto você se mantém nesta posição estendida, pense em alguma coisa da qual se arrepende, ou tenha vergonha, ou culpa. Inspire fundo e concentre-se no sentimento de "perdão". Prenda a respiração e mantenha-se nessa posição por cinco a dez segundos.
6. Expire e repita o movimento invertendo o braço e a perna. Repita essa seqüência três vezes.

Resumo e passos para a felicidade

Você constrói a fundação de sua Casa da Felicidade apropriando-se de sua felicidade: você deixa de ser uma vítima, foca as soluções, procura a lição e o presente nas situações e fica em paz consigo mesmo. Dê os seguintes passos de ação para praticar os Hábitos de Felicidade para fortalecimento:

1. Durante uma semana, ponha dois reais numa cesta cada vez que culpar, envergonhar-se ou reclamar. Verifique a quantia que você coleta a cada dia e se você faz algum progresso durante a semana. Use o dinheiro para sair com a família ou doe-o para uma instituição de caridade à sua escolha.
2. Faça uma experiência: interrompa um hábito ruim. Veja se consegue passar um dia inteiro sem culpar, sem reclamar ou sem se envergonhar.
3. Use a técnica do Foco nas Soluções quando você notar que está reclamando.
4. Para interromper o hábito da culpa, identifique todos os dias uma experiência que não aconteceu como você queria e use o exercício "Procure a Lição e o Presente". (Se não conseguir encontrar alguma coisa, parabéns – você está a caminho de se tornar Feliz Sem Motivo!)
5. Para ficar em paz consigo mesmo, ou para mudar qualquer padrão de vitimização, pratique o M-Power March durante três minutos todos os dias.

Os próximos quatro passos para construir sua Casa da Felicidade são os pilares a serem erguidos: aprender os Hábitos de Felicidade relacionados a sua mente, seu coração, seu corpo e sua alma. Assim como os pilares de sua casa são ligados por paredes, sua mente, seu coração, seu corpo e sua alma estão inextricavelmente ligados: seus pensamentos afetam sua fisiologia, seus sentimentos afetam seus pensamentos e assim por diante.

Separei esses quatro aspectos de nossas vidas em quatro capítulos diferentes para facilitar a explicação, mas reconheço que isso às vezes cria distinções arbitrárias. Enquanto estiver lendo cada capítulo, verá que às vezes os passos se sobrepõem. Como essas áreas de nossa vida são muito interligadas, a melhoria de uma delas fortalecerá todas.

4

O Pilar da Mente – não acredite em tudo que você pensa

A mente é um lugar em si mesma, e dentro de si pode fazer do céu um inferno, e do inferno um céu.

– John Milton, poeta inglês

Certa vez, ouvi um sábio falar. Ele abordou uma pergunta feita por um homem que usava um terno de 3 mil dólares, sapatos sofisticados e jóias de ouro. O homem perguntou, "Do que eu preciso abrir mão para sentir a verdadeira felicidade e paz interior?"

O sábio respondeu, "Há uma notícia boa e outra má. A boa notícia é que você não precisa abrir mão de nada do que tem. A pobreza não é o caminho para a felicidade. A má notícia é que você tem que fazer algo que pode ser ainda mais difícil para você. Tem que abrir mão da maneira como você pensa."

Abrir mão da maneira como eu penso? Não é como afirmar que tenho que parar de respirar? Bem, não é tão difícil quanto pode parecer. Com minhas pesquisas, minhas próprias experiências e minhas entrevistas com os 100 Felizes, aprendi algumas técnicas poderosas para mudar a maneira como pensamos. Neste capítulo, mostrarei a você caminhos que permitem que sua mente apóie sua felicidade, em vez de sabotá-la. Isso fortalece o pilar da mente, o passo seguinte para construir sua Casa da Felicidade.

A matemática da mente assustada

Quantas vezes por dia você é assaltado por pensamentos negativos?

"Não sou bom o bastante."

"Meu marido (ou minha mulher) não me ama."

"Detesto minha aparência."

"Estou preocupado de que não consiga pagar minhas contas."

"Minha filha não me respeita."

"Sou muito estúpido."

"Não agüento esse trabalho."

Se você é como a maioria das pessoas, provavelmente isso acontece muitas vezes. Com todos esses pensamentos negativos passando por nossas cabeças, é difícil permanecer feliz.

Nossas mentes – feitas de pensamentos, crenças e conversas com nós mesmos – estão sempre "ligadas". De acordo com cientistas, temos cerca de 60 mil pensamentos por dia, ou seja, *um pensamento por segundo a cada hora*. Não é de se espantar que estejamos tão cansados no fim do dia!

E o que é ainda mais impressionante é que desses 60 mil pensamentos, 95 por cento são os mesmos pensamentos que você teve ontem, e anteontem, e antes de anteontem. Sua mente é como um toca-discos rodando o mesmo disco repetidamente. (Um iPod para quem tem menos de 30 anos.) Estou falando de estar preso a um comportamento...

Mas isso não seria tão ruim se não fossem as seguintes estatísticas: para uma pessoa comum, oitenta por cento desses pensamentos habituais são *negativos*. Isso significa que todos os dias a maioria das pessoas tem mais de 45 mil pensamentos negativos como aqueles listados anteriormente! O Dr. Daniel Amen, psiquiatra conhecido mundialmente e especialista em representações gráficas do cérebro, chama-os de pensamentos negativos automáticos, ou PNA.

Não é de surpreender que quando a sua mente está cheia de PNA, isso tem um efeito psicológico profundo sobre você. Pesquisadores do National Institutes of Health, entre outros, mediram o fluxo de sangue e padrões de atividade do cérebro e descobriram que pensamentos negativos estimulam as áreas do cérebro relacionadas à depressão e à ansiedade. Por outro lado, pensamentos positivos têm um efeito calmante, benéfico, sobre o cérebro. Nossos pensamentos negativos são como venenos em nosso sistema, e os pensamentos positivos são como remédios. No esquema a seguir, você poderá ver como nossos pensamentos nos contraem ou nos expandem, afetando nossa felicidade.

Contração ←	→ **Expansão**
Ter pensamentos negativos	Ter pensamentos positivos
Julgar	Aceitar
Preocupar-se	Confiar
Pensar demais	Pensar com clareza
Enfatizar o que é ruim	Apreciar o que é bom

A verdade sobre seus pensamentos

A boa notícia é que, para evitar que os milhares de pensamentos negativos que temos a cada dia nos puxem para baixo, não temos que tentar nos livrar de cada um deles. Há uma maneira mais simples. O segredo está em aceitar um fato surpreendente:

Nem sempre seus pensamentos são verdadeiros

Isso parece simples, mas na verdade essa idéia revolucionária exige uma grande mudança em nossa perspectiva. Estamos tão acostumados a acreditar que nossos pensamentos são verdadeiros e a reagir automaticamente a eles, que dificilmente temos consciência de que estamos fazendo isso. Lembro-me do momento, muitos anos atrás, em que fiz essa descoberta.

Eu estava no meio de uma apresentação, diante de 450 pessoas. Minhas mãos estavam úmidas e meu coração começara a bater forte – eu estava me saindo mal. Como eu tinha tanta certeza? Porque um homem na terceira fila me mostrava isso claramente. Estava sentado de maneira rígida, com os braços cruzados. Não havia rido de nenhuma de minhas piadas. Nem dera o menor sinal de compreensão. Será que eu o vi virando os olhos para cima? Meu estômago dava voltas. Ele estava odiando o que eu estava fazendo. Ele me odiava.

Fiquei apavorada quando aquele homem seguiu em linha reta na direção do palco no momento exato em que terminei a apresentação. Fiquei tensa à espera de uma crítica demolidora ao meu fraco desempenho.

Em vez disso, ele veio diretamente a mim e estendeu a mão. "Muito obrigado", disse, com uma voz rouca de emoção. "Essa conversa mudou minha vida."

Quase desmaiei – ele não havia odiado! Meus pensamentos negativos haviam me deixado fora de mim. Foi aí que percebi que minha mente – minha companheira constante nos bons e maus momentos da vida – nem sempre fala a verdade. Isso acontece com todos nós. Enquanto não tivermos consciência disso, nosso caminho para ser Feliz Sem Motivo ficará bloqueado.

Você não acredita em tudo que ouve, ou acredita? É claro que não. Também não acredita em tudo que lê. E nessa era de efeitos especiais de Photoshop, certamente não pode acreditar em tudo que vê. Portanto...

Não acredite em tudo que você pensa!

Pensamentos são apenas pacotes de energia formados por acontecimentos neuroquímicos em seu cérebro, que podem ser medidos em termos de impulsos elétricos e freqüências de ondas. Nem sempre seus pensamentos lhe dão um retrato preciso da realidade, mas de qualquer modo sua mente continua a transmiti-los. Quando você joga uma luz sobre seus pensamentos negativos – e percebe que não precisa acreditar neles – isso afasta grande parte do poder que eles têm de criar sofrimento.

Algum dia você já imaginou por que nossos pensamentos negativos têm um poder tão forte sobre nós? Estamos simplesmente estruturados dessa forma. O problema tem origem em nossos mecanismos de sobrevivência primitivos que enlouqueceram.

Velcro versus Teflon

Nos tempos em que o homem das cavernas Ugh e sua mulher, a senhora Ugh, tentavam sobreviver o suficiente para criar os bebês Ugh, eles tinham que prestar mais atenção às ameaças potenciais do que aos acontecimentos positivos para evitar perigos pré-históricos, como ser comido por um tigre-dentes-de-sabre.

Essa atenção seletiva à negatividade foi o que permitiu que o senhor e a senhora Ugh sobrevivessem. Se você queria viver muito, era melhor reagir a qualquer coisa simples que pudesse ser uma ameaça à sua vida – mesmo que depois ela se revelasse inofensiva – do que ignorar algo realmente letal. Nossos ancestrais eram as "Marias Nervosas" e os "Josés Medrosos" da tribo; pessoas mais relaxadas em relação a essas situações possivelmente perigosas geralmente não duravam o suficiente para ter filhos e transmitir seus genes!

Hoje, embora já não tenhamos de ficar preocupados com tigres-dentes-de-sabre, ainda estamos estruturados da mesma maneira: prestamos mais atenção ao negativo do que ao positivo. Como me explicou o Dr. Rick Hanson, psicólogo e pesquisador do cérebro, durante nossa entrevista, nossos cérebros são "Velcro para negatividade e Teflon para positividade". Nossas experiências negativas grudam em nós como Velcro, enquanto nossas experiências positivas deslizam para fora de nós como Teflon. De fato, pesquisadores descobriram que são necessárias muitas experiências positivas para superar uma única experiência negativa! Infelizmente, essa estrutura se revela desastrosa para nossa felicidade.

"Não, eu não acho que você seja louco. Como a maioria de nós, você é apenas vítima de uma programação ruim."

Lembra-se do que aconteceu com a minha mente durante aquela apresentação? Você tem que admitir: é preciso um talento especial para me desligar das 449 pessoas que passaram o tempo todo rindo, sorrindo e fazendo sinais de aprovação e me concentrar exclusivamente naquele sujeito que eu acreditava – equivocadamente – não estar gostando do que eu dizia. Tenho certeza de que você já percebeu isso em si mesmo. Se você recebe dez elogios e um insulto, do que você se lembra? Se você é como a maioria das pessoas, vai sofrer remoendo esse insulto durante horas, ignorando o grande número de mensagens positivas. Psicólogos chamam essa tendência a responder mais intensamente a pensamentos e experiências perturbadores de "propensão à negatividade".

O Dr. John Cacioppo, psicólogo da University of Chicago, demonstrou essa tendência num estudo em que mediu a atividade elétrica na área do cérebro que processa informações que chegam. Ele mostrou a algumas pessoas três tipos de imagens. Uma série de imagens inspirava sentimentos positivos (carros esportivos, comidas deliciosas), outra provocava sentimentos negativos (imagens repulsivas e perturbadoras) e a terceira produzia apenas sentimentos neutros (objetos do dia-a-dia, como pratos e máquinas de lavar). A atividade elétrica era bem maior quando as pessoas olhavam as imagens que achavam negativas. A negatividade simplesmente causa uma impressão maior no cérebro.

Pesquisadores estão começando a entender os motivos psicológicos pelos quais nossas experiências negativas são tão "aderentes". A amígdala, parte de nosso sistema de alarme cerebral que desencadeia a resposta lute-ou-fuja, está envolvida nisso. Para aprender mais sobre esse processo, vestiremos jalecos e entraremos no laboratório para ver de perto o cérebro e como ele trabalha.

Adrenalina e amígdala quente

O que se segue aqui deveria ser uma explicação detalhada, em linguagem científica precisa, cheia de termos que exigem freqüentes viagens até o dicionário. Não sei como você é, mas esse tipo de explicação faz meus olhos pesarem e minha mente sonhar com férias prolongadas nas Bahamas. Em vez disso, deixe-me apresentar uma visão bastante geral do sistema de alarme cerebral e de seu impacto sobre nossos corpos.

Cada vez que a amígdala dá sinais para lutar ou fugir, seu corpo imediatamente acelera o ritmo de seu coração, libera rios de adrenalina e envia outros hormônios do estresse em cascata para sua circulação sangüínea. De acordo com um estudo recente realizado pelo Dr. Jim McGaugh, da University of California-Irvine, a adrenalina cria lembranças mais fortes no cérebro do que os hormônios do prazer. Isso significa que suas experiências perturbadoras são "quimicamente superencarregadas" de ficar com você muito mais tempo do que as lembranças felizes.

O que torna isso um problema ainda maior é que muitos de nós temos amígdalas super-reativas: elas desencadeiam a liberação de adrenalina com muita facilidade e freqüência. Cientistas dizem que isso é ter uma amígdala "quente", e afirmam que este é o maior obstáculo para ser feliz. Por trás dessa tendência estão características como ter pavio curto, entrar em pânico facilmente e fazer tempestade em copo d'água. As pessoas com as amígdalas mais quentes são aquelas que fazem muito drama, que se irritam facilmente, que são excessivamente preocupadas e que reclamam muito.

Quando fica permanentemente em intensa atividade, a amígdala amplia os caminhos neurais negativos em nosso cérebro. Nossas mentes são invadidas por pensamentos negativos e ficamos preocupados, imaginando repetidamente o que não queremos que aconteça e gerando ansiedade e infelicidade em nossas vidas. Contamos a nós mesmos histórias baseadas em nossas Velhas Crenças Enraizadas, que eu chamo de histórias V.C.E.

Ter uma amígdala quente também tem implicações negativas para a saúde: quando sua amígdala está constantemente apertando o botão lute-ou-fuja, a quantidade de substâncias químicas do estresse liberadas para o corpo aumenta. No mundo de hoje, os tigres-dentes-de-sabre de nossos ancestrais foram substituídos por riscos de acidentes nas estradas, desentendimentos com o chefe ou um colega de trabalho e brigas com o cônjuge. Embora essas situações do dia-a-dia desencadeiem a liberação de hormônios da reação lute-ou-fuja, elas não exigem que você corra em busca de segurança ou dê um murro em alguém, atividades físicas que antes consumiam as poderosas substâncias do estresse. Em vez disso, essas substâncias permanecem presentes e se acumulam, criando fadiga e doenças em seu corpo.

Ter um sistema de alarme super-reativo é algo que pode prejudicar sua saúde e reduzir drasticamente seu ponto fixo de felicidade – a não ser que você aprenda a neutralizá-lo.

Ensinando novos truques ao velho cérebro

Embora seu cérebro esteja estruturado para ser Velcro para a negatividade e para ter um sistema de alarme altamente sensível, há esperança para aumentar a sua felicidade: a neuroplasticidade de seu cérebro. Diferentemente de um velho cão, seu cérebro consegue realmente aprender novos truques. Mudar seus pensamentos produz mudanças em seu cérebro, e talvez até em seu DNA.

Estudos feitos pelo Dr. Richard Davidson, diretor do Laboratory for Affective Neuroscience, da University of Wisconsin-Madison, que você conheceu no Capítulo 1, demonstram que ter pensamentos novos e diferentes cria novos caminhos neurais. Quando mudamos nossos pensamentos para sustentar a felicidade, os caminhos neurais negativos encolhem e os positivos se ampliam. Isso faz com que pensar mais positivamente se torne algo mais fácil e mais automático para nós.

Há anos tem sido comumente aceito que o componente genético de nosso ponto fixo de felicidade – os 50 por cento determinados por nosso DNA – não pode ser mudado. Mas, de acordo com Bruce Lipton, especialista em biologia molecular e autor de *A biologia da crença*, nosso DNA pode não ser tão imutável quanto pensamos. Sua pesquisa intrigante sugere que nosso DNA é influenciado por nossos pensamentos positivos e negativos – mais uma indicação de que nossos pensamentos podem reprogramar nosso ponto fixo de felicidade.

Não estou falando de pensar desejando, nem de simplesmente decidir ser mais feliz. Isso seria a mesma coisa que colar um rosto sorridente sobre nossa dor ou espalhar uma camada de gelo sobre um bolo que queimou. A coisa ruim continua ali. Estou falando sobre acessar o centro de seu cérebro, seu neocórtex, para reverter a propensão à negatividade e neutralizar seu sistema de alarme primitivo.

Ative o neocórtex

De acordo com as mais recentes pesquisas, o neocórtex é o lugar do cérebro onde mora a felicidade – para ser mais preciso, ele é localizado na área pré-frontal esquerda. Estudos têm mostrado que pessoas felizes têm um alto nível de atividade nessa área, enquanto aquelas com tendência à ansiedade, ao medo e à depressão têm maior atividade no córtex pré-frontal direito.

Quando se trata de felicidade, você não consegue enganar o cérebro. O Dr. James Hardt, psicólogo e um dos maiores especialistas em ondas cerebrais, explicou-me que a atividade das ondas cerebrais de uma pessoa feliz é diferente daquela de uma pessoa infeliz. Suas pesquisas mostram que pessoas menos reativas a mensagens amedrontadoras de sua amígdala têm mais atividade de ondas alfa – o sinal de um cérebro feliz.

Em vez de serem invadidas por pensamentos negativos ou entrarem constantemente no modo lute-ou-fuja, as pessoas felizes têm hábitos que lhes permitem responder mais facilmente a partir de seu centro cerebral mais elevado, o neocórtex. Em minhas entrevistas com os 100 Felizes, descobri que eles não acreditam em tudo que pensam. Eles:

- São mais céticos em relação a seus pensamentos negativos. Questionam os alarmes e os neutralizam quando necessário.
- Não lutam contra seus pensamentos negativos. Sabem que estes freqüentemente são apenas subprodutos de sua propensão à negatividade e sabem que podem transcender sua mente e deixá-los ir embora.
- Registram seus pensamentos positivos mais profundamente e apreciam suas experiências positivas.

Eis aqui os três Hábitos de Felicidade para ajudá-lo a criar novos caminhos no cérebro e responder mais intensamente a seu neocórtex:

Hábitos de Felicidade para a mente

1. Questione seus pensamentos
2. Transcenda a mente e liberte-se
3. Volte sua mente para a alegria

Hábito de Felicidade para a mente nº 1
Questione seus pensamentos

Só existe um motivo para a infelicidade: as crenças falsas que você tem em sua cabeça, crenças tão disseminadas, tão comumente mantidas, que você nunca se lembra de questioná-las.

– Anthony de Mello, padre jesuíta e psicoterapeuta

Recentemente, eu e Sergio tivemos o grande privilégio de nos encontrarmos em particular com o Oráculo Estatal do Tibete, um homem que há vinte anos é assessor de Sua Santidade o Dalai Lama e do governo tibetano. Profundamente impressionada com a alegria e serenidade que ele irradiava, pedi ao Oráculo para comentar sobre a felicidade. Eis o que ele me disse: "O verdadeiro inimigo da felicidade são as fixações e desilusões da mente. Olhe a situação de maneira diferente, veja a verdade e o sofrimento será menor. Se sua mente está bem, você consegue superar qualquer coisa – você pode ser feliz, não importa o que aconteça."

Como você consegue saber se sua mente está dizendo a verdade a você? Perguntando! Quando você faz de sua preocupação um grão de sal e não compra a premissa subjacente, é incrível como uma tempestade de emoções simplesmente evapora.

A história seguinte ilustra muito bem os benefícios de não acreditar em tudo que você pensa. Em nossa entrevista, o membro dos 100 Felizes Bruce Fraser (pseudônimo) descreveu sua viagem para fora do sofrimento enquanto aprendia a questionar seus pensamentos sobre o que estava acontecendo na vida dele.

A história de Bruce

Nada além da verdade

Eu e minha mulher estávamos casados há mais de vinte anos. Tínhamos uma filha de 19 anos e um compromisso que eu julgava ser sólido como uma rocha. Eu tinha certeza da eficiência da nossa comunicação, de que, se um dia nos separássemos, seria uma decisão tomada depois de um longo período tentando resolver as coisas juntos.

Eu tinha consciência de que as coisas haviam sido difíceis nos últimos dois anos. Meu trabalho me levara temporariamente para outra cidade, e, então, estávamos lidando com a longa distância e nos encontrando duas ou três vezes por mês. Não era o ideal, mas eu achava realmente que conseguiríamos superar aquilo.

Não conseguimos.

Num fim de semana, quando cheguei em casa, minha mulher me disse que precisava falar comigo. "Tenho pensado muito", começou ela, "e não quero mais continuar casada."

Eu a fitei, incrédulo. *O que ela estava dizendo?*

Ela continuou, "É claro que ainda amo você e quero que sejamos amigos, mas quero o divórcio".

Divórcio. Aquela palavra me atingiu como uma tonelada de tijolos, deixando-me sem ar. Mas, apesar da nuvem de poeira do meu choque, compreendi que ela não estava dizendo que precisávamos *conversar* sobre o divórcio; já estava decidida. Estava me informando que nosso casamento havia acabado.

Não pude acreditar que ela não me incluía naquela decisão que mudaria tanto a nossa vida. Ao longo do fim de semana, tentei de tudo para dissuadi-la. Implorei. Barganhei. Chorei.

Então, ao longo da semana seguinte, as coisas foram de mal a pior. Irredutível em sua decisão de acabar com o casamento, minha mulher finalmente admitiu que conhecera outra pessoa. Isso explicava por que não estava interessada em tentar salvar nosso relacionamento. Queria apenas estar livre para ficar com ele.

Mergulhei num abismo. Senti-me traído, rejeitado, não amado e não amável. *Como ela podia fazer isso comigo?* Meu desespero começou a prejudicar meu trabalho, minha saúde e especialmente minha mente. Desesperado, inscrevi-me num seminário de nove dias que deveria me ajudar a mudar a maneira como eu lidava com meus pensamentos.

No início do seminário, perguntaram-nos, "Numa escala de 1 a 10, o quanto você é feliz?" Meu nível de felicidade era o pior de todos. Eu estava no nível 1.

Durante os dois dias seguintes, fiquei simplesmente sentado, ouvindo. A premissa do seminário era de que, quando alguma coisa acontece conosco, reagimos criando em nossa cabeça uma história sobre aquele acontecimento. Não é exatamente o acontecimento que no faz sofrer; é a nossa história *sobre* o acontecimento que produz o sofrimento. Por isso, quando ficamos infelizes por alguma coisa que aconteceu, é importante questionar a nossa história para verificar se ela é verdadeira. Fazia sentido, mas eu me sentia tão paralisado por minha tristeza que não conseguia agir daquela maneira.

No terceiro dia, quando parecia que tudo estava completamente perdido, comecei finalmente a questionar minha história, usando o processo que o líder do seminário havia recomendado.

Perguntei a mim mesmo: "O que eu realmente penso sobre toda essa lamentável bagunça?"

A resposta veio rapidamente: "Minha mulher não deveria se comportar dessa maneira. Sua traição me levou a perder meu lar e minha família. Nunca conseguirei ser feliz novamente."

Não sei por que, mas naquele momento, em meio à dor intensa que me dominava, tive forças para continuar o processo, perguntando, "Essas coisas são verdadeiras?"

A princípio sim, mas fui mais fundo. "Posso *saber* com certeza que ela não deveria agir daquela maneira? Posso *saber* com certeza que nunca serei feliz novamente?"

Surpreendentemente, a resposta para as duas perguntas foi "Não".

Por um momento, fiquei impressionado. Eu havia interrompido a interminável seqüência de pensamento/dor/pensamento/dor/pensamento/dor que circulava em minha cabeça há semanas. Quase ri. Sem aqueles pensamentos trágicos martelando, senti-me calmo e sereno.

Percebi que se eu tivesse uma visão mais ampla da situação, não saberia dizer se o que estava acontecendo era "bom" ou "ruim". Simplesmente eu não tinha o poder de saber se ela deveria estar agindo daquela maneira. De repente, tudo que eu vinha pensando sobre a situação pareceu suspeito. O medo de enfrentar meu futuro "arruinado" desapareceu e, em seu lugar, senti uma animação. "Talvez", pensei, "as coisas fiquem até *melhores* do que eram no passado!"

Aquele momento de luz e possibilidade durou alguns minutos – até eu pensar que minha mulher estava com outro homem. Uma explosão de dor e raiva atingiu meu coração. *Como ela pôde fazer isso comigo?*

Mas o alívio que senti durante aqueles minutos havia reduzido o poder que minha história tinha sobre mim. Olhei minha história e vi uma outra versão dela: eu acreditava que minha mulher amava alguém mais do que a mim.

Respirei fundo e fiz a mim mesmo aquela mesma simples pergunta: "Isso é verdade?"

Novamente, parecia que era verdade, então mais uma vez fiz a pergunta mais profunda: "Posso saber com certeza que ela ama esse sujeito mais do que a mim?

"Não, não posso." O pensamento de que ela amava alguém mais do que a mim fizera com que a dor me derrubasse, mas eu não podia saber com certeza absoluta se era verdade. Ocorreu-me que um pensamento – o modo como eu respondia àquela pergunta – tinha o poder de determinar minha felicidade.

Foi um momento de "a-rá!". Tudo o que vinha ouvindo naquele seminário pareceu de repente se encaixar. Era realmente bastante simples: minha história sobre a situação parecia ser um conjunto de fortes declarações de fatos em minha cabeça e causava respostas automáticas de sofrimento e tristeza. Mas quando investiguei aquelas "declarações de fatos", vi que eram bastante frágeis. Foi chocante – e reconfortante – perceber que a situação em si não era a fonte de minha dor.

Fiquei tão animado com essa revelação que continuei a questionar avidamente meus pensamentos e crenças durante a semana seguinte.

Ao fim de nove dias, eu já não era aquela pessoa desesperada e vitimizada que havia chegado ao seminário. Eu estava em paz, cheio de serenidade e de um sentimento de aceitação. Havia aprendido que meu sofrimento sempre era causado por minha história sobre o que acontecera no passado. Agora eu estava interessado apenas em viver o momento presente. Que liberdade!

Quando voltei do seminário, telefonei para minha mulher e lhe disse que estava pronto para deixá-la partir. Ofereci-me para fazer tudo o que pudesse para tornar aquela transição mais fácil. Cheguei a lhe dizer que se ela encontrara algo melhor do que nosso relacionamento, deveria se entregar àquilo. E foi o que quis dizer sinceramente.

Um ano depois, o sentimento de liberdade ainda está aqui. Alguns resíduos de tristeza ainda surgem de vez em quando. Mas logo que me pego contando a mim mesmo histórias sobre o que perdi e o que isso significa, interrompo no mesmo momento. Olho para minha história e pergunto a mim mesmo: Qual é a crença por trás dessa dor? Então, quando identifico a crença, faço a pergunta ainda mais crucial: Isso é verdade? De início, foi preciso algum esforço consciente, mas com a prática, está se tornando cada vez mais automático.

Lembro-me do momento – apenas algumas semanas depois do seminário – em que me deparei com a foto favorita de minha mulher, e que sempre estivera em minha escrivaninha. Olhei para nossos rostos sorridentes e pensei em todos os momentos felizes que tivemos juntos. Senti uma onda de tristeza. Parei e me perguntei, "Está bem, qual é a crença aqui?". Era minha antiga crença favorita: "Nunca mais vou ser feliz." Então me fiz a pergunta importante: Eu poderia saber se isso era verdade? De repente, ri e me lembrei do dia em que a foto foi tirada. Não estava tudo bem; havíamos discutido a tarde toda. A verdade é que um minuto antes de apanhar aquela foto eu estava mais feliz do que no dia em que ela fora tirada.

O fundamental é: pensamentos vêm e vão, relacionamentos vêm e vão, a dor vem e vai. Descobri que me apegar a minhas histórias sobre o que eu acho que quero e preciso é uma receita infalível para o sofrimento.

Hoje cheguei a um estado de verdadeira tranqüilidade, de soltar e aceitar as coisas com sendo apenas o que elas são e nada mais que isso. Essa mudança simples me fez mais feliz do que eu poderia algum dia ter imaginado. Numa escala de 1 a 10, você pode me colocar sem hesitar no nível 9 – caminhando para o 10 – sem olhar para trás.

* * *

Fazendo O Trabalho

Ficamos perturbados não com o que acontece conosco,
mas com nossos pensamentos sobre o que acontece.

– Epíteto, filósofo grego

Também tenho tido uma tremenda ajuda da técnica de autoquestionamento (denominada O Trabalho) descrita por Bruce em sua história. Desenvolvido por uma mulher chamada Byron Katie (todos a chamam de Katie), O Trabalho consiste em fazer a si mesmo perguntas simples sobre pensamentos e crenças dolorosos:

1. Isso é verdade?
2. Você pode saber com certeza que é verdade?
3. Como você reage quando acredita nesse pensamento?
4. Como você seria sem esse pensamento?

Em seguida, você formula uma frase expressando o inverso de seu pensamento ou crença. Esta é uma maneira de experimentar a verdade do oposto do que você acredita.

Katie descobriu O Trabalho como resultado da transformação de sua própria vida. Ela deixou de ser infeliz para experimentar o que só posso chamar de um momento de graça, que a deixou num estado permanente de paz e felicidade. Antes de sua transformação, Katie – mãe de três filhos e uma mulher de negócios – descrevia a si própria como "uma suicida, completamente deprimida, presa numa dor total e numa auto-depreciação". Às vezes, ela não conseguia se levantar da cama durante dias ou semanas, nem para tomar banho ou escovar os dentes. Por fim, sua auto-estima ficou tão baixa que ela achou que não merecia dormir numa cama e começou a dormir no chão.

Certa manhã, acordou no chão quando alguma coisa se movia sobre seu tornozelo. Abriu os olhos e viu uma barata – e naquele exato momento, algo mais despertou nela. Ela percebeu que todo o seu sofrimento vinha de seus pensamentos sobre sua situação – *minha vida é horrível, não mereço ser feliz* – e não da situação em si. Começou a rir. De repente, parecia tão claro: quando ela acreditava em seus pensamentos, sofria, e quando não acreditava, ficava feliz. E ela viu que a mesma coisa acontecia com todo mundo. *Todo o sofrimento vem de acreditar em nossos pensamentos.*

Embora eu não seja São Tomé, tenho o tipo de atitude "ver para crer" em relação às coisas. Eu queria saber se Katie era realmente Feliz Sem Motivo. Cada vez que eu a via num seminário, ela com certeza parecia suficientemente feliz. Mas aquilo era em público. Como seria Katie fora dos holofotes? Decidi me encontrar com ela e entrevistá-la para este livro.

Katie é absolutamente incrível, uma das pessoas mais presentes e afetuosas que já conheci. É o exemplo perfeito do que significa ser Feliz Sem Motivo. Embora tenha sido ameaçada sob a mira de uma arma, tenha se divorciado e enfrentado a perda da visão, permanece num estado interno de profunda felicidade. Escutar Katie e fazer O Trabalho foram coisas que mudaram completamente a maneira como eu "penso sobre o que penso".

Como sempre tive uma mente inquisitiva e uma tendência a interrogar todo mundo que conheço, questionar minha própria mente foi fácil para mim. Hoje, estou interessada em "apenas os fatos, madame", como costumavam dizer em *Dragnet**

Certa vez, por exemplo, depois de uma pequena discussão, eu me vi pensando, "Sergio deveria me julgar menos".

Espere um momento, pensei, *isso é verdade?* Hmmm, não tenho certeza.

Posso saber com certeza se isso é verdade? Não, as provas certamente não se sustentariam num tribunal.

Como me sinto quando tenho esse pensamento? Contraída. Definitivamente, é um pensamento que tira a energia.

Como eu seria sem esse pensamento? Mais livre. Mais expandida. Mais feliz.

Então, dei a meia-volta. Escrevi meu pensamento inicial: *Sergio deveria me julgar menos.* Em seguida, brinquei com esse pensamento, tentando criar versões diferentes para ver se alguma delas parecia verdadeira:

Sergio não deveria me julgar menos.

Eu deveria julgar menos Sergio.

Eu deveria me julgar menos.

Enquanto eu prosseguia, me vi sentindo compaixão, e não tendo um sentimento de julgamento. E meu pensamento inicial – de que Sergio deveria me julgar menos – simplesmente desapareceu.

Quando você adquire o hábito de questionar seus pensamentos, descobre que não precisa tentar controlar sua mente ou expulsar seus pensamentos dolorosos. Com o passar do tempo, eles simplesmente perdem o poder de perturbá-lo. Sua mente fica tranqüila, forte e expandida, o que automaticamente aumenta seu ponto fixo de felicidade. O exercício seguinte é uma oportunidade de você usar em si mesmo O Trabalho.

---

*Filme e série policial de sucesso na tevê americana. (*N. do T.*)

Exercício

Minirroteiro para O Trabalho

Escreva uma crença ou julgamento na linha seguinte. Depois, questione-a por escrito, usando as perguntas seguintes, e invertendo o pensamento:

Crença:____

1. Isso é verdade?
2. Você pode saber com certeza se isso é verdade? (Você pode realmente saber o que é melhor a longo prazo para você ou para outra pessoa?)
3. Como você reage quando acredita nesse pensamento? O que acontece? (Como você trata a si próprio e a outras pessoas quando acredita nesse pensamento?)
4. Como você seria sem esse pensamento? (Como seria sua vida se você não acreditasse nesse pensamento?)

Agora, inverta o pensamento.

____

(Isso também é verdade, ou mais verdadeiro?)

Para cada meia-volta, encontre três exemplos genuínos de como a inversão é verdade em sua vida. Não se trata de pôr a culpa em você ou de se sentir culpado. Trata-se de descobrir opções que possam lhe trazer paz.

Quando fazemos O Trabalho, nos livramos dos efeitos da crença em pensamentos estressantes como "Não sou bom o suficiente", "Ele não me ama", "Ela não me entende", "Sou gordo demais", "Preciso de mais dinheiro" e "Algo terrível está acontecendo". Podemos transformar nosso estresse, nossa frustração e nossa raiva numa liberdade que nunca achamos que fosse possível.

Para uma descrição mais completa sobre como usar O Trabalho, acesse www.thework.com.

Usado com permissão de Byron Katie.

Hábito de Felicidade para a mente nº 2
Transcenda a mente e liberte-se

Se você soltar um pouco, terá um pouco de paz. Se soltar muito, terá muita paz. Se soltar completamente, ficará completamente em paz.

– O Venerável Ajahn Chah, monge budista do século XX

Em Bornéu, os nativos têm uma técnica engenhosa para capturar os macacos selvagens que atacam suas plantações e seus estoques de alimentos. Eles pegam um coco vazio e fazem um pequeno buraco nele, de tamanho suficiente para caber a mão de um macaco. Depois, põem um pouco de arroz no coco, como isca, e o colocam no chão. Ao sentir o cheiro da comida, o macaco ladrão se aproxima para investigar. Ele põe a mão dentro do coco para apanhar o arroz, mas quando tenta tirá-la, esta já não passa pelo buraco porque está fechada, segurando o arroz. Para escapar, o macaco precisa deixar o arroz. Como não largam o arroz, os macacos de Bornéu ficam presos na armadilha!

Muitos de nós agimos como esses macacos: ficamos presos em nossos pensamentos negativos porque simplesmente não os deixamos ir embora. E quanto mais resistimos a eles, mais eles grudam em nós. Não adianta tentar empurrá-los para longe – eles simplesmente continuam voltando.

Outra maneira de lidar com os pensamentos inquietantes é transcender a mente e ligar-se aos sentimentos associados aos pensamentos negativos. É o sentimento que mantém o pensamento grudado na mente. Quando recebemos bem o sentimento e o aceitamos, para em seguida deixá-lo ir embora, o pensamento se dissolve milagrosamente. Uma maneira eficiente de fazer isso é através de uma técnica simples, mas poderosa, chamada Método Sedona.

O milagre de Lester

O Método Sedona foi descoberto há mais de 50 anos por um homem chamado Lester Levenson. Em 1952, Lester, físico e empreendedor bem-sucedido, tinha 42 anos. Embora estivesse no auge do sucesso internacional, ele estava infeliz e doente. Sofria de depressão, fígado inchado, pedras nos rins, problemas no baço, hiperacidez e úlceras que haviam perfurado seu estômago e formado lesões. Depois de sofrer o segundo ataque cardíaco, seus médicos o mandaram de volta a seu apartamento de cobertura em Central Park South, Nova York, para morrer.

Mas Lester era um homem que adorava desafios. Então, em vez de desistir, ele decidiu encontrar algumas respostas. Isolou-se em seu apartamento e fez algumas pesquisas sérias sobre a alma. Encontrou o que considerou a principal ferramenta para o crescimento pessoal, uma maneira de se livrar de todas as limitações internas que é a base do Método Sedona ensinado até hoje. Ficou tão animado com sua descoberta que a usou intensivamente durante três meses. Ao fim desse período, seu corpo havia se tornado totalmente saudável novamente. E mais: ele entrou num estado de profunda paz e felicidade que nunca mais o deixou. Em vez de morrer em apenas algumas semanas, como os médicos haviam previsto, ele viveu até os 84 anos – 42 anos depois.

Largando a caneta

Quem me falou pela primeira vez sobre o Método Sedona foi meu querido amigo Hale Dwoskin aluno de Lester e que hoje divulga seu trabalho em todo o mundo. Hale é incrível! Parece um Buda sorridente, e isso é contagiante. Não consigo ficar perto dele sem ter vontade de sorrir. Ele é definitivamente um de meus mentores Felizes Sem Motivo.

Quando conheci Hale, me libertar não era o meu forte. Às vezes, eu lutava contra meus pensamentos e sentimentos negativos, mas a maior parte do tempo eu era mestre em me agarrar a eles, insistentemente determinada a compreendê-los, a entender de onde vinham e o que significam. Hale ficava me dizendo, "Marci, faça o processo". Mas eu não achava que podia simplesmente deixar meus pensamentos e sentimentos irem embora. Isso parecia ridiculamente simples demais.

O que me ajudou a finalmente entender aquilo foi uma pequena demonstração. Hale me mostrou como a libertação funciona. Tente você mesmo.

Primeiro, pegue uma caneta. Agora segure-a firmemente em sua mão. A caneta representa seus pensamentos e sentimentos, e sua mão é sua consciência.

Observe que embora seja desconfortável agarrar a caneta, depois de um pouquinho de tempo isso começa a parecer familiar, ou "normal". Já está sentindo isso? Da mesma maneira, sua consciência segura com força seus pensamentos e sentimentos, você acaba se acostumando a segurá-los e nem sequer percebe que está fazendo isso.

Agora abra a mão e deixe a caneta rolar. Observe que a caneta e sua mão não estão presas uma à outra. O mesmo é válido para seus pensamentos e sentimentos. Eles não estão mais presos a você do que a caneta à sua mão. *Você não é seus pensamentos ou sentimentos.*

Agora vire sua mão e largue a caneta.

O que aconteceu? A caneta caiu no chão.

Foi difícil? Não – você simplesmente parou de segurá-la!

Isso é o que quer dizer libertar-se.

Mariel Hemingway, atriz e neta do escritor Ernest Hemingway, também acreditou que o Método Sedona ajuda muito. Uma semana antes de entrevistá-la, combinei de encontrá-la numa livraria local, onde ela estava autografando seu mais recente livro, *Healthy Living from the Inside Out*. Mariel é adorável, divertida e autêntica em todos os níveis, um bom membro dos 100 Felizes. Em nossa entrevista, ela me contou a seguinte história, na qual descreve a liberdade e a felicidade que tem sentido como resultado de transcender a mente e libertar-se.

A história de Mariel

É de família

Nasci numa família famosa por seu gênio criativo, pela beleza, pelo amor à vida ao ar livre – e pelos problemas. Meu avô, o escritor Hemingway, lutou contra a depressão durante anos e era também um famoso beberrão. As pessoas sempre me dizem, "Eu já bebi com seu avô". Isso aconteceu tantas vezes, em tantos lugares, que estou convencida de que meu avô bebeu com um percentual significativo da população mundial.

A depressão e as bebidas acabaram deixando-o desequilibrado. Quatro meses antes de eu nascer, ele se matou. Foi o quarto membro de sua família a cometer suicídio. Depois disso, o alcoolismo, o uso de drogas, doenças mentais e a depressão continuaram a atormentar minha família.

Embora de muitas maneiras eu tenha escapado da "maldição dos Hemingway", minha maior luta na vida tem sido para me superar da autodepreciação. Durante anos, uma voz insuportável em minha cabeça dizia sempre *Você não é boa o suficiente.* Se um amigo falasse comigo com aquela voz horrível, certamente deixaria de ser amigo.

Eu era especialmente dura comigo mesma em relação à minha aparência. Era terrivelmente consciente de meu rosto largo, meu queixo achatado e minhas pernas longas e finas. Achava que era feia e detestava minha voz estridente. Era obcecada com meu corpo.

Essa obsessão também parece ser coisa de família. É pouco conhecido o fato de que meu avô Ernest costumava se pesar todos os dias e anotar seu peso na lateral do vaso sanitário do banheiro de todas as casas onde morou: *8 de março de 1945 – 85 quilos*, e assim por diante. Os problemas de minha irmã Margaux com o corpo, inclusive bulimia, eram mais conhecidos, e muito provavelmente contribuíram para sua depressão e seu suicídio. Não é difícil enxergar um desastroso padrão de comportamento: enlouqueça ou se mate. Às vezes, as duas coisas. Esta era uma perspectiva cruel para uma jovem.

Durante muito tempo, tive medo de acordar um dia sem controle sobre a minha mente, como acontecia com muitas pessoas de minha família. Então, me tornei uma louca controlada – especialmente em relação à comida. Durante anos, só conseguia pensar no que eu ia comer em seguida. Era muito desagradável. *Que perda de tempo*, eu dizia a mim mesma. Mas era ali que minha cabeça se concentrava para não ter que enfrentar a dor maior de ter medo de morrer ou de enlouquecer. Meu corpo e o que eu comia eram questões mais fáceis de lidar; pelo menos eram controláveis.

É claro que eu sabia bem o que era beber e usar drogas – sou uma Hemingay, fala sério! –, mas eu era incrivelmente rígida com exercícios e com o que punha em minha boca. Um efeito colateral positivo de minha intensa necessidade de controle era o medo de vomitar, o que me impediu de ter bulimia. O que eu mais sentia era uma predominante negatividade em relação a mim mesma, da qual eu achava que nunca me livraria. Como uma nuvem negra que encobria minha felicidade, aquilo simplesmente fazia parte da minha vida.

Durante muitos anos, sobrevivi à base de uma dieta rígida de café expresso – a dieta de ar e cafeína – e isso prejudicou minha saúde. Acabei me livrando desse vício e comecei a comer de maneira mais saudável e a ser mais cuidadosa comigo em relação aos exercícios, mas ainda sentia medo dentro de mim. Se alguma coisa dava errado em minha vida, minha necessidade de controle mostrava sua cara feia novamente.

Eu achava que se pudesse controlar meu corpo e meu mundo, aquela voz dentro de mim, tão cheia de julgamentos, iria embora. E para superar aquilo, eu me julgava por julgar tanto. Tentar me livrar de meus pensamentos negativos nunca funcionava, e só fazia me sentir pior.

Então, aprendi um método para me livrar de meus pensamentos e sentimentos chamado Método Sedona. Fazendo a mim mesma perguntas bastante simples, eu conseguia simplesmente me livrar até mesmo do pensamento e sentimento mais fixados. De repente, compreendi que grande parte do problema era minha convicção de que meus pensamentos e sentimentos estavam presos a mim. Não estão! Meus pensamentos ficam presos porque eu resisto e luto contra eles, e me agarro aos sentimentos que vêm junto com eles. E se eu parasse de resistir e simplesmente me libertasse?

Seria tão fácil assim?

De início, resisti. A cada segundo de minha vida eu pensava que deveria ser melhor. Mas naquele momento descobri que me libertar era algo que ajudava a reduzir a intensidade de meus pensamentos e sentimentos negativos. O simples processo de fazer a mim mesma as perguntas do Método Sedona – "Será que eu conseguiria me libertar desse sentimento?", "Eu o libertaria?", "Quando?" – pareceu estourar a bolha de tensão que eu sentia cada vez que tinha de enfrentar um problema. À medida que continuei a praticar, algo se soltou dentro de mim. Foi um alívio parar de lutar contra minha necessidade de controlar e começar a me aceitar como eu era. Embora eu não saiba bem por que isso funciona, sei que funciona, e é isso que importa.

Meu momento favorito para praticar é quando estou fazendo caminhadas ao ar livre. Assim como meu pai e meu avô, sempre adorei estar em contato com a natureza. Quando me sinto infeliz com alguma coisa, geralmente saio para ficar ao ar livre.

Lembro-me que certa vez algo aconteceu e me senti péssima comigo mesma; estava convencida de que não era atraente – eu era uma figura enorme, grande demais. O dia estava lindo e segui em direção às montanhas. Tomei o caminho que começa em nosso quintal, em Sun Valley, Idaho, e comecei a fazer o processo de libertação, falando alto. Lá estava eu, andando e falando comigo mesma. Felizmente, não havia ninguém por perto; teriam achado que eu era uma louca.

Quando cheguei em casa, olhei-me no espelho e não pude acreditar que aquela era a mesma pessoa que saíra para caminhar. Eu estava usando exatamente a mesma camisa e o mesmo short. Não havia perdido um quilo, mas pensei, *Você está bem*. Fisicamente não havia qualquer diferença; a única coisa que havia mudado era que eu libertara aqueles sentimentos associados ao autojulgamento. Vi muito claramente o poder de meus pensamentos e sentimentos, e como eles haviam me controlado.

Embora eu ainda implique comigo de vez em quando, esqueço como isso já controlou minha vida. Eu costumava implicar comigo a cada seis minutos; agora, é apenas uma vez a cada seis meses. Deixei de ser terrivelmente obcecada com a imagem de meu corpo e nem sequer penso nele. Embora ainda seja bastante cuidadosa comigo mesma, faço isso porque quero, e não por uma necessidade de controlar minha vida.

Hoje, aos 45 anos, já não tenho aquela voz insuportável na minha cabeça. Sou gentil comigo mesma e falo comigo amigavelmente. Quando finalmente vi que meus pensamentos, sentimentos e aquela voz horrível não estavam grudados em mim, eu os abandonei – e encontrei minha verdadeira essência, a felicidade com a qual nasci. Agora, na maior parte do tempo, sinto-me como me sentia quando era pequena: como se flutuasse pela minha vida. Não mais sendo *julgada*, mas apenas *sendo*.

* * *

Largando o excesso de bagagem

A maioria de nós pode se identificar, em algum nível, com a luta de Mariel contra sua auto-estima negativa. Para algumas pessoas, essa luta está na imagem do corpo; para outras, nos relacionamentos ou na carreira. Qualquer que seja a área, o sentimento que está por trás disso – de *não ser bom o suficiente* – destrói a felicidade. Nós nos libertamos quando paramos de lutar contra nossos pensamentos e aprendemos a largá-los.

Assim como Mariel, eu costumava achar que meu dever era brigar contra cada pensamento negativo que tinha. Foi na viagem ao Himalaia descrita no início deste livro que finalmente vi o que estava fazendo comigo mesma. Quando vi aquela indiana carregando minha bagagem de 40 quilos na cabeça, montanha acima, percebi a forte metáfora que ela me oferecia. Era hora de me livrar de todo o lixo desnecessário que eu carregava em minha cabeça! Aquilo era um fardo para mim e para as pessoas à minha volta. Aprender a transcender a mente e soltar meus pensamentos e sentimentos tem sido uma maneira fácil e eficiente de me livrar desse peso morto.

Pondo em prática o Método Sedona

O Método Sedona baseia-se em duas premissas principais:

1. Pensamentos e sentimentos não são fatos e não são você.
2. Você pode libertá-los.

Em seu íntimo, você já tem a felicidade que está buscando e tudo o que precisa fazer é deixar essa felicidade natural aparecer, soltando a infelicidade ou limitação que parecem cobri-la ou obstruí-la.

A tendência a nos prender e nos ligar a nossos pensamentos e sentimentos negativos é tão forte, que fica evidente até na maneira como usamos a linguagem. Quando nos sentimos tristes, pensamos "Estou triste". Quando nos sentimos infelizes, geralmente dizemos, "Sou infeliz". Reforçamos constantemente a crença de que estamos presos a nossos pensamentos e sentimentos. O Método Sedona ajuda a romper essa ligação.

O exercício seguinte é uma introdução ao Método Sedona, e mostrará a você como usar as perguntas que Mariel mencionou em sua história.

Exercício

O processo de libertação

Fique numa posição confortável e concentre-se em seu interior. Seus olhos podem estar abertos ou fechados.

Passo 1: Concentre-se numa questão em relação à qual você gostaria de se sentir melhor e em seguida permita a si mesmo sentir o que quer que esteja sentindo neste momento. Não precisa ser um sentimento forte. Na verdade, se você se sente anestesiado, vazio, desconectado, poderá soltar esses sentimentos tão facilmente quanto outros mais identificáveis. Simplesmente aceite o sentimento e permita que ele seja tão completo quanto possível.

Esta instrução pode parecer simplista, mas tem que ser assim. A maioria de nós vive dentro de seus pensamentos, imagens e histórias sobre o passado e o futuro, em vez de ficar consciente de como se sente realmente no momento. O único momento em que podemos realmente fazer alguma coisa em relação à maneira como sentimos (e, da mesma forma, em relação a nossos negócios e nossa vida) é AGORA.

Passo 2: Pergunte a si mesmo: *Consigo libertar esse sentimento?*
Esta é uma pergunta simplesmente sobre se é possível tomar essa atitude. "Sim" e "Não" são respostas aceitáveis. Muitas vezes, você vai libertar mesmo se disser "Não". Todas as perguntas usadas nesse processo são deliberadamente simples. Não são importantes em si mesmas, e sim destinadas a direcionar você para a experiência de soltar.

Passo 3: Faça a si mesmo essa pergunta simples: *Eu libertaria?* Em outras palavras: *Eu quero libertar?*

Se a resposta for "Não", ou se você não tiver certeza, pergunte a si mesmo: "Prefiro ter este sentimento ou ser livre?"
Mesmo se a resposta for "Não", vá para o Passo 4.

Passo 4: Faça a si mesmo essa pergunta simples: *Quando?*
Este é um convite para simplesmente libertar AGORA. Pode ser que você se liberte facilmente. Lembre-se de que esta libertação é uma decisão que você pode tomar quando quiser.

Passo 5: Repita os quatro passos anteriores tantas vezes quanto for necessário até você se sentir livre daquele sentimento específico.

OBSERVAÇÃO: Provavelmente você vai se sentir um pouco mais livre a cada passo do processo. De início, os resultados podem ser bastante sutis, mas se você for persistente, muito rapidamente os resultados serão cada vez mais percebidos. Pode ser que você sinta que tem camadas de sentimentos sobre uma questão em particular, então seja paciente. Entretanto, o que você soltar terá sido solto para o seu bem, e você se sentirá mais leve e mais tranqüilo.

Partes do exercício anterior foram extraídas de *The Sedona Method: Your Key to Lasting Hapiness, Success, Peace and Emotional Well-being*, de Hale Dwoskin. *Usado com permisão de The Sedona Method,*® www.sedona.com.

Hábito de Felicidade para a mente nº 3

Volte sua mente para a alegria

Que vida maravilhosa eu tenho! Só gostaria de ter percebido isso mais cedo.

– Colette, romancista francesa do século XX

Um dia, um velho cheroqui contou a seu neto sobre a batalha que acontece dentro das pessoas. Ele disse, "Meu filho, a batalha é entre dois 'lobos' que vivem dentro de todos nós. Um deles é a Infelicidade. É o medo, a preocupação, a raiva, a inveja, a tristeza, a autopiedade, o ressentimento e a inferioridade. O outro é a Felicidade. É a alegria, o amor, a serenidade, a gentileza, a generosidade, a confiança e a compaixão."

O neto pensou naquilo por alguns instantes e em seguida perguntou a seu avô: "Qual dos dois lobos vence?"

O velho cheroqui respondeu simplesmente, "Aquele que você alimentar."

✳

Devido à nossa tendência inata a registrar nossos pensamentos, sentimentos e experiências negativos mais profundamente do que os pensamentos, sentimentos e experiências positivos, freqüentemente alimentamos o lobo errado. Quando seu cérebro é um Teflon para a positividade, a felicidade vai "deslizando e se afastando". Para ser mais feliz, você precisa equilibrar um pouco o resultado. Você consegue fazer isso voltando sua mente para a alegria.

Ouvi pela primeira vez essa expressão de James Baraz, quando fiz seu fabuloso curso "Despertando a Alegria", um programa experimental de dez meses para desenvolver sua capacidade natural de bem-estar e felicidade. James iniciou a primeira aula nos dizendo que aquele era um curso sobre como inclinar a mente para a alegria. Sugeriu que mudássemos suavemente nosso foco para dar mais atenção e energia a pensamentos que nos servem.

Voltar a mente para a alegria funciona tornando o Teflon mais áspero, de modo que suas experiências positivas possam aderir mais firmemente do que as negativas. Quando comecei a voltar minha mente para a alegria conscientemente, me senti mais feliz na mesma hora, simplesmente por registrar as grandes e pequenas porções de felicidade que me atingiam, e que antes eu não parava para observar. À medida que continuei a fazer isso, minha felicidade aumentou exponencialmente, porque, como sabemos com base na Lei da Atração, quando você percebe e aprecia a felicidade que já tem na vida, atrai mais felicidade para você.

Percebi que o lugar onde freqüentemente é difícil voltar a mente para a alegria é a área da autovalorização. Pesquisas mostram que dois em cada três adultos nos Estados Unidos têm auto-estima baixa. Minha amiga Lenora Boyle é treinadora motivacional e professora do Método Opção, um processo poderoso que ajuda as pessoas a eliminar suas crenças negativas. Depois de trabalhar com milhares de homens e mulheres, ela diz que a crença limitadora mais comumente mantida é "Não sou bom o suficiente". Com meus anos de experiência liderando seminários de auto-estima, sei que essa dura crítica interna limita nossa experiência de felicidade.

Lisa Nichols, uma dinâmica oradora motivacional e companheira colaboradora em *O segredo*, lutou contra sentimentos de não ser boa o suficiente durante muitos anos. Embora seja hoje um dos 100 Felizes, ela teve que trabalhar para superar suas barreiras contra a felicidade. Sua história mostra como voltar a mente para a alegria a ajudou a superar os muitos PNAs que estavam em sua mente.

A história de Lisa

A mulher no espelho

Durante muitos anos, fui infeliz porque achava que as cartas que a vida me dera não eram boas o suficiente para ganhar o jogo. Minha pele escura, meus lábios grossos e meus quadris largos não correspondiam ao ideal de beleza que eu via na televisão e no cinema. Eu participava de um programa de almoços grátis e ainda por cima morava em South Central Los Angeles, uma área de classe baixa com alto índice de criminalidade.

Acordava todos os dias me sentindo triste. Queria coisas que não tinha – coisas absolutamente impossíveis. Queria me parecer com Farrah Fawcett. Impossível. Queria ter um carro aos 16 anos, assim como alguns de meus amigos na escola. Impossível. Queria morar em Beverly Hills. Também impossível. Para compensar isso, tornei-me uma super-realizadora: eu era capitã da equipe de corrida, líder de torcida, editora do livro anual da escola e membro do conselho estudantil. Mas não era o suficiente. O que havia de errado em mim superava o que havia de bom – pelo menos na *minha* cabeça.

Como todos os meus pensamentos se concentravam no que eu não gostava em mim, durante décadas tomei várias decisões bastante infelizes. Às vezes, tinha contatos íntimos com o parceiro errado, e depois desses encontros me sentia mais vazia do que nunca.

Só depois dos 30 anos parei de procurar amor e aceitação nos outros. Um dia, um amigo afirmou que intimidade pode significar "vejo dentro de mim". Uau, *aquilo* realmente me despertou! Será que eu poderia encontrar o amor olhando dentro de mim?

Comecei a ficar em frente ao espelho, olhando dentro dos meus olhos e perguntando, "Quem é Lisa?". As respostas eram simples e honestas. Uma mulher de lábios grossos, quadris largos, pele escura. Uma afrodescendente. Uma mulher que lutava contra o peso há anos. Uma mulher que deixara um relacionamento abusivo. Uma mulher que estava em busca de sua espiritualidade e que agora tinha um relacionamento com Deus.

Havia muitas coisas para amar naquela mulher. Olhava em meus olhos e dizia "Tenho orgulho de você...", e completava a frase com grandes coisas que eu fazia. Pensava em coisas que incluiria em meu resumo e coisas que não ousaria incluir: Tenho orgulho por você ter deixado de morar com sua família para começar seu próprio negócio. Tenho orgulho por você ter deixado um relacionamento que lhe fazia mal. Tenho orgulho por você reconhecer que tem de cuidar de seu que lhe fazia mal. Tenho orgulho por você nunca ter dito uma palavra negativa – nunca – sobre o pai de seu filho. Tenho orgulho do trabalho que você faz para ajudar tantos adolescentes. Concentrar-me nessas coisas fez com que eu me sentisse maravilhosa!

Eu ficava em frente ao espelho e começava a valorizar, amar e celebrar *a mim mesma*. Começava a comemorar coisas grandes e pequenas, minúsculas. "Tenho orgulho por você ter feito dez abdominais hoje de manhã." Fosse algo enorme ou insignificante, eu comemorava. Meu rosto ficava molhado de lágrimas, mas eu continuava dizendo, "Tenho orgulho por você..." até não ter mais o que dizer.

Antes de começar a fazer esse exercício, eu me olhava no espelho, é claro. Analisava meu rosto, lamentando as pequenas erupções em minha testa e odiava meus lábios grossos e meu cabelo crespo. Olhava as coisas externas pelas quais achava que as pessoas me julgavam – e que eu me julgava também.

Agora, a reflexão era a mesma, mas os olhos que me fitavam eram diferentes. Eram olhos que procuravam beleza e bondade em mim – e encontravam. Ao longo dos anos, passar um tempo saboreando as coisas boas que reconheço em mim me tornou mais forte e capaz de amar mais os outros.

Ainda faço esse exercício toda noite e fico impressionada com o amor e a compaixão que sinto por aquela mulher no espelho. Às vezes, quando estou viajando, chego a abrir meu estojo de maquiagem no banco de trás de um táxi, ou onde quer que esteja, para fazer o exercício. Provavelmente há rumores no país de que sou um pouco estranha, mas tudo bem. Vale a pena fazer isso para ser uma mulher feliz.

Recentemente, tive uma experiência que me mostrou o quanto essa habilidade é realmente importante. Meses atrás, comprei um carro. No dia seguinte, animada com meu brinquedo novo, estava dirigindo na auto-estrada. Mas quando me aproximava da pista de saída, o carro começou a perder força e o motor começou a fazer um barulho estranho.

"Oh, não", pensei, "o que há de errado como meu carro novinho em folha? E o carro engasgava: e acabou morrendo.

Fiquei furiosa! Saí do carro e, com minhas sandálias de salto alto e meus óculos escuros de diva, caminhei pela longa pista de saída até o posto de gasolina que havia no fim. Ao chegar, disse ao atendente, "Meu carro quebrou. Você poderia, por favor, ver o que há de errado nele?"

O atendente caminhou pela pista comigo, pôs a chave na ignição e a virou. Então, olhou-me com desdém e disse, "Madame, seu carro não está quebrado. Está sem gasolina".

Fiquei chocada. Apanhei imediatamente meu celular e telefonei para o vendedor. Eu disse, "Comprei um carro com o senhor ontem. Paguei um bocado de dinheiro e agora estou sem gasolina."

Sem hesitar um segundo, o vendedor me disse, "Madame, encher o seu tanque não faz parte do meu trabalho". Sua resposta mudou minha vida. Ele estava certo. Foi um daqueles momentos de luz: percebi que não era de nenhuma outra pessoa a responsabilidade de encher o tanque – do meu carro ou da minha vida!

Hoje, prestar atenção ao que aprecio em mim me ajuda a encher meu "tanque de amor". Os anos que passei enviando amor a mim mesma no espelho foram generosamente recompensados. Amo Lisa, gosto realmente dela. Sei que meu trabalho não é bater nela. Não é ficar infeliz com o modo como as coisas são, mas amar a mim mesma ao longo dessa jornada.

* * *

O exercício do espelho

A idéia de ficar em frente ao espelho apreciando suas qualidades positivas lhe parece desconfortável e estúpida? A mim parecia – o que foi um sinal de que eu realmente precisava tentar.

Eu e Carol, co-autora deste livro, aprendemos o exercício do espelho em 1990, quando fizemos um curso sobre auto-estima de uma semana com Jack Canfield. Jack passava o exercício como dever de casa toda noite, dizendo, "Faça-o a portas fechadas, para que ninguém entre e pense que você está louco". Eu e Carol éramos colegas de quarto durante o curso e toda noite nos revezávamos para ir ao banheiro, trancar a porta e ficar sussurrando coisas doces para nossos reflexos: "Eu amo você"; "Você é bonita"; "Você tem um coração capaz de amar".

Na primeira noite, eu me senti uma doidona *New Age* da Califórnia, mas logo tive um surto de tristeza. Eu era tão especializada em me julgar – por que era tão difícil dizer coisas boas?

Com a prática, aos poucos ficou mais fácil relacionar os motivos para me amar: "Você é inteligente", "Você se desvia seu caminho para ajudar os outros" e assim por diante. Mas o verdadeiro poder do exercício se manifestou quando aprendi a expressar admiração por mim mesma por nenhum motivo – a me olhar nos olhos e simplesmente amar quem eu era, incondicionalmente.

Se você é como a maioria das pessoas, reconhecer conscientemente o que há de positivo em si mesmo pode parecer uma atitude arrogante. Afinal de contas, aprendemos a não nos gabar de nós mesmos. Por isso, acabamos não nos dando crédito nem reconhecimento, ou, pior ainda, agredindo-nos, o que fecha nossos corações, contrai nossa energia e – como você adivinhou – reduz o nosso ponto fixo de felicidade. Não é de surpreender que pessoas Felizes Sem Motivo tenham uma atitude de compaixão, encorajamento e valorização em relação a elas próprias. Isso não é ser arrogante ou autocentrado; é apreciar e aceitar quem você é. Sentir-se assim em relação a si mesmo é um passo importante para elevar seu ponto fixo de felicidade.

Registre o positivo

Para inclinar sua mente para a felicidade, comece registrando mais profundamente suas experiências felizes. O primeiro passo é tomar uma decisão consciente de procurá-las. Você pode fazer disso um jogo. Observe tudo de bom que acontece com você: qualquer pensamento positivo, qualquer coisa que veja, sinta, saboreie, ouça ou cheire que lhe dê prazer, uma vitória, um avanço que você faça em sua compreensão, uma expressão de sua criatividade – a lista cresce. Isso estimula o sistema de ativação reticular (SAR), um grupo de células na base de seu cérebro responsável por selecionar e trazer para sua atenção qualquer coisa que seja importante no meio da quantidade maciça de informações que você recebe. Alguma vez você já comprou um carro e de repente começou a notar o mesmo modelo em toda parte? Isso é o SAR funcionando. Agora você pode usá-lo para ser mais feliz. Quando você decide olhar o positivo, seu SAR assegura que você veja isso.

Adelle, um dos 100 Felizes, contou-me sobre um método único que ela tem para registrar o positivo. À medida que seu dia passa, ela dá prêmios mentalmente: o prêmio do cachorro mais bem comportado, o prêmio da paisagem mais bonita, o prêmio do motorista de táxi mais educado. Isso a mantém alerta para a beleza e a positividade do que está a seu redor. Encantada com essa idéia, tentei executá-la. Gostei tanto, que me animei a incluí-la como um exercício no fim desta seção do livro.

Quando você notar algo positivo, pare um pouco para saborear isso conscientemente. Aproveite profundamente essa experiência boa e *sinta*-a; torne-a mais do que uma simples observação mental. Se possível, passe mais ou menos trinta segundos absorvendo a felicidade que você sente. Se quiser acelerar seu progresso, encontre algum tempo todos os dias para escrever algumas de suas vitórias, avanços e coisas que você aprecia nos outros – e em você mesmo. Isso vai mudar o equilíbrio do poder de sua mente, inclinando a proporção Velcro/Teflon de seu cérebro para a felicidade.

Em minha entrevista com Paul Scheele, membro dos 100 Felizes, especialista em desenvolvimento humano e autor de *Natural Brilliance*, ele explicou que registrar o positivo mais profundamente é mais fácil quando você envolve sua mente inconsciente, que é responsável por 90 por cento de seus pensamentos. Todos os dias, somos submetidos a uma enxurrada de imagens e mensagens negativas do mundo que entram em nossa mente num nível inconsciente. Uma maneira eficiente de reagir a esses pensamentos negativos insidiosos é através do uso dos programas de áudio paraliminares, que funcionam no nível inconsciente. As gravações paraliminares usam múltiplas vozes, combinadas com música e tecnologia cerebral cientificamente provada. Esses programas, que você escuta com fones de ouvido, são cuidadosamente elaborados para funcionar simultaneamente nos dois lados de seu cérebro e mudar suas crenças conscientes enquanto você simplesmente relaxa e ouve. Descobri que usar os paraliminares é uma maneira incrivelmente fácil de inclinar minha mente para a alegria.

Apegue-se ao pensamento que faz você se sentir mais feliz

O conceito de voltar sua mente para a alegria é muito semelhante ao que o Dr. Martin Seligman – considerado o pai da psicologia positiva – chama de "otimismo aprendido". Em seu livro *Aprenda a ser otimista*, o Dr. Seligman, diretor do Positive Psychology Center, da University of Pennsylvania, utiliza-se de muitas pesquisas para sustentar sua tese de que é possível aprender, através da prática, a se tornar mais otimista.

Uma das maneiras mais eficientes que descobri para voltar a mente para a alegria é *apoiar-se no pensamento que faz você se sentir mais feliz*. Na próxima vez que você estiver diante de uma situação desafiadora que faz surgir pensamentos negativos e sentimentos ruins, encontre um pensamento igualmente verdadeiro para a situação que o faz se sentir melhor – e apoie-se nele. A medida clássica do otimismo – considerar o copo cheio pela metade, em vez de vazio pela metade – é o exemplo perfeito de como apegar-se ao pensamento igualmente verdadeiro, porém mais feliz.

Eis mais um exemplo em que usei uma situação de minha vida que tenho certeza de que você também já viveu. Um dia, quando estava debruçada sobre meu computador, lutando para organizar as idéias de maneira coerente, tive um pensamento negativo e destruidor: *Não vou conseguir terminar esse projeto a tempo.*

Em seguida, procurei em minha mente pensamentos igualmente verdadeiros que fizessem me sentir melhor, tais como *Sempre consigo fazer as coisas*, *Posso pedir ajuda*, *Quanto mais eu relaxo, mais as idéias fluem.* Voltei minha mente para a alegria, apegando-me nesses pensamentos. Em vez de me contraírem, esses pensamentos me fizeram sentir relaxada e expandida.

Não estou falando de forçar um pensamento positivo nem de ficar repetindo na mente uma afirmação – *Vou conseguir fazer isso a tempo, Vou conseguir fazer isso a tempo, Vou conseguir fazer isso a tempo* – enquanto você ainda está sentindo que não conseguirá. Essa postura ainda envolve, em algum nível, uma luta contra seu pensamento negativo. É como travar um embate com gritos em sua mente: Quem vencerá? O *não conseguirei* ou o *conseguirei*? Obviamente, o vencedor será aquele que gritar mais alto.

Em contraste, quando você se apega a num pensamento mais feliz, não tenta se convencer de nada. Simplesmente muda o foco de uma parte da situação que o faz se sentir mal para uma parte verdadeira da situação que cria um sentimento melhor.

Assim como afirmou o avô cheroqui, o lobo que vence é aquele que você alimenta.

Habitue-se a alimentar a felicidade.

Exercício

Os prêmios diários de felicidade

1. Ao longo do dia, observe as coisas ao seu redor com o intuito de lhes dar um prêmio.
2. Seja criativo. Por exemplo, quando olhar para flores, observe aquela que poderia ganhar o prêmio de "Cor mais rara", ou encontre aquela que lutou mais para sobreviver e lhe dê o prêmio de "Melhor florescimento do dia". Procure sorrisos extraordinários, serviços eficientes, ou soluções criativas para esses desafios diários. Não há limites para o número de prêmios que você pode dar num dia.
3. Convide membros de sua família ou amigos para participar do jogo do prêmio e, no fim do dia, troque com eles informações sobre os prêmios que vocês deram.

Resumo e passos para a felicidade

Graças a Deus não acreditamos em tudo o que pensamos! Você fortalece os pilares da mente pensando em maneiras de apoiar a felicidade: questionando seus pensamentos, transcendendo sua mente libertando-a, e voltando-a para a alegria. Use os seguintes passos de ação para praticar os Hábitos de Felicidade para a mente:

1. Quando se apanhar tendo um pensamento negativo, faça O Trabalho para verificar se ele está dizendo a verdade a você.
2. Libere os pensamentos negativos que estão presos. Pratique o exercício de libertação.
3. Para registrar o que há de positivo em você, faça o Exercício do Espelho uma vez por dia durante pelo menos uma semana, de preferência durante 21 dias.
4. Dê Prêmios de Felicidade ao longo do dia para manter sua mente inclinada para a alegria.
5. Procure recostar-se nos pensamentos que o fazem se sentir mais feliz.

5

O Pilar do Coração – deixe o amor guiar

Eu preferiria ter olhos que não conseguem ver, ouvidos que não conseguem escutar e lábios que não conseguem falar do que ter um coração que não consegue amar.

– Robert Tizon, escritor

Faça comigo uma pequena experiência. Aponte para você mesmo. Agora, observe para onde você está apontando. Se você é como milhares de pessoas às quais pedi para fazer isso, está apontando para seu coração. Ninguém jamais aponta para a cabeça, ou para o umbigo, ou para o joelho. Por quê? Porque instintivamente sentimos que o coração é a essência de quem somos.

Imagine olhar no fundo dos olhos de alguém especial e pronunciar as palavras, "Amo você com toda a minha cabeça". Simplesmente não surte o mesmo efeito, certo?

Ao longo da história, pessoas de todas as culturas têm considerado o coração – lugar de nossas emoções – um órgão central para a felicidade e a sabedoria humana. Em muitas tradições, as pessoas se referem ao coração como o diamante, a jóia, ou o lótus – sempre simbolizando a essência mais profunda e valiosa de nosso ser.

No centro de nosso corpo, há um pequeno santuário na forma de uma flor de lótus.

E dentro dele pode ser encontrado um pequeno espaço.

O céu e a terra estão ali; o sol, a lua e as estrelas, o fogo, os relâmpagos e os ventos – o universo inteiro mora dentro de nossos corações.

– adaptado dos Upanichades

É de nosso coração que vem o "sumo" de nossas vidas, e quando este sumo está fluindo, nos sentimos ótimos. Quando não está, nos sentimos infelizes.

Sei isso tudo muito bem por experiência própria. Durante muitos anos, vivi tendo de vez em quando uma dor forte, aguda e freqüentemente debilitante em meu coração. Isso começou há mais de vinte anos, logo depois de eu terminar um relacionamento com um homem que eu amava. Embora não pretendesse me casar com ele, fiquei arrasada quando ele começou a namorar uma amiga minha. Imaginei que minha tristeza acabaria com o passar do tempo, ou pelo menos quando eu encontrasse outra pessoa. Mas ela continuou. Às vezes, achava que não conseguiria respirar, de tão intensa que era a dor; outras vezes, temia estar tendo um ataque cardíaco. Procurei muitos médicos, mas nenhum deles conseguiu encontrar um motivo físico para aquela dor. Meu coração estava pesado, tanto física quanto emocionalmente. Minha dor só diminuiu quando comecei a praticar os Hábitos de Felicidade para o coração – que você aprenderá neste capítulo.

Minhas entrevistas com os 100 Felizes revelaram uma verdade importante: *Pessoas felizes deixam o amor guiar suas vidas.* Embora tenham os mesmos tipos de temores, dores e decepções que os demais, elas simplesmente têm hábitos diferentes que as permitem manter seus corações abertos em sua vida diária. Quando você praticar esses hábitos, sentirá um coração mais aberto e mais afetuoso – um dos pilares de nossa Casa da Felicidade.

O coração tem um campo de energia

Pense numa época feliz de sua infância: um passeio especial com sua família, você se divertindo com seu melhor amigo, ou talvez ganhando seu primeiro cachorro ou gato. Como se sente relembrando isso? É possível que sinta uma corrente quente e doce fluindo em seu coração. Esta é a energia de seu coração.

Quando eu era criança, meu avô Poppa – que eu amava muito – costumava passar o fim de semana em nossa casa. Ele chegava toda sexta-feira, com uma sacola de bolinhos à mão, e logo que eu o via começando a subir os degraus da porta da frente, eu vibrava de excitação e alegria. Eu podia sentir a energia do coração dele saltando para fora e encontrando a energia do meu. Mal podia esperar para me aninhar em seu colo e ouvir suas histórias maravilhosas sobre o terremoto de 1906, sobre sua carreira de jogador de beisebol semiprofissional e muitas outras de suas aventuras. Mesmo tendo oito anos de idade, para mim era óbvio que o coração tinha uma energia que se estendia além do corpo.

Agora a ciência confirma minha experiência na infância: o coração *tem* realmente um campo de energia poderoso. O Institute of HeartMath, formado por um renomado grupo de pesquisadores cujo trabalho tem sido analisado em estudos realizados na Stanford University e no Miami Heart Research Institute, entre outros, descobriu que nossos corações geram um campo eletromagnético em torno de nós que tem dezenas de centímetros de diâmetro e é cinco mil vezes maior do que o campo gerado pelo cérebro.

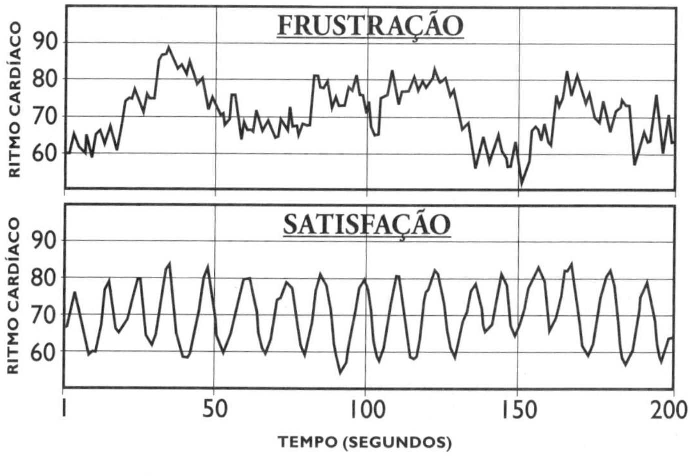

Uma medida da atividade de seu coração que reflete seu estado emocional é chamada de variabilidade de ritmo cardíaco (VRC) e mostra variações nos intervalos entre os batimentos cardíacos. Em estudos que usam o eletrocardiograma para medir o VRC, o Dr. Rollin McCraty e outros pesquisadores do HeartMach descobriram que quando as pessoas estão felizes, o padrão de seus corações é diferente do padrão quando elas estão zangadas, frustradas ou tristes. Veja no gráfico da página anterior a diferença entre os padrões cardíacos.

Emoções negativas causam padrões instáveis chamados de *incoerência* de ritmo cardíaco, e que têm um efeito nocivo sobre o corpo. Quando você está zangado, se sente frustrado ou triste, hormônios do estresse e colesterol são liberados em seu corpo, seu coração bate mais rápido e sua pressão sangüínea aumenta. Em contraste, quando está se sentindo apreciado, afetuoso e emocionalmente equilibrado, você cria uma *coerência* de ritmo cardíaco – padrões de ritmo cardíaco suaves, regulares.

"Está com uma boa batida, fácil de dançar."

De acordo com uma pesquisa publicada pelo Institute of HeartMatch, a coerência do ritmo cardíaco aumenta a produção de hormônios bons – como o hormônio antienvelhecimento DHEA –, normaliza a pressão sangüínea, melhora as funções cognitivas e fortalece o sistema imunológico. Num estudo famoso, pesquisadores da University of Kentucky analisaram diários que 180 freiras haviam mantido desde que tinham vinte e poucos anos e descobriram que as irmãs que manifestaram mais emoções positivas viveram, em média, sete anos a mais do que aquelas que manifestaram mais emoções negativas. Emoções positivas não apenas são um sentimento bom, como fazem bem a você!

Amor e medo

Todas as nossas emoções podem ser divididas em duas categorias básicas: amor e medo. Todas as variações de amor – como gratidão, perdão, compaixão e apreciação – expandem o coração e criam uma coerência de ritmo cardíaco, enquanto todas as variações do medo – como raiva, tristeza, mágoa e culpa – contraem o coração e criam uma incoerência de ritmo cardíaco. Em qualquer momento, o amor ou o medo está dirigindo sua vida – e a felicidade ou a infelicidade o acompanharão.

Contração	**Expansão**
Medo	Amor
Raiva, tristeza, tensão	Abertura
Decepção, vazio	Gratidão
Ressentimento	Capacidade de perdoar
Autocentralidade	Bondade amorosa
Incoerência de ritmo cardíaco	Coerência de ritmo cardíaco

Os pesquisadores do HeartMath descobriram que quando as pessoas se concentram em emoções como apreciação, amor e gratidão são capazes de criar mais coerência em seus ritmos cardíacos *voluntariamente*. Isso significa que você pode acionar a expansão de seu coração a hora que quiser. Mostrarei a você como fazer isso usando uma das técnicas que aprendi no Institute of HeartMath.

Hábitos de Felicidade para o coração

1. Foque a gratidão
2. Pratique o perdão
3. Espalhe bondade amorosa

Hábito de Felicidade para o coração nº 1

Foque a gratidão

Se a única prece que você fez em toda sua vida foi "Obrigado", isso é suficiente.

– Meister Eckhart, teólogo alemão do século XIII

Você já sentiu seu coração inchar de gratidão? Já teve vontade de abrir os braços e gritar, "Obrigado, obrigado, obrigado!"? Então, você sabe o que quero dizer quando digo que a gratidão expande o coração naturalmente.

Mas é fácil dar as coisas como certas. Quanto tempo durante o dia você realmente *foca* a gratidão, comparado ao tempo que passa pensando nos problemas de sua vida? Agimos como se a gratidão e a apreciação fossem nossa porcelana chinesa, ou nossa toalha de mesa rendada, e só recorremos a elas em ocasiões realmente especiais.

Pessoas Felizes Sem Motivo não necessariamente têm mais coisas em suas vidas pelas quais são gratas; elas simplesmente focam a gratidão com mais freqüência durante o dia. A diferença é onde escolhem depositar sua atenção.

A história seguinte do membro dos 100 Felizes Rico Provasoli, escritor e quiroprático que tem a energia e o entusiasmo de dez pessoas, ilustra o poder do foco na gratidão.

A história de Rico

Obrigado por tudo

Imagine-se sentado numa sala escura, iluminada apenas por uma vela que está quase acabando. Enquanto observa a vela, a chama tremula, crepita, como se fosse apagar, e em seguida aumenta novamente – uma gota de luz frágil na escuridão total à sua volta. Você vê que em questão de minutos aquilo acabará completamente.

Alguns anos atrás, minha vida estava como essa chama. Um pouco mais de tempo, ou o menor sopro, e ela acabaria. Faltava muito pouco.

Jovem, eu simplesmente não sabia o que queria fazer da vida. Na faculdade, embora meus colegas fossem futuros magnatas da elite empresarial, políticos conhecidos e um deles até juiz da Suprema Corte, eu não tinha essas ambições. Durante um ano que passei na França, descobri um mosteiro trapista onde passei quase um ano vivendo como um monge. Embora tenha adorado essa experiência, logo percebi que não estava preparado para a vida monástica. Parti e comecei a viajar pelo mundo, navegando por mares distantes e visitando mais de cinqüenta países.

Depois de alguns anos de aventura, acabei voltando para os Estados Unidos, onde me casei, tive filhos, tornei-me quiroprático e montei uma clínica na costa de Maine. Tinha uma vida boa, mas não era feliz. Uma inquietação interna dominava minha mente e meu coração. Durante muito tempo senti-me mais consciente do que eu estava perdendo na vida do que grato pelo que estava ganhado. Depois de um período de profunda busca interior, eu e minha mulher decidimos nos divorciar. Assegurei que ela e meus filhos ficassem bem, vendi minha clínica e comecei a viajar pelo exterior novamente.

Durante um período de alguns meses, em 1991, minha saúde começou a piorar. Comecei a me sentir muito mal o tempo todo. Já estivera doente antes, mas nunca daquela maneira. A lista de sintomas era extensa e ninguém conseguia descobrir a causa de meu mal. Um amigo chegou a contratar um exorcista para tentar me curar – velas, preces, toda aquela coisa – mas isso não deu em nada. Eu estava realmente mal. Isso durou quase dez anos. Finalmente, em 2001, cheguei ao fundo do poço.

Na noite de Natal, recebi um telefonema de um eminente endocrinologista que eu procurara para me tratar: haviam descoberto um tumor em minha glândula pituitária anterior e eu precisava me operar imediatamente. "Ah, e um bom Natal", disse ele ao desligar.

Fiquei arrasado. Saber que será preciso abrirem o seu corpo para retirarem um tumor nunca é uma notícia boa – seja numa noite de Natal ou em qualquer outra. Depois de passar um dia de Natal terrível, fui ao consultório do médico para discutir a cirurgia. Imediatamente, ele me disse que o tumor havia sido um diagnóstico equivocado. Então me olhou nos olhos e disse, "Sabe, na verdade não há nada de errado em você. Está tudo na sua cabeça. Você é hipocondríaco".

Foi a gota d'água. No auge de todo o meu sofrimento, ele estava me dizendo que eu estava criando aquilo para mim mesmo? O médico receitou antidepressivos, mas resisti a tomá-los. Finalmente, seis meses depois, estava tão desesperado para me sentir eu mesmo novamente que concordei em tentar os antidepressivos. Depois de três dias de medicação, senti-me pior. Em estado de desespero e desesperança total, comecei a planejar minha morte.

Minha cunhada, que é psicoterapeuta, explicou-me mais tarde que aquele antidepressivo específico que eu tomava pode às vezes provocar uma tendência suicida nos primeiros 14 dias de uso. Na época, tudo o que eu sabia era que não queria mais viver daquela maneira – não conseguiria viver daquela maneira. Como não queria sobrecarregar minha família com a vergonha e o estigma de um suicídio, imaginei tomar a barca para a cidade e simplesmente caminhar na frente de um ônibus. Seria uma saída simples, uma daquelas coisas terríveis que acontecem de vez em quando.

Sentei-me à mesa da cozinha, refletindo sobre meu plano. Elaborei tudo, aceitando que aquela era a solução mais sensata. Não era uma decisão emocional, por pressão; parecia bastante equilibrada. Pensei, *Sabe, é isso. Tive uma vida plena. Não preciso mais viver. Acabou.* Senti uma certa paz dentro de mim.

Então, chegou a correspondência.

Era véspera do Dia dos Pais e ali, na pilha de correspondência, estava um envelope de minha ex-mulher, mãe de meus filhos. Abri-o e encontrei um cartão com um belo trabalho de arte na frente, que ela própria fizera. Dentro do cartão, ela escrevera uma mensagem que virou meu mundo de cabeça para baixo. Dizia que ainda me amava profundamente e estava sinceramente feliz por eu ser o pai de seus filhos. Dizia que apesar dos desafios que havíamos enfrentado, ela crescera muito em minha companhia e me desejava uma ótima saúde, boa sorte e felicidade.

Fiquei chocado. Pensei, *Nossa! Espere um pouco. Vou me matar?* Parecia que eu estava fora de mim. Percebi que eu vivia preso, concentrado no que estava errado em minha vida, em vez de ser grato pelo que estava funcionando. Mas agora, aquela tremenda demonstração de amor e gratidão de minha mulher me fizera interromper meu caminho. Sua apreciação calorosa e sincera me levou de volta ao meu coração e me ajudou a abrir os olhos para tudo de bom que havia em minha vida. Abandonei meus planos de suicídio e senti o primeiro gosto de felicidade em muitos anos.

Esses novos sentimentos de gratidão me arrastaram como uma onda. Minha vida começou a dar uma virada. Em 24 horas, encontrei alguém que me recomendou um especialista em doenças tropicais. Ele deu uma olhada em mim e soube imediatamente o que havia de errado. Exames mostraram que eu estava infectado com sete tipos de parasitas, amebas e vermes do fígado – hospedeiros indesejados que adquirira em minhas viagens pelo exterior. Tomei uma série de poderosos medicamentos contra parasitas e, para meu grande alívio, fiquei curado. Finalmente, me sentia eu mesmo novamente. Na verdade, me sentia *melhor* do que era antes! A diferença era minha recém-descoberta apreciação e gratidão por minha vida. Estava determinado a manter aquilo vivo e, logo depois, descobri duas ferramentas poderosas que me ajudaram a fazer isso.

A primeira delas é a prática de rir diariamente: simplesmente passo dez minutos do dia rindo. Embora tirar um tempo do meu dia para ficar sentado rindo soe um pouco estranho, minhas sessões de risada têm sido transformadoras. Além dos benefícios à saúde obtidos com as endorfinas adicionadas, acho que isso me limpa emocionalmente e mantém minha felicidade num nível elevado. Não deixo de fazer nem um dia.

Em seguida, não muito depois de iniciar minha prática de risadas, recebi um fax anônimo que continha um mantra de um mestre zen: "Obrigado por tudo. Nada tenho a reclamar." Decidi incorporar essa manifestação de gratidão universal à minha rotina como uma renovação diária de gratidão e alegria.

Essas frases se tornaram minha âncora. Agora, não importa o que aconteça, sinto que não tenho qualquer desavença com a vida.

Alguns anos atrás, meu sentimento de gratidão foi testado quando recebi um telefonema em que fui informado de que haviam se apropriado indevidamente das economias que eu acumulara durante toda a minha vida. Perdi tudo e teria que mudar radicalmente meu estilo de vida. Desliguei o telefone depois de ouvir a notícia e fiquei parado por um momento, digerindo o significado daquele acontecimento. Minha primeira resposta foi, "Ah, está bem". Pus em perspectiva meus anos de saúde ruim e meu flerte com o suicídio: considerando tudo, aquilo não era tão importante.

Eu aprendera em meus tempos de navegação em mar aberto que quando um problema aparece, você continua em frente – emergências exigem ação. Então, comecei imediatamente a dar telefonemas: cancelar o aluguel de minha casa, mudar-me para a casa de um amigo e tomar emprestado algum dinheiro para viver até que conseguisse elaborar um plano B.

Uma hora depois, após tomar essas atitudes, eu me vi finalmente livre para refletir sobre minha situação. Sorri internamente enquanto umas palavras familiares borbulhavam dentro de mim: "Obrigado por tudo. Nada tenho a reclamar." Por incrível que pareça, era verdade. É claro que eu teria preferido que fosse diferente, mas eu estava em paz com o que acontecia. Então me sentei e iniciei minha sessão de risadas.

Agora, anos depois, após muitos altos e baixos, ainda estou rindo! Um coração grato faz toda a diferença.

* * *

Por que a gratidão funciona

Como algo simples como a gratidão pode ser uma ferramenta tão poderosa para gerar mais felicidade em nossas vidas? A resposta está na Lei da Atração. Lembre-se do terceiro princípio dos Três Orientadores: O que você quer, acontece. Se você quer mais coisas boas em sua vida, concentre sua atenção no que *já* é bom, no que está funcionando, em vez de concentrar sua energia nos problemas e obstáculos. Isso automaticamente fará bem a você.

Não estou sugerindo que você use a gratidão como uma maneira de negar, ignorar, suprimir ou suavizar sentimentos dolorosos. Em vez disso, a gratidão é uma maneira de voltar seu *coração* para a alegria. Todo mundo tem tanto desafios quanto graças, mas concentrar a energia de seu coração nas graças o fará muito mais feliz.

As boas vibrações da gratidão

A gratidão não é apenas fundamental para ser Feliz Sem Motivo: também faz bem à sua saúde. Um estudo recente realizado pelo Dr. Michael McCullough, da University of Miami, mostrou que pessoas que dizem se sentir gratas tendem a ter mais vitalidade e otimismo, a sofrer menos estresse e a ter menos episódios de depressão clínica do que a população como um todo.

Numa experiência do Dr. Robert Emmons, da University of California-Davis, pessoas que faziam um "jornal de gratidão" – um registro semanal das coisas pelas quais se sentiam gratas – gozavam de uma saúde física melhor, eram mais otimistas, exercitavam-se com mais regularidade e se descreviam como mais felizes do que os membros de um grupo de controle que não faziam o jornal.

Esses estudos confirmam que a gratidão gera uma energia específica que afeta nossos corpos de maneira positiva. Uma pista sobre o motivo disso pode ser encontrada no trabalho do Dr. Masuru Emoto de provocar o pensamento.

Ouvi falar pela primeira vez no Dr. Emoto e em suas incríveis fotografias no filme *Quem somos nós?*. Usando fotografias em alta velocidade, o Dr. Emoto mostrou que cristais do gelo tinham formas radicalmente diferentes, dependendo do tipo de energia que era dirigido à água. Em algumas de suas experiências, o Dr. Emoto pôs pessoas em círculo, em torno de um tanque de água, enviando sentimentos diferentes para o tanque. "Amor e gratidão" foi a bela estrutura cristalina formada quando esses sentimentos foram dirigidos à água.

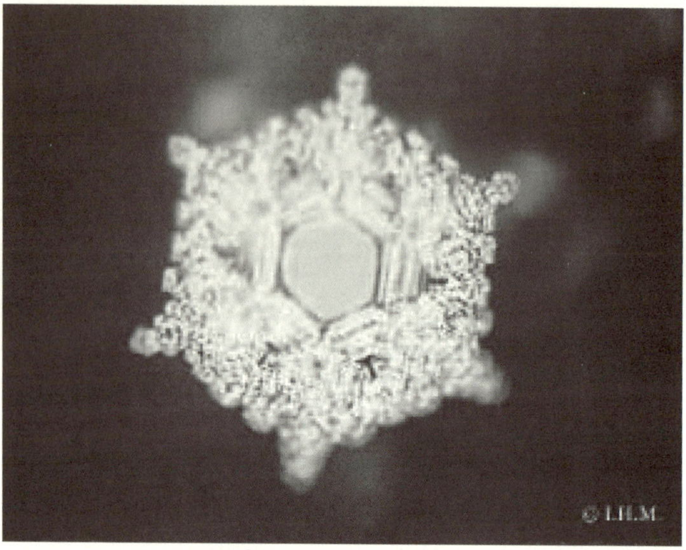

Amor e gratidão

Em contraste, "Você me deixa doente, odeio você" foi o padrão que surgiu depois de sentimentos de ódio e negatividade serem direcionados à água.

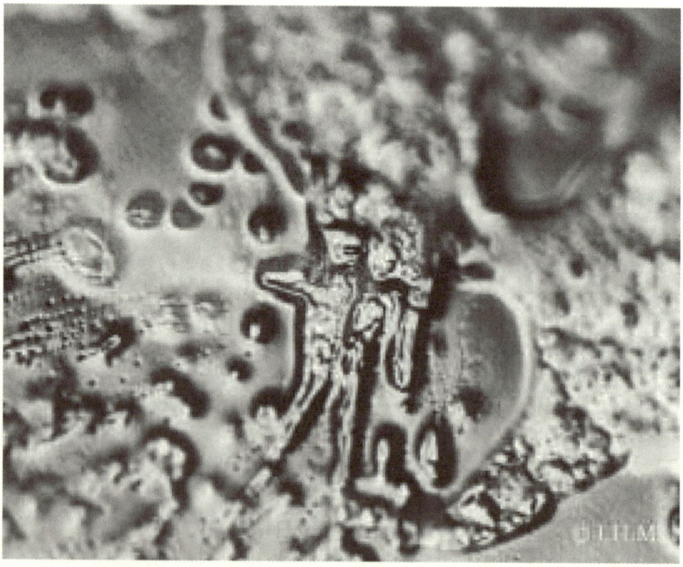

Você me deixa doente, odeio você

Nossos corpos são compostos por setenta a oitenta por cento de água. Que padrão você prefere criar em seu corpo?

Grato sem motivo

Se existisse uma sala vip para os 100 Felizes, o irmão David Steindl-Rast estaria na fila da frente! Irmão David, um monge beneditino que tem mais de 80 anos, impressionantemente jovem, escreveu vários livros sobre a importância da gratidão e é fundador da Network for Grateful Living, uma organização sem fins lucrativos comprometida em ajudar as pessoas a despertar para o fato de que a gratidão é a "inspiração central para a mudança pessoal". Eu ouvia falar do irmão David há muitos anos e recentemente ingressara num grupo de gratidão baseado em seu trabalho, que se reunia todos os meses. Quando ele concordou em nos encontrar, nosso anfitrião me perguntou se eu queria entrevistá-lo para meu livro. Aproveitei a oportunidade.

Enquanto eu estava sentada no sofá, bebendo chá com esse homem agradável e inteligente, maravilhei-me com o amor e a alegria que ele irradiava. Comecei fazendo a ele minhas perguntas básicas. Momentos depois, estava com lágrimas nos olhos enquanto ele me contava sobre as dificuldades que enfrentou durante a Segunda Guerra Mundial e como elas fizeram seu coração se voltar para a gratidão.

Quando era adolescente na Áustria, durante a ocupação nazista, ele achava que não chegaria aos vinte anos. A comida era escassa – sua família muitas vezes sobrevivia com pouco mais do que uma sopa de ervas – e ele estava certo de que seria recrutado e morreria em combate. Mas me disse que era feliz, apesar de todos os perigos e dificuldades, porque naquele cenário de risco, via a vida como um presente. Esse profundo senso de apreciação nunca o abandonou.

Irmão David tem uma perspectiva única sobre a gratidão. Fiquei particularmente impressionada quando ele disse que gratidão não significa apenas ser grato pelo que temos na vida. "Você pode ser grato independentemente de ter muito ou pouco na vida", disse-me ele. Para irmão David, gratidão significa ter um sentimento de "grande satisfação" em todos os momentos, apreciando as coisas exatamente como elas são. É o que eu chamo de Grato Sem Motivo. Ele diz: "Não é a felicidade que nos torna gratos, é a gratidão que nos torna felizes."

Irmão David me ensinou um exercício maravilhoso para aumentar o sentimento de gratidão na vida. Todos os dias, ele escolhe um "tema", no qual se concentra. Se escolhe a água, por exemplo, ele a observa e aprecia toda vez que lava as mãos, lava as louças, molha as plantas ou escova os dentes. E usa isso como um lembrete para viver o momento com pura gratidão. No dia seguinte, ele pode escolher como foco os sons do trânsito, e no outro dia, outra coisa. Quando fiz esse exercício maravilhoso, adorei. E o acrescentei ao meu repertório de técnicas de gratidão que pratico regularmente para manter meu nível de felicidade alto.

Gratidão em ação

Marc Bekoff é mais um dos 100 Felizes que acorda feliz todos os dias. Ele pula da cama, vai até a janela e diz bom dia às montanhas, ao brilho do sol e aos pássaros e árvores que vê pela janela. Certa vez, quando um hóspede o ouviu fazendo isso, perguntou, "Com quem você estava falando?"

"Com o dia, é claro", respondeu Marc.

Pode parece ingênuo, mas Marc, como todas as pessoas que têm um ponto fixo de felicidade elevado, realmente sente prazer nas coisas boas de sua vida. Como a maioria de nós, ele tem desafios, mas ainda assim saúda cada manhã, dando o tom para o resto do dia.

A felicidade de Marc está sempre ali. Como expliquei no Capítulo 1, o estado de ser Feliz Sem Motivo é como um pano de fundo: permanece ali mesmo em situações emocionais difíceis. Por exemplo, quando a mãe de Marc estava morrendo, ele voou para a Flórida para passar um tempo com ela. Sua mãe tivera uma série de derrames e estava paralisada do pescoço para baixo. Não conseguia falar, e era difícil saber se ela compreendia alguma coisa.

Para permanecer centrado, Marc dava longas caminhadas ou corridas. Um dia, voltou de uma corrida com um belo buquê de flores cor-de-rosa para sua mãe. O segundo nome dela era Rose e ela sempre gostara muito de flores. Quando entrou no condomínio de seus pais, com um sorriso aberto, um vizinho que fazia uma visita o olhou surpreso e lhe disse, "Como você pode estar feliz quando sua mãe está morrendo ali no quarto ao lado?"

Marc respondeu, "Porque o dia está lindo e eu sei que se minha mãe estivesse mais consciente, adoraria esse dia."

Ele foi até a cama de sua mãe e pôs as flores no colo dela. Ela as olhou e, embora não pudesse responder, Marc gosta de pensar que ela apreciou seu perfume suave. Ainda que sua mãe estivesse morrendo, Marc conseguia ser grato pela presença dela e ver a bondade no mundo.

Durante nossa entrevista, perguntei a Marc como ele permanecia feliz quando vivia uma tristeza profunda. Ele me disse, "A felicidade é apenas uma parte do que eu sou. Em meu íntimo, estou sempre feliz – e às vezes estou também profundamente triste. Esses dois sentimentos não se excluem mutuamente. A tristeza não leva a felicidade embora."

Dizendo seus obrigados!

Um ano atrás, numa reunião de amigas da faculdade, encontrei minha velha amiga Therese Gibson. Therese era uma das meninas mais divertidas da escola; tinha um riso fácil e estava sempre disposta a uma aventura. Quando soube que eu estava escrevendo este livro, ela me contou sobre um ritual diário de gratidão que ela e seu pai, Charlie, de 95 anos, praticam – ela chamava isso de "dizer os obrigados" – e que os mantêm sorrindo e se sentindo bem. Therese foi morar com Charlie – que ainda é bastante lúcido – num momento difícil na vida de ambos. A mulher de Charlie, mãe de Therese, acabara de morrer e Therese estava no fim de um processo de divórcio doloroso. O dinheiro era curto e Therese diz que ela e seu pai estavam muito tristes. Mas haviam ouvido falar que a gratidão era uma ótima maneira de se sentir melhor, e então decidiram se sentar juntos durante alguns minutos toda manhã, antes de Therese ir para o trabalho, para dizer um ao outro as três coisas pelas quais eram gratos em sua vida.

"No início, foi devagar", disse-me Therese. "Na primeira vez que fizemos isso, eu estava me sentindo tão para baixo que tive dificuldade de pensar em uma coisa sequer pela qual fosse grata." Finalmente, ela olhou em volta e viu um vaso de que gostava. "Sou grata pelo quanto esse vaso é bonito", disse a Charlie. Soou como uma tolice, mas foi o melhor que ela conseguiu fazer. Charlie também não estava nada bem, e muitas vezes esperava que Therese lhe desse uma pista sobre o que dizer. Mas os dois notaram que mesmo um obrigado por algo superficial tinha um bom efeito.

…cisão de se concentrar no que estava bem em suas vidas … um retorno. Tanto Therese quanto Charlie começaram a …s felizes e a notar que cada vez mais tudo estava indo bem. … a situação financeira deles melhorou. Os três obrigados se tornaram cinco, e logo eles tiveram que parar de relacionar todas as coisas boas de suas vidas antes que Therese se atrasasse no trabalho.

Um dia, estavam se sentindo tão leves e felizes depois de terminar suas listas que Charlie – que sempre gostou do musical *Oklahoma!* – começou a cantar *Oh, What a Beautiful Morning.* Therese o acompanhou. Era a perfeita expressão de como a gratidão os fazia se sentir. Eles acrescentaram essa canção em seu ritual e agora, um dos destaques do dia de ambos é dizer os obrigados e cantar juntos.

Você consegue mais aquilo pelo qual é grato. Quando aprecia a felicidade e o amor que já sente, mais felicidade e amor chegam a você.

Eu mesma senti o quanto a gratidão é poderosa. Depois de viver a decepção amorosa que descrevi no início deste capítulo, um amigo me disse para escrever cinco coisas pelas quais eu era grata todas as noites, antes de dormir, durante três semanas seguidas. Eu sabia que os psicólogos dizem que para mudar um hábito são necessários 21 dias, portanto concordei. De início, relutei, mas os resultados me fizeram ir em frente. Na verdade, esse exercício simples e pequeno funcionou tão bem, que continuei a fazê-lo toda noite pelos três anos seguintes. Com o tempo, a dor em meu coração diminuiu.

Sugiro que você tente fazer o exercício da gratidão. Toda noite, antes de dormir, liste cinco coisas pelas quais você é grato naquele dia e observe como se sente ao acordar no dia seguinte.

Ferramentas dos especialistas do HeartMath

A apreciação e a gratidão são essenciais quando você decide se tornar o arquiteto da felicidade maior e de sua própria satisfação.

– Doc Childre, fundador do HeartMath

Já fiz várias viagens ao Institute HeartMath, que fica a duas horas de minha casa, no coração de uma floresta de sequóias. Ali, conheci o brilhante visionário e fundador Doc Childre e alguns de seus principais pesquisadores. O Institute of HeartMath é um dos mais avançados em pesquisas e tecnologia na área de influência do coração sobre a saúde e a felicidade. Chegou até a desenvolver um programa de computador e um aparelho portátil chamado emWave que dão a você um retorno em tempo real sobre seu ritmo cardíaco, para ajudá-lo a se habituar à coerência de ritmo cardíaco. Uso essas tecnologias regularmente e acho que elas me ajudam a manter o coração mais aberto, radiante e cheio de calor.

Você pode usar a seguinte Técnica de Coerência Rápida, que eles desenvolveram, cada vez que quiser se concentrar no amor e na gratidão em seu coração.

Exercício

Técnica da Coerência Rápida

Coerência Rápida é uma técnica poderosa para mudar o foco da emoção. Conecta você com o poder de seu coração para ajudá-lo a liberar o estresse, equilibrar suas emoções e se sentir melhor rapidamente. Depois que você aprende a técnica, precisa de apenas um minuto para praticá-la.

Passo 1: Foco no coração
Concentre suavemente sua atenção na área do seu coração. Se quiser, pode pôr a mão sobre o coração, para ajudá-lo. Se sua mente se distrair, apenas continue voltando sua atenção para a área de seu coração.

Passo 2: Respiração cardíaca
Enquanto você se concentra na área do seu coração, faça de conta que sua respiração está fluindo para dentro e para fora dessa área. Isso ajuda sua mente e sua energia a ficarem concentradas; e sua respiração e seu ritmo cardíaco a estarem em sincronia. Respire lenta e suavemente, até sentir sua respiração suave e equilibrada, e não forçada. Continue a respirar com tranqüilidade até encontrar um ritmo interno natural com o qual se sinta bem.

Passo 3: Sentimento no coração
Enquanto continua a respirar, relembre um sentimento positivo, um momento em que se *sentiu* bem internamente. Agora tente reviver esse senti-

mento. Pode ser um sentimento de apreciação ou afeto em relação a uma pessoa especial, um animal de estimação, um lugar do qual você gosta ou uma atividade divertida. Permita a si mesmo *viver* esse sentimento bom de apreciação ou afeto. Se não consegue sentir coisa alguma, está bem, simplesmente tente encontrar uma atitude sincera de apreciação ou afeto. Quando você encontra um sentimento positivo ou uma atitude positiva, consegue sustentá-los mantendo o foco em seu coração, a respiração cardíaca e o sentimento no coração.

Usado com a cordial permissão do Institute of HeartMath.

Hábito de Felicidade para o coração nº 2

Pratique o perdão

Perdoar é a mais nobre e bela forma de amor. Em troca, você receberá uma paz e uma felicidade incalculáveis.

– Robert Muller, ex-secretário-geral-assistente das Nações Unidas

Às vezes é difícil deixar o amor guiar, principalmente quando você foi magoado por alguém. Mas, seja a mágoa grande ou pequena, você só conseguirá ser realmente feliz quando perdoar. Ninguém pode negar que às vezes as pessoas fazem coisas terríveis ou agem de maneiras que parecem cruéis e erradas. Mas, mesmo em casos assim, o perdão é possível.

Muitas pessoas acham que sentir ódio, raiva e ressentimento por uma pessoa que as ofendeu é uma maneira de puni-la – MAS É EXATAMENTE O OPOSTO! Sustentar essas emoções é como tomar um veneno e esperar que ele prejudique outra pessoa. E quem é prejudicado é *você*. Quando você perdoa, cura sua própria raiva e mágoa e consegue deixar que o amor volte a guiar. É como fazer uma limpeza geral em seu coração.

Durante minha pesquisa sobre os 100 Felizes, uma de minhas colegas da série *Histórias para aquecer o coração* me contou sobre Mary Lodge, que ela conhecera através de seu trabalho com presidiários e suas famílias.

Quando entrevistei Mary, fiquei encantada com sua força e coragem, e descobri que sua história me ajudou a reexaminar os limites que eu impunha a mim mesma para perdoar.

✳

A história de Mary

Liberte-se

Durante anos, minha vida não foi o que se poderia chamar de fácil. Obrigada a me levantar sozinha muitas vezes, inclusive ao atravessar um divórcio, aprendi a ser uma guerreira. A verdade é que eu me via aborrecida – bastante – com pessoas e situações. Infelizmente, isso criou muito ressentimento e desejo de vingança.

Então, numa noite de 1996, aconteceu algo que fez todos os meus aborrecimentos anteriores juntos parecerem triviais em comparação. Acordei com o telefone tocando às 3 horas da manhã. Assustada, atendi. Era meu filho mais velho, Jay, dizendo-me que meu filho caçula, Robbie, de 18 anos, havia sido baleado. "Mãe, ele morreu."

Naquele momento, achei que minha vida havia acabado. A dor de perder Robbie foi devastadora. Eu queria me enfiar num buraco e nunca mais sair. Mas sabia que tinha de me recuperar por meus outros filhos, e para lidar com a polícia. Então, segurei minhas emoções.

Shawn, o jovem que havia matado meu filho, foi preso e acusado de assassinato. Ele conhecia Robbie e o matou quando os dois estavam discutindo. Como confessou sua culpa, não haveria julgamento, apenas uma audiência na qual seria feito um acordo e a sentença seria anunciada. Eu teria que esperar três longos meses para esperar aquela audiência. Não tinha permissão para ver nem falar com Shawn durante aquele período, o que provavelmente era sensato – com meu desespero e minha fúria em ponto de ebulição, se eu pudesse pôr minhas mãos em seu pescoço eu o estrangularia. Era meu bebê que ele havia matado!

O dia da audiência finalmente chegou e pela primeira vez eu vi Shawn. Quando o levaram para a sala mal iluminada do tribunal, ele manteve o olhar voltado para o chão. Sombras encobriam seu rosto, distorcendo suas feições e lhe dando uma aparência sinistra, mal-humorada. Senti uma onda forte de raiva me invadir. *Por que ele havia feito aquilo?* Trêmula de emoção, decidi não depor, mas deixei claro ao juiz que gostaria de falar com Shawn depois da audiência.

Como Shawn havia se confessado culpado, o veredicto não foi uma surpresa, nem a sentença: 20 a 40 anos numa penitenciária do estado. Conforme prometera, o juiz me chamou a seu gabinete para eu me encontrar com Shawn. Acompanhei um funcionário do tribunal pelo corredor, meu coração batendo mais rápido a cada passo enquanto me preparava para encontrar o jovem que tirara a vida de meu filho. Havia esperado muito tempo pela oportunidade de dizer a Shawn como me sentia pelo que ele fizera. Agora, cheia de raiva e ódio, não tinha a menor idéia do que iria dizer, mas sabia que queria que ele ouvisse.

Fui revistada e conduzida a um pequeno escritório, com uma divisória. Shawn estava tremendo no canto, com as mãos e os pés algemados. Vestia um uniforme de prisioneiro laranja, largo. Sua cabeça estava baixa e, embora tivesse 20 anos, chorava como um bebê, convulsivamente. Enquanto eu observava aquele menino, tão desprezado – sem pais, sem amigos e sem apoio – tudo o que eu vi foi o menino de uma outra mãe.

Perguntei ao funcionário do tribunal se podia me aproximar de Shawn. Nesse momento, Shawn olhou para cima, revelando um rosto infantil cheio de lágrimas. De repente, eu me vi perguntando, "Posso lhe dar um abraço, Shawn?". Ele consentiu com a cabeça. O funcionário me encaminhou até o prisioneiro, eu me aproximei e pus meus braços em torno dele. Ele desabou em meu ombro. Era a primeira vez que recebia a compaixão de alguém durante muito, muito tempo. Enquanto eu estava ali, amparando-o, senti minha raiva e meu ódio indo embora.

O que saiu de minha boca em seguida surpreendeu a todos, inclusive a mim: "Shawn, eu perdôo você por essa coisa terrível que fez." Nossos olhos se encontraram por alguns instantes. "Eu prefiro que meu Robbie esteja onde está do que numa prisão. Vou rezar por você todos os dias."

Pedi a Shawn para manter contato comigo e em seguida o funcionário do tribunal me acompanhou até eu sair da sala.

Logo depois disso, Shawn foi para a prisão cumprir sua pena. Senti pouca satisfação com isso. Robbie se fora e nenhuma sentença poderia trazê-lo de volta, mas ali estava outro menino cuja vida estava destruída.

Os pais dele disseram que não queriam nada com ele, então Shawn e eu começamos a nos corresponder. E durante os primeiros cinco anos de sua prisão, fui a única pessoa que o visitou. Cinco anos atrás, Shawn foi transferido para uma outra prisão, e a guarda lá não permite a visita de famílias de vítimas. Mas ainda nos correspondemos com freqüência.

Algumas pessoas não entendem como eu posso fazer isso, mas aprendi que perdoar não significa compactuar. Acredito que a compaixão que senti no gabinete do juiz aquele dia foi um presente de Deus. Sei que não teria conseguido curar as feridas profundas e escuras de ódio e vingança em meu coração e minha alma se não tivesse perdoado o assassino de meu filho. O perdão me libertou. Deu-me a paz que eu precisava para continuar minha vida e finalmente aceitar a morte de Robbie.

Desde então, tornei-me ministra de Estêvão, uma espécie de ministra da lei em minha igreja. Ajudo pessoas em momentos de crise ou perda simplesmente ouvindo e estando presente. Isso exige muito pouco além de compromisso e compaixão, duas qualidades que encontrei em abundância em meu coração desde o dia em que perdoei o assassino de meu filho.

Aprendi que você apenas se fere quando se apega à raiva e ao ressentimento. Hoje, não importa o que aconteça, sinto-me realmente em paz e feliz.

O ódio e a vingança nunca me trarão de volta meu querido Robbie, mas Shawn também é filho de alguém. O ódio tem que acabar em algum lugar. Que lugar melhor para começar isso se não em mim?

* * *

Por que perdoar?

Poucos enfrentam experiências tão dolorosas quanto a de Mary, mas decidi incluir sua história exatamente por esse motivo. Se Mary conseguiu perdoar o assassino de seu filho, talvez possamos perdoar as pessoas que nos ofenderam.

Por que é tão difícil perdoar? Eis os cinco motivos principais – algum deles lhe soa familiar?

1. Achamos que perdoar significa compactuar com o comportamento errado.
2. Achamos que perdoar significa ter que deixar a pessoa entrar de novo em nossa vida.
3. Achamos que sentir ódio por essa pessoa é algo que de alguma maneira nos dá controle, poder ou força.
4. Achamos que se perdoarmos, poderemos ser magoados novamente.
5. Queremos punir o ofensor.

Acontece que todos esses motivos estão equivocados. Perdoar não é algo que diz respeito à pessoa ou às pessoas que estão sendo perdoadas: *é um presente que você dá a si mesmo, que permite que seu coração pare de ser contraído.* Quando você perdoa, libera o ressentimento e a raiva tóxicos que está guardando em seu coração, libertando-se para seguir em frente com sua vida. Há uma conhecida história budista tibetana que ilustra isso perfeitamente:

> Dois monges tibetanos se encontram anos depois de serem libertados de uma prisão onde haviam sido torturados por seus carcereiros.
>
> – Você os perdoou? – pergunta o primeiro.
>
> – Nunca os perdoarei. Nunca! – responde o segundo.
>
> – Bem – diz o primeiro monge –, acho que eles ainda o mantêm preso, não?

Isso também nos ajuda a lembrar que perdoar não é nem apagar o que aconteceu nem beneficiar aquele que o ofendeu. Eva Kor, sobrevivente de Auschwitz, perdoou publicamente os nazistas que mataram sua família e que usaram sua irmã e ela própria como cobaias humanas em experiências médicas. Seu ato de perdão não teve o objetivo de absolver os nazistas por seus atos, mas simplesmente removeu o fardo de dor e ódio que Eva carregava há tanto tempo. Eis o que ela diz sobre o perdão:

Acredito plenamente que todo ser humano tem o direito de viver sem as dores do passado. Para a maioria das pessoas, há um grande obstáculo ao perdão, porque a sociedade espera uma vingança... Precisamos honrar nossas vítimas, mas sempre imagino se as pessoas que eu amava e que morreram querem que eu viva com dor e raiva pelo resto da vida.

... Faço isso por mim mesma. O perdão realmente não é nada mais do que um ato de cura e fortalecimento de si próprio. Chamo isso de remédio milagroso. É grátis, funciona e não tem efeitos colaterais.

O perdão como remédio

Três anos atrás, eu estava sentada num auditório, encantada, enquanto ouvia o diretor e co-fundador do Forgiveness Project, da Stanford University, Dr. Fred Luskin, falar sobre seu trabalho no campo do perdão. O Dr. Luskin – que viaja o mundo inteiro para fazer sua pesquisa – havia reunido recentemente mães da Irlanda do Norte que haviam perdido seus filhos em lados opostos do conflito. Irradiando amor e compaixão, ele contou sobre os milagres que o perdão pode fazer.

Suas histórias, que levaram toda a platéia às lágrimas, demonstraram que as pessoas que perdoam são mais felizes, têm relacionamentos mais fortes e mais afetuosos e relatam menos problemas de saúde e menos sintomas de estresse. A comunidade médica está começando a reconhecer o papel primordial que a raiva e o ressentimento desempenham na criação de doenças e vícios. A pesquisa do Dr. Luskin sugere que não conseguir perdoar – guardar ódio em seu coração – é na verdade um dos fatores de risco de doenças cardíacas. Curiosamente, ele descobriu que as pessoas que simplesmente entram num processo *interno* para perdoar seu ofensor apresentam uma melhora imediata em seus sistemas cardiovascular, muscular e nervoso. Portanto, você não precisa sequer dizer à outra pessoa que a perdoou para colher os benefícios de seu ato.

Em seu livro *O poder do perdão*, o Dr. Luskin descreve Dana, que considera uma ofensa algo imperdoável. Ele pede a Dana para imaginar alguém apontando uma arma para sua cabeça. Sua única chance de sobrevivência é liberar a raiva e o ressentimento que sente em relação à pessoa que a ofendeu. Agora ela perdoará? Diante dessa situação, Dana diz imediatamente que não vale a pena morrer por sua dor e finalmente percebe que está se matando lentamente por se recusar a perdoar.

Embora ninguém esteja apontando uma arma para as nossas cabeças para nos levar a libetar a dor e a raiva, nossas vidas – e nossa felicidade – dependem realmente de aprendermos a liberar a dor e sermos capazes de perdoar.

Compaixão é a chave

Conforme Mary descobriu, quando você consegue desprezar sua dor o suficiente para realmente enxergar a situação, percebe que as pessoas que o magoam inevitavelmente magoam a si próprias.

Tive uma vizinha que estava sempre gritando por alguma coisa. Minha lata de lixo estava perto demais de sua garagem. As pessoas estacionavam seus carros em frente à casa dela. Cachorros da vizinhança faziam estragos em seu jardim. Naturalmente não era minha vizinha favorita. Certa tarde, ouvi uma ambulância chegando à rua. Os paramédicos puseram a mulher no veículo e, com luzes piscando, seguiram para o hospital. Naquele dia, descobri que minha vizinha era uma mulher muito doente; tinha uma doença séria no fígado, problemas crônicos e vivia cada dia de sua vida com uma dor constante e excruciante. Minha raiva por ela desapareceu imediatamente. Desde o dia em que ela voltou do hospital e até sua morte, um ano e meio depois, eu não apenas me senti diferente em relação a ela, como fiz o que pude para ajudá-la.

Quando você consegue entender o sofrimento dos outros, transforma, como mágica, seus pensamentos negativos em compaixão e prepara o terreno para o perdão.

Se você acha que isso soa muito bem, mas está imaginando como é possível esquecer e perdoar, já superou uma grande dificuldade. Às vezes, a parte mais difícil é simplesmente querer considerar o perdão.

Eis um exercício poderoso que pode guiá-lo no processo de perdão:

Exercício

Processo de perdão

1. Sente-se em algum lugar onde você não será incomodado.
2. Feche os olhos e pense em alguém de quem você sente raiva, ódio ou ressentimento.
3. Respire profundamente algumas vezes e permita a si mesmo ter esses sentimentos sem precisar fazer coisa alguma em relação a eles. Apenas observe-os.
4. Agora, perceba que a ação prejudicial daquela pessoa não pode ser mudada. É algo do passado e não há absolutamente nada que possa ser feito para modificar. Sinta a finalidade disso.
5. Perceba também que essa pessoa poderá nunca mudar. Ela é do jeito que é. Respire fundo algumas vezes enquanto aceita que isso é verdade.
6. Agora, veja que a pessoa é do jeito que é – e fez o que fez – porque tem alguma dor, alguma carência, alguma mágoa. Ela talvez nem sequer perceba, mas sofre com alguma coisa. Pessoas magoam outras pessoas apenas porque elas próprias estão magoadas. Veja-as com compaixão pelo sofrimento delas. Imagine-as como crianças que estão magoando e agredindo outras pessoas devido à sua própria dor. Você consegue sentir compaixão por elas?
7. Fique sentado em silêncio por mais um ou até três minutos, apenas sentindo a expansão que sua compaixão – seja qual for a intensidade dela – causa em seu coração.

Observação: Se você ainda sente raiva, tudo bem; o objetivo deste exercício é começar a liberar a dor em seu coração, e não desculpar outras pessoas por suas ações. Continue repetindo esse exercício até sentir uma mudança, ainda que pequena, em seu coração. Sua capacidade de perdoar aumentará à medida que você sentir mais compaixão.

Hábito de Felicidade para o coração nº 3

Espalhe bondade amorosa

Aqueles que iluminam a vida dos outros não podem manter a luz distante deles próprios.

– J. M. Barrie, romancista escocês do século XIX

Quando o amor flui em seu coração, você naturalmente se sente mais feliz. Mas, e aqueles momentos em que não sente afeto? Pode ser que não seja preciso muita coisa para você sentir seu coração se fechar. Quando seu filho adolescente mal-humorado, ou seu colega irritado, ou um atendente estúpido o aborrecem, como fica o fluxo de amor em seu coração?

Você pode reiniciar o fluxo em seu coração enviando bondade amorosa a todas as pessoas que você vê. Não precisa ser algo radical; às vezes, simplesmente desejar bem aos outros altera o pulso que gera amor em seu coração. Isso cria uma forte corrente de amor e felicidade, porque um coração inundado de amor é continuamente preenchido por mais amor.

Quando fiz a pesquisa sobre os Felizes Sem Motivo, fiquei profundamente comovida com a resposta que recebi de CJ Scarlet. Depois eu a entrevistei e descobri que sua história mostra o incrível efeito que a atitude de compartilhar amor – seja silenciosamente ou com palavras e ações – pode ter em outras pessoas e em você mesmo.

A história de CJ

O fluxo de amor

Eu estava com 41 anos, mas me sentia uma velha. Há 12 anos vivia com lúpus e escleroderma, duas doenças auto-imunes incapacitantes. Os esteróides que eu tomava haviam aumentado muito meu peso. Eu precisava de um andador ou uma bengala para ir até a caixa de correio, e às vezes tinha que engatinhar, usando os joelhos e as mãos, para subir a escada. Muitas vezes não conseguia dirigir e dependia de minha família para tudo.

Os médicos disseram que meu coração poderia falhar a qualquer momento. Eu ficava apavorada cada vez que sentia uma dor no peito, mas às vezes desejava que a morte viesse logo, para pôr fim a meu sofrimento. Quase toda noite eu sonhava que estava sendo puxada por tornados ou caindo em aviões em chamas.

A leitura de livros de auto-ajuda e a terapia me ajudavam um pouco, mas eu ainda estava muito mal. Os livros do escritor budista Thich Nhat Hanh haviam me tocado profundamente, e quando tive a oportunidade de me encontrar com o lama (mestre) budista que vivia em minha cidade, agarrei-me àquela chance.

Com uma bengala, atravessei com dificuldade o caminho na entrada da casa onde o lama morava. Contei-lhe minha triste história, esperando dele um olhar de compaixão e simpatia. Em vez disso, ele me disse bruscamente, mas não com grosseria, "Pare de se lamentar e comece a se concentrar na felicidade dos outros."

"Mas estou doente demais", protestei. "Mal consigo fazer alguma coisa por mim." Desapontada, eu pensei: *Ele simplesmente não entende.*

Eu estava convencida de que estava exausta e doente demais para ajudar qualquer pessoa; entretanto, comecei a rezar pela felicidade dos outros. Lembrei-me de pessoas que conhecia – membros da família e amigos – e as imaginei felizes, saudáveis, em paz. Em seguida, comecei a me concentrar na felicidade de estranhos. Quando uma pessoa passava na rua, eu a olhava e lhe desejava bem-estar e prosperidade. Por fim, consegui desejar coisas boas até a pessoas das quais eu não gostava.

Um dia, estava em minha cadeira motorizada, na fila do caixa da mercearia, quando vi atrás de mim uma mulher que nitidamente estava tendo um dia ruim. Incomodada e agoniada, ela parecia irritada com todo mundo. Seu carrinho de compras estava cheio até a borda, e era evidente que ela queria que a fila andasse o mais rapidamente possível.

Normalmente, eu teria tentado manter distância de suas vibrações ruins e sua energia negativa. Na verdade, meu primeiro pensamento foi, *Olha como essa mulher está sendo desagradável. Não quero ter nenhum contato com ela.*

Em seguida, lembrei-me do conselho do lama. *Está bem*, pensei, *ela está tendo um dia difícil. Sei como é isso. Deixe-me pensar na felicidade dela. O que a ajudaria a ficar mais feliz?*

Eu me virei para ela e disse, "Parece que você está com pressa".

Surpresa com minha interferência, ela disse, laconicamente, "É, estou atrasada".

Perguntei, "Por que você não passa a minha frente?"

Vendo que eu tinha poucos itens em minha cadeira motorizada, ela rapidamente balançou a cabeça. "Não, não, está bem."

Mas eu disse, "É sério, não estou com pressa. Pode passar."

A transformação foi incrível. Ela deixou de ser aquela pessoa zangada, que irradiava energia negativa e provavelmente daria uma bronca no caixa, e se tornou uma pessoa que se sentia valorizada, apreciada, com quem alguém se importava. Pôs o carrinho na frente do meu, agradecendo-me profusamente, agradecendo ao caixa, e quando as compras estavam todas nas sacolas, deixou a mercearia sorrindo.

Eu me senti fabulosa. Ao olhar em volta, percebi que todos estavam sorrindo, sendo amigáveis e falando uns com os outros. "Foi uma atitude simpática." "Espero que você tenha um bom dia." Todos nós havíamos sido afetados por aquela interação.

Comecei a procurar outras maneiras de pensar na felicidade dos outros. Sorria e me apressava a ajudar qualquer pessoa em necessidade, fosse dando dinheiro a pessoas sem-teto ou até ajudando uma mulher a comprar um carro para conseguir um emprego. Comprei um tanque de gasolina para uma mulher que não tinha dinheiro e fui voluntária da Cruz Vermelha durante o furacão Katrina. Cada momento parecia representar uma oportunidade de melhorar a vida de alguém, e eu me alegrava com minha capacidade física, mental e financeira de fazer isso.

Antes disso, eu já fizera trabalho voluntário – participara de organizações sem fins lucrativos em defesa de vítimas e crianças – mas ali sempre houvera um traço de ego envolvido, uma vez que eu percebia as pessoas que ajudava como vítimas, e a mim, como a salvadora. Isso fazia com que eu me sentisse bem por ajudar. Mas agora era diferente.

Agora, era cem por cento *elas*. Meu foco estava diretamente na felicidade das pessoas. E quando eu desejava a felicidade delas, sentia uma onda de amor, o que às vezes me levava a agir e outras vezes apenas a fazer uma prece, um desejo sincero de que fossem felizes. Muitas vezes elas não tinham consciência de minha intenção. Mas isso criava dentro de mim um fluxo de amor cada vez mais intenso.

Quando parei de me preocupar em saber se as pessoas estavam me fazendo feliz ou atendendo às minhas necessidades, e comecei a pensar no que *as* faria feliz, vi que todas elas eram bonitas. Consegui entender que estavam travando suas heróicas batalhas e tentando encontrar seu caminho na vida, e meu coração se abria a elas. Quanto mais eu me concentrava em contribuir para a felicidade dos outros, melhor eu me sentia. E quanto melhor eu me sentia, mais feliz ficava. Meus sonhos se transformaram em alegres comemorações.

Um ano depois, minha saúde havia se transformado. A dor que destruía meu corpo desaparecera. Eu conseguia respirar fundo novamente e tinha energia mais do que suficiente para retomar minha vida. Hoje, dois anos depois, sinto-me melhor do que quando tinha 29 anos, antes de adoecer. Para surpresa de meus médicos, minha saúde, antes debilitada, está melhorando. Continuo vivendo sem dor. Vou até à academia de ginástica três vezes por semana e estou perdendo o peso causado pelos esteróides.

Encontrei-me novamente com o lama, aproximadamente um ano depois de nosso primeiro encontro. Quando lhe disse o quanto minha vida mudara ao me concentrar na felicidade dos outros, ele bateu palmas e me deu um sorriso largo. Ficou dizendo, "Muito bem! Muito bem!".

Suas sábias palavras me impediram de continuar caindo num abismo e me puseram em contato com a força para o bem mais poderosa que existe: a compaixão afetuosa que mora em nossos corações. Foi o fluxo desse amor que curou meu corpo e que se transformou numa florescente e clara primavera de felicidade em minha vida.

* * *

Desejando o bem

Que idéia simples, mas tão capaz de transformar uma vida! Comecei a praticar a técnica de CJ e tive ótimos resultados. Eu costumava odiar ficar em filas ou presa em engarrafamentos, mas agora passo o tempo olhando ao redor e desejando em silêncio a todos que estão em volta de mim felicidade, tranqüilidade, conforto e paz. Em vez de ficar furiosa, vejo-me sorrindo e me sentindo bem.

Às vezes, vou além de simplesmente desejar o bem em meu coração. Recentemente, estava num aeroporto, comprando um burrito de um atendente sério e irritado. Tive a tentação de reagir ficando um pouco séria também, mas em vez disso, pensei naquele sujeito em pé o dia inteiro, fazendo burritos o tempo todo para pessoas que viajavam para lugares exóticos enquanto ele continuava preso àquele lugar, assando sob o calor daquelas luzes. Era um trabalho ingrato. Captei seu olhar. "Você deve ficar cansado de fazer isso o dia inteiro."

O atendente ficou completamente desconcertado. Alguém havia tentado se conectar com ele. Ele simplesmente se derreteu. Deu-me o sorriso mais largo e caloroso – e mais batatas fritas!

Acho que todos nós subestimamos o poder que temos de fazer o dia de uma pessoa um pouco melhor simplesmente irradiando para ela um pouco de luz e amor. Sugiro que você tente a técnica de CJ. Você também pode reservar algum tempo, todos os dias, para fazer o rápido exercício de bondade amorosa que se segue. É uma adaptação de uma prática budista para cultivar o *metta*, definido como um forte desejo de bem-estar e felicidade dos outros. Não é um conceito exclusivamente budista; no cristianismo, o termo para esse tipo de amor incondicional é *ágape*. No judaísmo, *rachamim* é o amor que nos motiva a dar aos outros e que inclui simpatia e afeto. Esse mesmo ideal de amor está expresso no Islã na palavra *mahabba*, que significa amor espiritual pelos outros e pelo divino.

Optar por sentir amor e desejar o melhor a todos – um hábito natural de pessoas felizes – pode ajudá-lo a cultivar mais felicidade em sua vida.

Exercício

Prática da bondade amorosa

Esse exercício expande sua capacidade de compaixão guiando-o através do processo de desejar bondade amorosa a si próprio e aos outros.

1. Encontre um lugar tranqüilo e sente-se confortavelmente. Feche os olhos.
2. Respire lenta e profundamente, tomando consciência da respiração enquanto o ar entra e sai de seu corpo. Deixe seus pensamentos entrarem e saírem calmamente.
3. Repita as seguintes frases mentalmente:

   Que eu esteja seguro.
   Que eu seja feliz.
   Que eu seja saudável.
   Que eu viva tranqüilo.

Continue fazendo esses desejos para si mesmo durante um minuto ou dois, ou até você ter uma sensação de paz interior.

4. Agora, faça o mesmo para seus amigos e familiares. Imagine um deles enquanto você faz mentalmente os seguintes desejos:

   Que você esteja seguro.
   Que você seja feliz.
   Que você seja saudável.
   Que você viva tranqüilo.

   Continue enviando esses desejos até sentir um fluxo de amor em seu coração.

5. Agora faça esses desejos para todos os seres vivos do mundo. Continue até ter uma sensação de expansão em seu coração.

Resumo e passos para a felicidade

Você deixa o amor guiar sua vida concentrando-se na gratidão, praticando o perdão e espalhando bondade amorosa. Quando você fortalecer os pilares de seu coração, vai se sentir com mais paz e mais compaixão. Use os seguintes passos para praticar os Hábitos de Felicidade para o coração:

1. Faça o Jogo da Gratidão. Antes de dormir, pense em cinco coisas pelas quais você é grato naquele dia. Escreva-as num diário, se quiser.

2. Faça o Exercício de "Grande Satisfação" do irmão David. Escolha um tema para o dia, como por exemplo água, e quando alguma coisa o fizer se lembrar da água, use-a como uma pista para sentir gratidão sem motivo naquele momento.
3. Assim como Rico, assuma o compromisso de rir por alguns minutos todos os dias.
4. Faça o exercício da Coerência Rápida do HeartMath para se habituar à coerência de ritmo cardíaco.
5. Faça o Processo do perdão. Encontre em seu coração a compaixão que tornará mais fácil perdoar.
6. Faça a Prática da bondade amorosa todos os dias e espalhe bondade amorosa em seus pensamentos e ações, onde quer que você esteja.

6

O Pilar do Corpo – faça suas células felizes

Uma mente sã num corpo são é uma descrição curta, mas completa, de um estado de felicidade neste mundo.

– John Locke, filósofo inglês do século XVII

Ser feliz não é apenas um estado mental – é também um estado físico. Na verdade, nossos corpos são feitos para sustentar nossa felicidade. A Dra. Candace Pert, renomada neurofisiologista, documentou essa ligação mente-corpo-felicidade em seu best seller *Molecules of Emotion*, explicando que quando estamos felizes, ficamos ativos e cheios de "sumos de felicidade", substâncias químicas do corpo e do cérebro que estão por trás de nossas experiências positivas.

Não há remédios mais poderosos do que aqueles que você já tem em sua cabeça! Mais de 100 mil reações químicas acontecem em seu cérebro a cada segundo. Seu cérebro contém uma verdadeira farmácia de remédios naturais para intensificar a felicidade: endorfinas (o analgésico do cérebro três vezes mais forte que a morfina), serotonina (que reduz a ansiedade e alivia a depressão naturalmente), oxitocina (hormônio da união) e dopamina (que promove o estado de alerta e o sentimento de alegria), entre outros. Eles estão apenas esperando para serem liberados para cada órgão e célula de seu corpo. Como a farmácia de seu corpo está aberta 24 horas por dia, você pode criar seu próprio suprimento dessas substâncias químicas da felicidade quando quiser. E quando suas células estão felizes, você está feliz.

Nos dois capítulos anteriores, observamos como seus pensamentos e sentimentos influenciam seu ponto fixo de felicidade. Neste capítulo, veremos como a maneira como comemos, como nos movimentamos, respiramos e descansamos – e até sua expressão facial – pode mudar a seu favor o equilíbrio das substâncias químicas do cérebro que o fazem se sentir bem, para você superar a infelicidade.

Lembre-se, quando me refiro à infelicidade neste livro, estou falando do tipo de infelicidade comum, e não da depressão clínica, que é uma condição de saúde que exige intervenção profissional. Se você está clinicamente deprimido, é importante procurar um profissional de saúde para cuidar dos desequilíbrios químicos que possam estar contribuindo para isso. Entretanto, fortalecer o pilar do corpo praticando os hábitos deste capítulo é algo que pode ajudar extremamente como um complemento do tratamento padrão contra a depressão.

Os ladrões de felicidade do corpo: estresse e toxinas

Se nossos corpos são criados para dar suporte à felicidade, então por que não somos todos mais felizes? Dê apenas uma olhada em nossas vidas. A maioria de nós se comporta como abelhas movidas a cafeína, fazendo um monte de coisas enlouquecidamente e parando de vez em quando para comer. Nosso estilo de vida estressante – que inclui uma alimentação nada saudável e falta de exercícios e de descanso adequado – compromete nossa capacidade de criar células felizes.

O estresse é um grande ladrão de felicidade e saúde. Provas científicas indicam que mais de 90 por cento de todas as doenças estão relacionadas ao estresse. Muitos de nós estamos estressados e exaustos, mas ignoramos nossos sintomas e nossa energia durante o dia, tomando remédios para afastar a dor, mas sem lidar com a causa mais profunda.

Há também as toxinas ambientais à quais ficamos expostos todos os dias: substâncias químicas em alimentos processados; pesticidas em produtos; hormônios na carne e no leite; e ar e água poluídos. Quando nossas células não conseguem o apoio de que precisam, em vez de cantarem em uníssono um hino de vitalidade e bem-estar, elas se alimentam mal e morrem, o que resulta em energia baixa e infelicidade.

Felizmente, há maneiras de inspirar o coral a cantar canções de bem-estar mais uma vez.

Inspirando o coral

Há muitas maneiras de fazer nossas células felizes: podemos parar de ficar passando por cima de nossa fadiga e desconforto, limpar nossos corpos das toxinas acumuladas, reduzir a quantidade de novas toxinas que adquirimos e usar a farmácia de nosso cérebro para ter mais felicidade em nossas vidas.

São muitos os estudos que mostram como atividades do dia-a-dia – cantar, ouvir músicas relaxantes, acariciar um cachorro, receber uma mensagem, apreciar um abraço, cuidar do jardim – aumentam nossas substâncias químicas de felicidade. Até mesmo um sorriso eleva o nível de felicidade.

Mona Lisa estava certa. Quando usamos nossos músculos faciais para expressar emoção, desencadeamos neurotransmissores cerebrais específicos. Cientistas que estudam os efeitos do Botox descobriram que quando pacientes deprimidos faziam tratamento para retirar o franzimento de suas testas, deixavam de ficar deprimidos. Uma pesquisa do Dr. Israel Waynbaum, fisiologista francês, mostra que esse franzimento desencadeia a secreção dos hormônios do estresse cortisol, adrenalina e noradrenalina – substâncias químicas que elevam a pressão sangüínea, enfraquecem o sistema imunológico e aumentam a suscetibilidade à depressão e à ansiedade. O ato de sorrir diminui a quantidade dessas substâncias e produz substâncias químicas de felicidade, como endorfinas e células T (importantes para a defesa imunológica), relaxando músculos, reduzindo a dor e acelerando a cura.

Se você quer multiplicar os benefícios do sorriso, dê uma boa risada. Dezenas de estudos confirmam que rir realmente é o melhor remédio. E ainda reprime os hormônios do estresse e aumenta a produção de hormônios de felicidade.

"Boa notícia. Encontraram um doador para seu transplante de sorriso!"

Felicidade: só o que o médico receitou

Ser feliz faz bem à saúde. Há duas décadas, pesquisas abrangentes vêm demonstrando que o contentamento fortalece o sistema imunológico e impede doenças:

- Pessoas felizes têm menos 35 por cento de probabilidade de pegar um resfriado e produzem cinqüenta por cento mais anticorpos em resposta a vacinas contra gripe do que uma pessoa comum.
- Indivíduos que têm altos níveis de felicidade e otimismo correm menos risco de ter doenças cardiovasculares, hipertensão e infecções.
- Pessoas que têm senso de humor – uma indicação de felicidade interna – vivem mais do que aquelas que não têm. E a margem de sobrevivência é particularmente grande entre pessoas com câncer. Um estudo mostrou que o senso de humor reduz em aproximadamente setenta por cento as chances de um paciente com câncer ter uma morte prematura.

A felicidade e a saúde criam um ciclo de feedback positivo: o aperfeiçoamento de uma melhora automaticamente a outra.

Ou nossa capacidade física faz nossa energia se contrair, fazendo-nos sentir cansados ou doentes, ou produz um estado de expansão, dando suporte à nossa felicidade e bem-estar:

← **Contração**	**Expansão** →
Sentir-se estressado	Comer alimentos frescos e não processados
Comer alimentos processados	Ter um sistema equilibrado
Ter desequilíbrios químicos e hormonais	Respiração profunda, vinda do abdome
Respiração curta, vinda do peito	Beber bastante água
Ficar desidratado	Ter um estilo de vida ativo
Ter uma vida sedentária	Sorrir
Testa franzida	Ignorar os sinais do corpo

Embora talvez você esteja fazendo o que pode para dar suporte à sua saúde, seu corpo talvez ainda tenha desafios. De qualquer modo, é possível ser Feliz Sem Motivo. Várias pessoas do grupo dos 100 Felizes que entrevistei tinham problemas de saúde – até doenças terminais – e, de maneira impressionante, sua dor e alegria pareciam coexistir. Sua felicidade se manifestava automaticamente – um estado de paz e bem-estar por trás de todas as suas experiências. Praticar os Hábitos de Felicidade seguintes para tornar suas células felizes ajudará a reforçar esse mesmo estado inabalável em você.

Hábitos de Felicidade para o corpo

1. Nutra seu corpo
2. Energize seu corpo
3. Entre em sintonia com a sabedoria de seu corpo

Hábito de Felicidade para o Corpo nº 1

Nutra seu corpo

Diga-me o que tu comes e te direi o que és.

– Anthelme Brillat-Savarin, escritor e gourmet francês do século XVIII

Durante anos, minhas células foram infelizes porque eu as nutria mal. Quando eu era muito jovem, minha dieta consistia basicamente em bacon crocante, hambúrgueres suculentos, bolinhos (presente semanal de Poppa), biscoitos recheados com uma substância misteriosa chamada "produto alimentar de queijo americano processado" e pão branco como neve. Frutas e vegetais vinham em apenas três sabores: cenoura, alface e maçã – alimentos dos quais eu comia o mínimo, para guardar bastante espaço para as batatas fritas e milk-shakes do McDonald's. Como estava sempre exausta, me enchia de açúcar, vasculhando a geladeira em busca de sorvete a qualquer hora do dia e da noite para aumentar minha energia. É claro que eu gostava de meus sundaes acompanhados de um copo de refrigerante diet – quem gostaria das calorias a mais de uma Coca comum?

Eu alimentava tão bem meu corpo em crescimento, que ele realmente cresceu – dez quilos! O que é muito quando você tem um metro e meio de altura e 16 anos. Não era apenas o fato de ser gorducha que me incomodava: eu vivia cansada, apática e infeliz. Minhas altas de açúcar temporárias eram sempre seguidas de quedas que faziam eu me sentir mais exausta do que nunca.

Quando ingressei na faculdade, decidi melhorar meus hábitos alimentares. Bebi meu último copo de refrigerante diet aos 17 anos, cortei o açúcar e me tornei vegetariana. Quando troquei os carboidratos pelos alimentos não processados, fiquei impressionada ao descobrir que existem dezenas de frutas e vegetais deliciosos.

De início, esse surto de virtude foi estimulado por meu medo de usar short em público. Mas logo descobri que qualquer vitória contra a balança não é nada comparada ao incrível aumento de energia que senti quan-

do me livrei dos alimentos ruins. Eu me sentia muito mais leve, feliz e limpa – me sentia mais *eu*. Agora entendo a relação entre energia, humor e comida. Nunca mais quero voltar aos tempos do pão branco e da exaustão permanente.

Nem sempre é apenas a dieta ruim que provoca células infelizes. Às vezes, a falta de equilíbrio nas substâncias químicas ou hormônios do cérebro também pode ser um fator agravante. Foi esse o caso da atriz Catherine Oxenberg, minha querida amiga, que à primeira vista parecia ter tudo: beleza, inteligência, um ótimo marido, filhos maravilhosos e realização profissional. Por isso as pessoas se surpreendem tanto ao saberem como ela lutou para superar a fadiga, a doença e os episódios recorrentes de tristeza, que ela descreve na história a seguir.

A história de Catherine

Não mais doente nem cansada

A maioria das meninas sonha em ser princesa, mas posso dizer, por experiência própria, que nem sempre isso é maravilhoso. Embora eu tenha nascido princesa, descendente de uma longa linhagem de realeza européia, não fui uma menina feliz. Quando tinha seis anos, minha mãe, sua alteza real a princesa Elizabeth, da Iugoslávia, divorciou-se de meu pai, um empresário de Nova York, e levou a mim e minha irmã para morar com ela em Londres. Lembro-me de em determinado momento ela me dizer, "Catherine, você poderia, por favor, parar com esse desânimo?".

Eu queria, mas não conseguia evitar me sentir daquele jeito. Hoje, acredito que meu "desânimo" podia ser causado por níveis baixos de serotonina – um hormônio que afeta a felicidade. Mais tarde, quando era adolescente, aprendi a me sentir melhor comendo. Por fora, tudo parecia maravilhoso: eu me destacava na escola, fui aceita em Harvard,

tornei-me uma modelo de sucesso e depois atriz, inclusive fiz participações em filmes e em *Dynasty*, série de sucesso na tevê americana. Mas durante aqueles mesmos anos eu tratava minha dor interna comendo em excesso e depois vomitando. O ciclo terrível de minha bulimia me fazia sentir ainda pior, e em determinado momento um médico me receitou antidepressivos, num esforço para me ajudar.

Os antidepressivos não foram a cura milagrosa que eu esperava, embora me sentisse um pouco melhor. Então, descobri que estava grávida, e meu médico e eu concordamos que eu tinha que parar com os remédios. Depois que minha filha nasceu, não voltei a tomar antidepressivos. Nos anos seguintes, continuei lutando contra a bulimia, intermitentemente. Com um bocado de esforço, acabei conseguindo me livrar das garras terríveis da doença, embora ainda tivesse uma tendência a mergulhar na infelicidade facilmente, e com freqüência.

Pouco tempo depois, conheci o ator Casper Van Dien, me apaixonei por ele e nos casamos. Porém, um ano depois meu corpo inteiro começou a doer; era como estar o tempo todo com uma gripe leve. O diagnóstico foi fibromialgia, um transtorno crônico caracterizado por uma dor disseminada nos músculos, ligamentos e tendões. Aquilo fazia sentido para mim: em vez de me sentir mal mentalmente, eu havia transferido a infelicidade para o nível físico. Acho que no meu caso a fibromialgia foi a maneira do meu corpo sentir depressão. Como se viu, quando eu tomava uma dose pequena de antidepressivos, minha dor diminuía consideravelmente.

Embora eu e Casper já tivéssemos três filhos de relações anteriores, queríamos formar uma família juntos. Quando decidi engravidar, parei de tomar os remédios. Um mês depois, fiquei grávida e a fibromialgia desapareceu.

Porém, depois de ter dois bebês, a realidade física de ser mãe de cinco filhos – dois deles com menos de três anos – aos 43 anos começou a cobrar seu preço à minha saúde e felicidade já frágeis. Eu estava exausta e doente o tempo todo. Não conseguia ter um foco ou me concentrar. E minha memória! Eu estava certa de que tinha uma forma precoce do mal de Alzheimer.

As manhãs eram particularmente terríveis. Mesmo depois de uma noite inteira de sono, eu ainda me sentia cansada, então era Casper quem se levantava, fazia o café da manhã para as crianças e as levava para a

escola. Lembro-me que certa manhã, India, minha filha mais velha, entrou em meu quarto para me acordar. Ela queria que eu tomasse o café com todo mundo. Eu lhe disse, "Querida, estou exausta, estou realmente doente". Ela me olhou com uma expressão triste e, antes de se virar e sair do quarto, disse, "Mãe, você está sempre doente". Arrasada, eu me encolhi e chorei. Ela estava certa.

Eu sabia que havia algo muito errado comigo, mas nenhum médico conseguia descobrir o problema. Os resultados de meus exames de sangue pareciam completamente normais e a única coisa que me recomendaram foi tomar antidepressivos novamente. Mas eu não gostava dos efeitos colaterais. *Tinha* que haver uma maneira de me sentir melhor naturalmente, mas eu não tinha a menor idéia de como fazer isso. Eu estava no limite de minha sanidade mental quando a ajuda apareceu de maneira inusitada.

Eram 3 horas e eu estava sentada dentro de um avião, a caminho da Flórida, para visitar parentes no Natal. O vôo noturno estava sendo um pesadelo. Meus dois filhos pequenos haviam se recusado a dormir, brigando, choramingando e ficando impossíveis. Finalmente, todos haviam se acalmado. Respirei fundo e fechei os olhos também. A exaustão e o desespero haviam desabado sobre mim como um peso de cem quilos.

Como eu não conseguia dormir, apanhei a revista de bordo no bolso do assento à minha frente. Quando a folheei, meus olhos bateram num título em letras grandes, no alto de uma página: VOCÊ ESTÁ ENJOADO E CANSADO DE SE SENTIR ENJOADO E CANSADO? Na mesma hora tive um calafrio e senti meu cabelo se arrepiar até a ponta dos fios. Continuei a correr os olhos pela página. *Você está cansado de ouvir os médicos dizerem que não há nada de errado com você? Que os resultados de seus exames de sangue estão "perfeitos", apesar de seus sintomas de fadiga, letargia e confusão mental? Você se sente cansado demais para aproveitar a vida?*

Senti lágrimas brotando em meus olhos. Eu vivia tão envergonhada, convencida de que meus problemas estavam na minha cabeça. Foi um alívio tão grande perceber que não era a única pessoa a me sentir daquele jeito! Continuei lendo.

Era a descrição de uma clínica especializada num tratamento natural para equilibrar o corpo e a mente que usava suplementos, hormônios naturais e uma nutrição apropriada. Quando comecei a ler a história de

uma mulher de 45 anos que fizera o tratamento, tive um choque. Aquela mulher podia ser eu. Eu tinha todos os sintomas que ela relacionava. Mas, seguindo as recomendações da clínica, ela deixara de se sentir péssima e passara a se sentir melhor do que nunca. Arranquei a página e guardei-a na minha bolsa. Em seguida, recostei-me no assento, fazendo em silêncio uma prece de agradecimento pelo que estava considerando uma intervenção divina, até que finalmente adormeci.

Quando voltamos da Flórida, marquei uma consulta com o médico retratado na reportagem. Descobri que o que eu estava sentindo era extremamente comum em mulheres de todas as idades, e em homens também. O motivo básico era um desequilíbrio hormonal que iniciava um desastroso efeito dominó, afetando minha glândulas tireóide e supra-renal, e comprometendo seriamente meu coração. Comecei a tomar suplementos alimentares e hormônios bioidênticos (não sintéticos).

Minha dieta também contribuía para o problema e, portanto, por recomendação do Dr. Hotze, aboli açúcar, laticínios, álcool e grãos durante um mês. Comia quantidades moderadas de gorduras saudáveis na forma de manteiga de nozes, abacate, azeite de oliva e óleo de coco; muitos vegetais; e diversas proteínas, como carne, ovos e peixe orgânicos.

De início, não vi muitas mudanças, mas depois de apenas duas semanas, parei de ter a crise das 3 horas da tarde. (Descobri, então, que esta é a hora em que seu corpo pára de fabricar serotonina para se preparar para o descanso da noite.) Ao fim de trinta dias, estava tão animada com a maneira como me sentia que decidi continuar com a nova alimentação, os suplementos e o programa de hormônios. Depois que mais um mês se passou, tive que admitir que os resultados eram milagrosos. Sentia que meu corpo, minha mente *e* meu espírito haviam se transformado.

Hoje, embora tenha acrescentado outras coisas à minha dieta, continuo a ingerir apenas pequenas quantidades de açúcar e carboidratos processados, porque sinto definitivamente uma diferença quando os como. Em geral, sinto-me simplesmente bastante saudável. Já não tenho fadiga. Sinto-me energizada e tenho muito mais clareza mental; minha força voltou e até meu excesso de peso simplesmente desapareceu. O melhor de tudo é que consigo ficar bem com meus filhos. Lembro-me que um dia, mais ou menos um mês depois de iniciar o tratamento, minha caçu-

la entrou no quarto ao acordar e me pediu que eu me levantasse e preparasse o café da manhã. Imediatamente, joguei as cobertas para o lado e corri para a cozinha com ela. Estava apanhando o chá cafeinado que eu sempre precisava para acordar quando de repente percebi que já havia acordado! Eu me sentia alerta e cheia de energia. Desde então, passei a participar regularmente da festa que é o café da manhã em nossa casa, e não sei quem fica mais animado – eu ou meus filhos.

É irônico que uma "viagem de avião infernal" tenha sido o início de minha jornada para fora do purgatório. Agora, com as substâncias químicas e hormônios de meu cérebro em equilíbrio, consigo sentir a felicidade natural que vejo no rosto de meus filhos. Foi encontrando a chave para um corpo saudável e equilibrado que abri as portas para uma vida feliz.

* * *

O poder do prato

Como Catherine descobriu, uma maneira fundamental de se sentir melhor é fazer as substâncias químicas naturais de seu corpo funcionarem de modo equilibrado. O que você come tem um papel crucial. *Os sete passos de bem com a vida* não tem a intenção de ser um livro de dieta. (Para se informar sobre alguns excelentes livros sobre nutrição e suplementos naturais para sustentar sua felicidade, procure, por favor, a seção de bibliografia.) Ainda assim, eu gostaria de dar uma orientação geral para você comer de uma maneira que vai não apenas melhorar sua saúde, como tornar suas células felizes. O conhecimento sobre o impacto dramático e cumulativo que a dieta tem sobre a felicidade tem sido um dos maiores motivadores para eu manter esse Hábito de Felicidade.

Guia de nutrição faça-suas-células-felizes

1. **Prefira alimentos que constroem a felicidade – frescos e não processados:** Uma dieta equilibrada de alimentos frescos e não processados dá aos nossos cérebros a matéria-prima necessária para assegurar uma produção abundante de sumos de felicidade todos os dias. Sem esses blocos de construção, nossa bioquímica sai dos tri-

lhos, o que provoca níveis de açúcar sangüíneo elevados, exaustão da glândula adrenal e déficit de hormônios vitais para a redução do estresse em nosso dia-a-dia.

Comer alimentos não processados significa dar ao seu corpo uma alimentação mais próxima possível do estado natural. Evite o que eu chamo de "comida falsa", que vem em caixas ou latas, e que muitas vezes é subtraída de seu valor original por processos, métodos de conservação e empacotamento sintético. Dirija-se às seções fora dos corredores de seu supermercado, onde você encontrará frutas, vegetais, carnes frescas, peixe e frango, e não àquelas onde estão os alimentos em caixas, latas e pacotes. Compre grãos integrais e produtos orgânicos, além de carnes, laticínios e frango sem hormônios. Sim, esses alimentos geralmente custam mais caro, mas você vai mais do que compensar isso indo menos ao médico e tendo uma vida mais saudável.

2. **Mantenha a Água Fluindo**: Ficar desidratado é algo incompatível com células felizes. *Precisamos* de água porque nossos corpos *são* formados, em sua maior parte, por água! Para retirar os nutrientes dos alimentos, nossos corpos precisam dos elementos químicos hidrogênio e oxigênio. Muitas vezes, as pessoas sentem fome quando na verdade o que seus corpos precisam é de água. Da próxima vez que você sentir vontade de comer uns petiscos, dê um gole ou dois de água antes. Melhor ainda, faça o que os especialistas recomendam: adquira o hábito de beber todo dia a metade do peso (em libras) de seu corpo em onças (Uma pessoa de 120 libras, ou 54 quilos, beberia 60 onças, ou 1,7 litro).
3. **Livre-se dos alimentos que roubam a felicidade:**
   - *Corte o açúcar:* Você sabe o quanto é difícil fazer os especialistas em saúde concordarem em alguma coisa? Mas todos que entrevistei concordaram que o maior destruidor de felicidade em nossas dietas é o açúcar branco. Ele tem uma alta capacidade de viciar e faz estragos em seu cérebro, causando depressão, ansiedade e aquele estado de preguiça e baixa energia que você reconhece quando sua testa bate na mesa às 3 horas da tarde. Infelizmente, os substitutos do açúcar sintético não são melho-

res; inúmeros relatos indicam efeitos colaterais pot negativos. Quando você consome o açúcar em sua fo ral, como numa fruta fresca, seu corpo consegue lida com isso.

- *Reduza os carboidratos:* No departamento dos carboidratos, a palavra-chave é "integral". Quando você come grãos processados, como no pão branco, no arroz branco, ou em massas e bolos feitos com farinha branca, aciona um alarme de índice glicêmico alto que faz o nível de açúcar em seu sangue ir lá no alto e desabar, alterando constantemente seus níveis de humor e energia. A Dieta Americana Padrão se baseia excessivamente em amido e carboidratos refinados. Substituí-los por grãos não processados, como arroz integral, quinoa e milhete é um truque simples, mas eficiente, para se sentir mais saudável e feliz mais rapidamente.
- *Chute a cafeína:* Quando precisamos ficar alertas, muitos de nós recorremos ao café ou a refrigerantes. A cafeína bloqueia a transmissão da adenosina química do cérebro, o que resulta num derramamento maior de adrenalina em nosso fluxo sangüíneo. Depois de beber uma xícara de café ou um refrigerante, você se sente alerta, motivado e estimulado, mas esse estado alcança um pico em 30 a 60 minutos, e depois vai embora. Experimente, em vez disso, chá verde sem cafeína (o chá verde comum tem cafeína), que não apenas oferece uma forte proteção antioxidante, que ajuda a tornar as células felizes, como lhe dá um nível de energia mais estável.

Supernutrição para promover a felicidade no cérebro e no corpo

Para tornar suas células felizes, às vezes ajuda impulsionar a nutrição de seu corpo de maneiras específicas. A especialista em psicologia nutricional Julia Ross, autora de *The Mood Cure*, acredita que grande parte de nossa infelicidade resulta de "necessidades nutricionais criticamente não supridas". Ela desenvolveu um programa baseado em pesquisas que associam o nosso humor ao equilíbrio dos quatro neurotransmissores-

chaves de nosso corpo que produzem felicidade. Esses neurotransmissores são abastecidos por nutrientes chamados aminoácidos. Se seus níveis de aminoácidos são suficientes e os níveis desses quatro neurotransmissores-chaves, elevados, você em geral se sente positivo na vida. Se o nível de algum deles está baixo, você pode apresentar sintomas específicos da deficiência desse neurotransmissor.

Os quatro neurotransmissores de felicidade e seu cérebro

Se seu nível de serotonina está alto, você está positivo, confiante, flexível e calmo.

Se seu nível de serotonina está baixo, você tende a ficar negativo, obsessivo, preocupado, irritado e sem sono.

Se seu nível de catecolaminas (a norepinefrina, a dopamina e a adrenalina fazem parte desse grupo) está alto, você está cheio de energia, animado e alegre.

Se seu nível de catecolaminas caiu, você pode mergulhar num estado de desânimo e letargia.

Se seu nível de ácido gama-aminobutírico (GABA) está alto, você está relaxado e sem estresse.

Se está faltando GABA, você está elétrico, estressado e arrasado.

Se seu nível de endorfinas está alto, você está cheio de sentimentos agradáveis de conforto, prazer e euforia.

Se seu nível de endorfinas está quase no fim, você pode estar chorando ao ver propaganda na tevê e excessivamente sensível à dor.

Fonte: *The Mood Cure*, de Julia Ross

No fim desta seção, você encontrará o Questionário tipo de humor, de Julia Ross, que poderá ajudá-lo a determinar com maior precisão se tem níveis adequados de aminoácido.

Limpando a casa

Os corpos de muitas pessoas estão sobrecarregados de substâncias tóxicas que bloqueiam o fluxo dos sumos de felicidade. Há momentos em que a melhor coisa que você pode fazer por seu corpo é limpar a casa e retirar as substâncias tóxicas. Essa limpeza é um caminho rápido para tornar suas células felizes, mas você tem que fazer isso direito. Limpezas geralmente incluem uma mudança temporária nos hábitos alimentares (às vezes no jejum), banhos de desintoxicação e ervas depurativas. De acordo com a medicina chinesa, cada um de nossos órgãos está relacionado a uma emoção específica – o fígado à raiva, os rins ao medo, os pulmões à tristeza e o baço à preocupação –, e existem tipos específicos de limpeza para diferentes órgãos. Alguns especialistas recomendam fazer limpezas regulares a cada mudança de estação. OBSERVAÇÃO IMPORTANTE: Sempre consulte seu médico antes de fazer uma limpeza; certas condições de saúde podem torná-la uma escolha imprudente.

Hormônios e felicidade

Outro componente importante do programa de saúde e felicidade de Catherine envolveu os hormônios. Embora esse aspecto afete mais as mulheres do que os homens, trata-se de algo a ser considerado quando qualquer pessoa está sentindo infelicidade na vida. Os hormônios são alimentos para as células, afetando o funcionamento de cada órgão, mais especialmente o cérebro. Portanto, desequilíbrios hormonais podem ter um efeito profundo sobre o humor e a felicidade.

Nem todas as reposições hormonais são iguais. Muitas pessoas preferem tomar hormônios bioidênticos, compostos que têm exatamente a mesma estrutura química e molecular dos hormônios produzidos no corpo humano. De acordo com a Dra. Christiane Northrup, especialista em saúde da mulher, "Como os hormônios bioidênticos são exatamente como os hormônios que os nossos corpos foram formados para reconhecer e utilizar, seus efeitos são mais... compatíveis com nossa bioquímica normal – com menos chances de efeitos colaterais imprevisíveis

em doses baixas de reposição do que os hormônios sintéticos, não bioidênticos." Se você está se debatendo com questões de hormônios, certifique-se de encontrar um especialista em saúde que não acredita numa abordagem comum para todos.

Explorar as muitas maneiras pelas quais você pode nutrir seu corpo é um investimento de tempo que vale a pena e que trará ricos dividendos para sua felicidade.

Exercício

Questionário Tipo de humor em quatro partes

Escreva o número correspondente a cada sintoma relacionado a seguir com o qual você se identifica. Some seus pontos em cada parte e compare o resultado com a pontuação indicada no fim de cada parte. Se o seu resultado estiver acima da pontuação, ou se você tiver apenas alguns sintomas, mas estes o incomodarem regularmente, aprenda mais sobre o aminoácido indicado no livro de Julia Ross *The Mood Cure*, ou em seu site: www.moodcure.com. A boa nova é que você pode conseguir facilmente os aminoácidos que seu cérebro precisa em suplementos alimentares, e pode ter rapidamente uma melhora de seu humor, enquanto seus neurotransmissores obtêm o combustível de que necessitam.

Parte 1. Você está sob uma nuvem negra? Se está, seus níveis de serotonina podem estar baixos

3) Você tem uma tendência a ser negativo, a considerar o copo com a metade vazia, em vez de cheia? Tem pensamentos sombrios, pessimistas?

3) Fica preocupado e ansioso com freqüência?

3) Sente que tem auto-estima baixa e falta de confiança? Sente facilmente autocrítica e culpa?

3) Seu comportamento se torna freqüentemente um pouco, ou muito, obsessivo? É difícil para você fazer transições, ser flexível? É perfeccionista, tem mania de limpeza ou de controlar tudo? É viciado em computador, tevê ou trabalho?

3) Você realmente odeia tempo fechado ou tem nitidamente depressão de outono/inverno?

2) Tende a ficar irritado, impaciente, tenso ou zangado?

3) Tende a ser tímido ou temeroso? Fica nervoso ou entra em pânico mediante altura, vôo, lugares fechados, apresentações públicas, aranhas, cobras, pontes, multidões, ao sair de casa ou alguma outra coisa?

2) Já teve ataques de ansiedade ou de pânico (seu coração se acelera, a respiração fica difícil)?

2) Tem tensão pré-menstrual ou mudanças de humor na menopausa (lágrimas, raiva, depressão)?

3) Você odeia tempo quente?

2) Você é uma criatura da noite ou costuma ter dificuldade para dormir, mesmo quando está com sono?

2) Acorda no meio da noite, tem um sono instável ou leve, ou acorda cedo demais?

3) Você rotineiramente come docinhos e petiscos ricos em amido, ou bebe vinho à tarde, à noite ou no meio da noite (mas não no início do dia)?

2) Consegue aliviar algum dos sintomas anteriores fazendo exercícios?

3) Já teve fibromialgia (dor muscular sem explicação) ou distúrbio temporomandibular (dor, tensão e ranger de dentes associados à mandíbula)?

2) Já planejou ou pensou em se suicidar?

Pontuação .... Se você fez mais de 12 pontos na Parte 1, pode ter uma deficiência de serotonina.

Parte 2. Você está se sentindo entediado? Se está, seus níveis de catecolaminas podem estar baixos

3) Você se sente deprimido com freqüência – desanimado, entediado, apático?

2) Sua energia física ou mental está baixa? Você se sente freqüentemente cansado? Tem que fazer um esforço para ser exercitar?

2) Sua cota de iniciativa, entusiasmo e motivação está baixa?

2) Você tem dificuldade de focar ou se concentrar?

3) Fica frio facilmente? Sente as mãos ou os pés frios?

2) Tende a ganhar peso facilmente?

3) Sente necessidade de ficar mais alerta e motivado consumindo bastante café ou outros "aditivos", como açúcar, refrigerante diet ou efedrina?

Pontuação .... Se você fez mais de 6 pontos na Parte 2, seu nível de catecolaminas pode estar baixo.

Parte 3. Seu problema é estresse? Se é, seus níveis de GABA podem estar baixos

3) Você se sente freqüentemente sobrecarregado, sob pressão ou em cima do prazo?

1) Tem dificuldade de relaxar ou se soltar?

1) Seu corpo tende a ficar rígido, tenso?

2) Você fica facilmente aborrecido, frustrado ou irritado sob estresse?

3) Fica frio facilmente? Sente as mãos ou os pés frios?

2) Tende a ganhar peso facilmente?

3) Costuma se sentir sobrecarregado, como se simplesmente não conseguisse fazer tudo?

2) Sente-se fraco ou trêmulo de vez em quando?

3) Você é sensível a luz forte, barulho ou vapores químicos? Sente uma grande necessidade de usar óculos escuros?

3) Sente-se significativamente pior se deixa de fazer uma refeição ou se fica muito tempo sem comer?

2) Você usa cigarro, álcool, comida ou remédios para relaxar e se acalmar?

Pontuação .... Se você fez mais de 8 pontos na Parte 3, seu nível de GABA pode estar baixo.

Parte 4. Você é sensível demais às dores da vida? Se é, seus níveis de endorfina podem estar baixos

3) Você se considera, ou outras pessoas lhe consideram, muito sensível? Dores emocionais, ou talvez físicas, realmente lhe atingem?

2) Derrama lágrimas ou chora facilmente, por exemplo, até mesmo vendo comerciais na TV?

2) Tende a evitar lidar com assuntos dolorosos?

3) Acha difícil superar perdas ou passar por momentos de luto?

2) Teve uma grande dor física ou emocional?

3) Busca prazer, conforto, compensação, divertimento ou entorpecimento em coisas como chocolate, pão, vinho, romances literários, cigarro ou café?

Pontuação .... Se você fez mais de 6 pontos, seu nível de endorfina pode estar baixo.

Hábito de Felicidade para o Corpo nº 2

Energize seu corpo

Existe uma vitalidade, uma força de vida, uma energia, uma vivacidade que se traduz através de você em ação... Mantenha o canal aberto.

– Martha Graham, dançarina e coreógrafa do século XX

Você não esperaria que seu carro funcionasse bem se nunca o desligasse ou se não o abastecesse. Freqüentemente, negligenciamos nossos corpos de maneira semelhante e esperamos que eles continuem como o coelhinho das pilhas Duracell. Para alcançarmos nossa alegria natural e mantermos o equilíbrio em nossas vidas, precisamos energizar nossos corpos com descanso, respiração e exercícios apropriados.

Há muito tempo sistemas ocidentais de saúde e bem-estar reconhecem a presença de uma força vital ou energia no corpo. Na China, essa força de vida é chamada de *chi*, ou *qi*, e na Índia é chamada de *prana*. Quando essa força vital aumenta no corpo, ela energiza todo o sistema, mobilizando forças curativas e eliminando bloqueios emocionais que reduzem a felicidade.

Eu já ouvira falar de Qigong, uma antiga prática chinesa de cultivar a energia da vida no corpo, mas nunca tentara praticá-la. Então, decidi fazer aulas com Chunyi Lin, mestre de Qigong. Na mesma hora fiquei impressionada com a energia, a alegria e a vitalidade de Mestre Lin. Embora ele tenha quase cinqüenta anos, parece estar na casa dos trinta. Entrevistei-o e imediatamente o acrescentei à minha lista dos 100 Felizes. A história dele mostra como a movimentação de seu corpo libera sua energia vital e o torna mais feliz.

A história de Mestre Lin

Movendo energia, sentindo alegria

Nasci nas montanhas da China. Meus pais tinham bons empregos e, embora não fôssemos ricos, eles eram pessoas boas e afetuosas, e éramos felizes.

Quando eu tinha oito anos, a Revolução Cultural começou. O presidente Mao, líder do Partido Comunista, queria se livrar de todas as pessoas que tinham uma opinião política diferente. Pessoas boas foram presas, professores e instrutores foram obrigados a trabalhar na agricultura, no interior, e centenas e milhares de pessoas honestas e cultas foram mortas. O país inteiro estava uma zona.

Certa noite, quando nossa família estava sentada, jantando, homens armados vieram à nossa casa. Eles agarraram meu pai, amarraram suas mãos para trás e o empurraram para fora de casa. Prenderam-no pelo que acabariam descobrindo que eram acusações falsas. Ficamos sem poder vê-lo por mais de seis meses; primeiramente ele foi mandado para uma prisão e depois para um centro de trabalho.

Então, certa noite, minha mãe desapareceu. Só soubemos mais tarde que ela havia sido obrigada a fugir para salvar a própria vida. Nossa babá, uma viúva idosa que meus pais haviam levado para morar conosco, foi

deixada sozinha cuidando de mim, meus dois irmãos e minha irmã. Ainda estávamos atordoados com o sumiço de nossa mãe quando, alguns dias depois, um grupo de vizinhos, pessoas das quais meus pais gostavam, e que eles ajudavam, invadiram nossa casa com armas e nos puseram na rua. Fizeram isso para mostrar sua lealdade a pessoas locais que estavam no poder e para evitar o destino de meus pais.

O vento soprava com a chuva fria da noite quando vimos nossos vizinhos fechando nossa casa. Juntos, quatro crianças e uma mulher idosa, caminhamos por nossa rua estreita, debaixo de chuva, tentando encontrar um abrigo.

Ficamos três dias na rua sem comida. Ninguém ousava nos abrigar nem nos dar alguma coisa para comer. Na terceira noite, quando estávamos amontoados num canto da rua, tentando nos manter aquecidos, teve início um tiroteio entre duas facções rivais. Balas voavam à nossa volta e havia explosões em toda parte.

Apavorados, corremos de casa em casa, tentando desesperadamente encontrar um lugar seguro para nos esconder, mas ninguém nos deixava entrar. Quando estávamos comprimidos, juntos, na entrada de uma casa, tremendo de medo, uma senhora muito idosa abriu a porta. Nós a reconhecemos. Era a proprietária de nossa casa, que ouvira do governo que nós todos éramos demônios. Assustado, eu me joguei atrás de nossa babá, para me esconder.

A velha senhora nos olhou e disse, "Oh, pobres crianças. Com toda essa batalha, é perigoso demais vocês ficarem do lado de fora. Por favor, entrem. Vocês ficarão seguros."

Correndo um grande risco, essa velha senhora maravilhosa nos alimentou e nos escondeu, juntamente com muitas outras pessoas, num galpão para armazenamento nos fundos da casa dela. Durante semanas, não nos arriscamos a sair do galpão, temendo ser descobertos. Então, finalmente, nossos pais conseguiram nos localizar.

Eles enviaram um amigo da família para nos acompanhar e, ao fim de uma viagem longa e perigosa, chegamos à casa de minha avó, no interior. Moramos com minha avó durante mais de um ano, até meus pais concluírem que era seguro sairmos dali para vivermos com eles novamente.

Minhas experiências durante a Revolução Cultural marcaram minha vida durante muitos anos. Tudo havia sido virado de cabeça para baixo. Os supostos bons amigos revelaram ser aqueles que queriam acabar com a minha vida. Eu não confiava nem nos meus pais. Em minha mente de criança, eles simplesmente nos haviam abandonado. Sentindo-me traído por tudo e todos, afastei-me de minha família e meus amigos.

Na escola secundária, comecei a estudar Qigong, um antigo sistema curativo para equilibrar a energia do corpo através do movimento, muito difundido na China. Quando eu era pequeno, ouvira muitas histórias sobre mestres de Qigong e curas milagrosas. Sempre gostara dessas histórias e queria um dia me tornar um daqueles curandeiros. Durante a Revolução Cultural, era proibido ensinar ou estudar Qigong. Como não era algo autorizado pelo governo comunista, meu professor, um respeitado mestre de Qigong, ensinou-me em segredo. Aprendi alguns movimentos bastante básicos e descobri que quando os fazia, sentia uma paz muito grande.

Depois da escola secundária, muitos estudantes como eu eram levados por soldados e obrigados a viver em fazendas no interior. Durante cinco anos, trabalhávamos como escravos, muitas vezes sem ter comida suficiente. O trabalho era muito duro e tive muitos ferimentos e doenças. Freqüentemente, eu escapava à noite para praticar meu Qigong. Era o único momento do dia em que me sentia bem, e isso me ajudava a seguir em frente.

Finalmente, o presidente Mao morreu e a Gangue dos Quatro foi expurgada do poder. A situação começou voltar ao normal na China. Eu podia ir à faculdade e minha vida também começou a melhorar, mas eu ainda era um jovem muito depressivo e revoltado. Eu não queria falar com ninguém. Eu não tinha amigos. Embora eu não externasse, na verdade, eu odiava as pessoa. O fato é que eu odiava tudo. Às vezes, tudo o que eu queria era me matar e deixar este mundo. Comecei uma procura incessante, tentando descobrir como ter uma vida feliz.

Então, um dia, quando eu jogava basquete, sofri um acidente que danificou seriamente a cartilagem de meus dois joelhos. Eu sentia dor o tempo todo e mal conseguia andar. E nada, inclusive analgésicos, era capaz de impedir aquela dor.

Ouvi falar que um mestre de Qigong muito poderoso e renomado viria à cidade para um workshop e que muitas pessoas, apenas participando do workshop, haviam se livrado de problemas sérios. Eu não acreditava naquilo, mas achei que não faria mal tentar. Além disso, eu precisava de um milagre.

Quinze mil pessoas participaram do workshop, realizado num campo de futebol. Começou ao meio-dia. O mestre ensinou uma forma muito potente de Qigong e nos orientou a fazer muitos movimentos e meditações diferentes. Durante aquelas horas, tive experiências incríveis. A energia que senti parecia um vulcão. Meu corpo balançou e tremeu quando a Qi começou a fluir através dos canais de energia dentro de mim. Primeiro chorei como um bebê, depois comecei a rir descontroladamente. Ri e ri até os músculos do meu estômago doerem. Eu sabia que essa era a reação à Qi, e depois de meia hora ela começou a passar lentamente, deixando-me cansado, mas confortável.

Então, tive uma sensação latejante, começando pelos dedos dos pés e subindo por todo o meu corpo. Essa sensação não era apenas na pele; era nos músculos e nos ossos também. Parecia que meu corpo era um gelo do inverno derretendo ao sol da primavera – era tão tranqüilo, tão bonito, tão reconfortante. A sensação de que minha força vital fluía livremente em meu corpo era como uma brisa soprando através de meus ossos. Senti-me muito relaxado e feliz. Não era o tipo de felicidade que temos quando ganhamos um presente de aniversário ou uma promoção no trabalho. Essa felicidade vinha do fundo do meu coração. Às 7 horas e 30 minutos daquela noite, o mestre finalmente nos orientou a fazer o exercício final. Eu me levantei – e descobri que um milagre *havia* acontecido! O inchaço em meus joelhos desaparecera e oitenta por cento da dor havia passado. Comecei a correr e pular no campo de futebol como uma criança.

Continuei a praticar os movimentos bastante simples que aprendera durante o workshop e, depois de dois meses, toda a dor em meus joelhos havia passado. E mais: por ter a energia ou Qi se movendo em meu corpo, comecei a ser inundado por sensações de paz e beleza, e tudo em minha vida começou a funcionar.

Esse fluxo de energia vital me permitiu sentir o bloqueio em meu coração que havia causado a depressão, a raiva e a dor emocional que eu senti-

ra durante tantos anos. Cada vez que sentia esse bloqueio em meu coração, eu me concentrava num sentimento de perdão. Durante os meses e anos que se seguiram, as impressões que eu guardava em meu corpo, decorrentes de minhas muitas experiências difíceis, foram liberadas, e senti felicidade em cada célula de meu corpo. Tornei-me uma pessoa bastante tranqüila. Consegui perdoar todas as pessoas que haviam feito mal a mim e à minha família. A prática diária de aumentar e equilibrar minha energia através de movimentos me curou – tanto física quanto espiritualmente.

É claro que quis compartilhar a Qigong com outras pessoas, para que elas pudessem sentir em suas vidas a mesma alegria que eu sentia. Desenvolvi meu próprio sistema de Qigong e comecei a ensinar essa bela prática na China e depois nos Estados Unidos. Tenho visto como as pessoas ficam mais felizes quando movem seus corpos com consciência.

Passaram-se quase vinte anos desde que experimentei pela primeira vez o poder da Qi naquele dia, no campo de futebol, e hoje estou florescendo. Tenho uma família maravilhosa e faço um trabalho excitante e significativo no mundo, ajudando milhares de pessoas a se curar. Todo dia é um dia bom – aconteça o que acontecer.

* * *

Movimento com significado

Aula de educação física deveria se chamar Felicidade! Pesquisas mostram esmagadoramente que pessoas que se exercitam são mais felizes. Assim como Mestre Lin, você pode transformar sua vida fazendo regularmente algum tipo de exercício ou movimento, como caminhar, correr, nadar, dançar, Qigong e ioga. Quando você se exercita, seu cérebro obtém mais oxigênio e, ainda mais importante, seu corpo produz valiosas substâncias químicas e hormônios que têm impacto sobre sua energia, seu humor e sua saúde. Num estudo recente feito com atletas, John Ratey, psiquiatra de Harvard, descobriu que a dopamina, a serotonina e a norepinefrina – essas maravilhosas substâncias químicas da felicidade – ficavam elevadas depois de exercícios. Na verdade, dezenas de estudos indicam que muitas vezes os exercícios são tão eficientes na redução da depressão quanto medicamentos.

Os exercícios também podem ajudar a reduzir e prevenir a ansiedade, gerando um efeito calmante que dura mais ou menos quatro horas. Tente entrar numa luta depois de um treinamento físico rigoroso. Não é provável que isso aconteça! Os exercícios também aumentam as endorfinas, as substâncias neuroquímicas da alegria, responsáveis – em aproximadamente 500 por cento – pela maravilhosa sensação decorrente dos exercícios.

O Dr. Henry S. Lodge, professor-assistente clínico de medicina na Columbia University e co-autor de *Fique mais jovem a cada ano*, explica como os exercícios funcionam no nível celular para manter você ativo e saudável. Ele diz que todos os dias você substitui aproximadamente um por cento de suas células, obtendo um corpo totalmente novo a cada três meses. Quando você se exercita, seus músculos liberam substâncias específicas que dizem às suas células para crescer. Quando você fica sentado, com um comportamento sedentário, seus músculos liberam uma corrente permanente de substâncias químicas que dizem às suas células para morrer. Que motivação maravilhosa! Se você começou a se exercitar em janeiro, poderá ter um corpo totalmente novo, com células fortes e felizes, em abril.

Para aumentar os efeitos dos exercícios, faça seus movimentos com consciência. Movimentar-se com intenção consciente é um dos motivos pelos quais a Qigong é tão eficiente. Você pode usar essa mesma abordagem em qualquer exercício. Por exemplo, quando você sair para sua próxima caminhada, Mestre Lin recomenda dizer a si mesmo, "Durante minha caminhada, todos os meus canais vão ficar mais limpos, abrirei meu coração para a natureza e, quando eu terminar, minha energia estará muito mais forte". Ele diz que sua intenção aumentará dramaticamente o impacto do movimento sobre sua felicidade.

Você pode até energizar seu corpo sem sair da cadeira. Brian Siddhartha Ingle, um osteopata especializado num programa de educação neuromuscular chamado Hanna Somatics, disse-me que vê diariamente como a postura das pessoas afeta sua energia e seu nível de felicidade. Na próxima vez que você se sentir estressado, ansioso ou triste, observe se seus ombros estão se aproximando de suas orelhas. Em vez de tentar puxá-los para baixo, o Dr. Ingle sugere que você exagere o movimento, trazendo seus ombros para mais perto de suas orelhas e, em seguida,

LENTAMENTE, deixe-os cair. Faça isso três ou quatro vezes e veja se seus níveis de estresse e ansiedade diminuem.

Energia da vida

Você pode viver semanas sem comer e poucos dias sem água, mas dura apenas alguns minutos sem respirar. A respiração é o combustível mais importante que temos para energizar nossos corpos. Há milênios, muitas tradições compreendem a importância de uma respiração cuidadosa, atenta, para se manter com mais saúde e bem-estar. Nos últimos trinta anos, centenas de estudos clínicos envolvendo milhares de participantes mostraram como técnicas de respiração podem aliviar a ansiedade, a depressão e a fadiga crônica, e aumentar a clareza mental. Hoje, até mesmo a FDA* aprova o treinamento da respiração como tratamento para hipertensão.

Pare e observe como você está respirando neste momento: ponha a mão sobre seu estômago. Veja se sua mão se afasta quando você inspira e volta quando você expira. Se você é como a maioria das pessoas, respira somente com a caixa torácica, e sua mão não se move nem um pouco. Em minha entrevista com o Dr. John Douillard, praticante de Ayurveda e autor de *Body, Mind, and Sport*, ele me disse, "Embora a respiração curta mantenha você vivo, o oxigênio não está chegando aos níveis celulares mais profundos, onde é preciso limpar os caminhos celulares e abrir espaço para que as substâncias que aumentam a felicidade possam fluir. A respiração profunda, com o estômago, é uma das mais poderosas técnicas de remoção de resíduos que temos; aumenta o *prana* ou a Qi no corpo e ajuda a criar um estado físico de felicidade e bem-estar. Temos 26 mil oportunidades por dia – cada vez que respiramos – de sustentar nossa felicidade."

A maneira como respiramos está intimamente ligada às nossas emoções. Cada estado emocional tem seu padrão de respiração: quando estamos ansiosos, nossa respiração é rápida e curta; quando estamos tristes, suspiramos profundamente; e quando estamos com raiva, a respiração é curta e forçada. Mas essa ligação funciona no sentido inverso também:

*Food and Drug Administration, agência governamental americana que regula e fiscaliza a fabricação e o consumo de alimentos, remédios e cosméticos. (*N. do T.*)

se você começa a respirar como se estivesse ansioso, triste ou com raiva, estimula a área do cérebro associada a uma daquelas emoções e rapidamente começa a senti-la. Na próxima vez que você se sentir agitado ou ansioso, respire fundo, "com a barriga", de cinco a dez vezes seguidas e observe o efeito calmante imediato que isso tem em seu corpo.

Durma para ser feliz

Dormir é a maneira natural de recarregar as baterias. Embora todos nós saibamos que somos mais felizes quando dormimos o suficiente, pergunte às pessoas se elas dormem oito horas por noite e a maioria delas responderá com uma sonora gargalhada. Quem tem tempo para isso, perguntam elas, quando há o programa do David Letterman para assistir, contas a pagar, crianças para cuidar, problemas para se preocupar?

Quando eu trabalhava como consultora de empresas da Fortune 500, sempre ficava impressionada ao ouvir as pessoas falarem sobre o sono como se estivessem numa competição. Um executivo afirmava, "Durmo apenas cinco horas por noite". Seu colega dizia, "É mesmo? Nunca passo de quatro horas". Eles se gabavam de que se suas listas de afazeres se tornassem longas demais, simplesmente reduziriam em mais algumas horas seu sono para dar conta de tudo e se tornar mais competitivos. Vencia quem dormia menos.

Dormir pouco definitivamente não é motivo para se gabar. De acordo com o Centers for Disease Control and Prevention, há uma forte correlação entre a quantidade de sono tranqüilo que uma pessoa tem e seu nível de felicidade. Fiquei chocada quando li, na revista *Science*, sobre um estudo de dezembro de 2004 segundo o qual a qualidade do sono tem mais influência sobre nossa capacidade de aproveitar o dia do que a renda de nossa família ou nosso estado civil. Quem diria que um cochilo é mais importante do que um salário ou um conjuge?

Endosso a sabedoria ayurvédica (Ayurveda é uma antiga tradição médica da Índia) de que "uma hora de sono antes da meia-noite equivale a duas horas de sono depois da meia-noite". Certa vez, fui ver um médico ayurvédico, um homem idoso e pequeno, menor do que eu, que deveria ter pelo menos 100 anos de idade. Ele era enrugado como uma passa, mas

tinha um cabelo farto, um sorriso largo e os olhos mais brilhantes que já vi. Ele me disse que se um dia eu me sentisse infeliz ou mal-humorada, deveria experimentar ir para a cama antes das dez (de preferência às nove) durante três noites seguidas, para depois eu ver como me sentiria. Toda vez que faço isso, descubro um mundo totalmente novo no terceiro dia. Volto a ser uma pessoa cheia de energia, alegria e descansada! Chamo isso de "pegar o trem dos anjos das 10 horas", e este é definitivamente um de meus hábitos de felicidade favoritos. Ao longo dos anos, recomendei isso a muitas pessoas e todas que o fizeram me agradeceram imensamente.

Como experiência para a semana que vem, torne uma boa noite de sono uma prioridade sua. David Letterman vai continuar fazendo o programa dele sem você, e você ficará muito mais feliz.

Para energizar o seu corpo, restabeleça esses fundamentos básicos: mantenha seu corpo em movimento, respire profundamente e descanse o suficiente. Eis um exercício simples de Qigong que você pode usar para elevar o seu nível de felicidade através de movimentos conscientes, mesmo que não esteja no alto de uma montanha nem tirando uma folga do trabalho.

Exercício

Spring Forest Qigong – Respiração do Universo

Não se engane com a aparente simplicidade deste exercício. Como diz Mestre Lin (mostrado nas fotos a seguir), "O mais poderoso é também o mais simples". Este exercício é sutil, mas extremamente eficiente para abrir bloqueios no corpo todo, principalmente nos pulmões.

1. **Relaxe na posição apropriada:** Fique em pé com os pés afastados um pouco além da linha do ombro, joelhos ligeiramente dobrados, e olhe para a frente. Sorria e relaxe. Puxe o queixo ligeiramente para trás para fortalecer sua coluna vertebral. Deixe os ombros caírem e erga um pouco os cotovelos. Abra as mãos e separe os dedos.

2. **Respire profundamente:** Lentamente, respire fundo e suavemente três vezes, pelo nariz. Imagine que você está usando todo o seu corpo para respirar. Visualize a energia entrando e se concentrando em sua barriga. Quando você expirar, visualize qualquer dor ou doença se transformando em fumaça e sendo projetada de cada célula para o universo.

3. **Diga as frases em silêncio:** Feche os olhos e, em silêncio, diga as frases "Eu estou no universo. O universo está no meu corpo. O universo e eu nos unimos." Fique alguns instantes sentindo a tranqüilidade e o silêncio do universo.

4. **Mova suas mãos:** Quando você inspirar, mova lentamente suas mãos para fora e para os lados. (Use as fotos para se orientar.) Quando expirar, traga lentamente as mãos de volta (não deixe que elas se toquem). Quando abrir os braços, sinta a energia se expandindo no espaço entre suas mãos. Quando trouxer as mãos de volta, sinta a energia se comprimindo no espaço entre elas.

Faça o exercício durante cinco a seis minutos. Quando terminar, respire fundo lenta e suavemente três vezes, e permita a si mesmo relaxar durante mais um ou dois minutos.

Usado com permissão de Spring Forest Qigong.

Hábito de Felicidade para o corpo nº 3

Entre em sintonia com a sabedoria de seu corpo

Só estaremos em sintonia com nossos corpos se realmente os amarmos e honrá-los. Não podemos ter uma boa comunicação com um inimigo.

– Harriet Lerner, PhD, psicólogo clínico e escritor

Minhas entrevistas com os 100 Felizes revelaram que regularmente eles ficam em sintonia com seus corpos quando fazem escolhas que afetam sua saúde. Saber que é hora de descansar, hora de beber mais água, de tomar banho, de se exercitar – as atividades para se autonutrir, que nos mantêm equilibrados – é um hábito que todos nós podemos desenvolver.

Embora nossos corpos saibam exatamente o que é melhor para nós em qualquer momento, freqüentemente não lhes damos ouvidos. Quando começamos a amar a sabedoria de nosso corpo e a confiar nela, é "o começo de uma bela amizade", que torna suas células infinitamente mais felizes.

Durante minha entrevista com Gay Hendricks, membro dos 100 Felizes, escritor e estudioso da consciência, ele me contou a seguinte história que ilustra o efeito poderoso de viver em sintonia com o que seu corpo realmente quer.

✶

A história de Gay

A chave mágica

Eu era gordo praticamente desde o momento em que nasci. Durante toda a minha infância e também depois, na vida adulta, achava que ser gordo era uma maldição. Culpava o destino, Deus, meus pais. Às vezes, culpava toda a comida tentadora com a qual me empanturrava. Mas na maior parte do tempo, culpava a mim mesmo: meu apetite insaciável, minha falta de força de vontade, minha ânsia por alimentos gordurosos. Em dias realmente ruins, achava que havia um poço dentro de mim – um buraco tão grande que não tinha fundo. Eu não sabia se era infeliz porque era gordo ou se era gordo porque era infeliz. Isso realmente não importava – o fato era: eu era muito gordo *e* muito infeliz.

As coisas continuaram assim até os vinte e poucos anos. Então, um dia, durante os exercícios em sala de aula no curso de psicologia, um colega chamado George me olhou nos olhos e perguntou, "Qual o motivo de seu excesso peso?".

Fiquei tão surpreso, que tudo que consegui fazer foi gaguejar, "O-o que você quer dizer?".

Ele simplificou para mim: "Por que você é tão gordo? Por que está se esforçando tanto para se matar tão jovem?"

Fiquei horrorizado. Ele estava me fazendo uma pergunta sobre a única coisa que nunca podia ser mencionada. Embora minha família tivesse me levado a uma dúzia de especialistas, em tentativas inúteis de lidar com meu problema de peso, eles nunca conversavam sobre isso na minha

frente. Meu colega de sala fez o que nunca ninguém havia feito: olhou-me nos olhos e me perguntou por que eu era gordo.

Eu congelei, desviando os olhos dele, e resmunguei alguma coisa sobre problemas glandulares e histórico familiar de obesidade. Ele me olhou com uma mistura de piedade e desgosto. "É isso?", perguntou. "É tudo que você tem a dizer?"

Como não respondi, ele suspirou, e em seguida, para meu alívio, continuamos a fazer nosso dever em sala de aula. O problema é que naquela noite não consegui dormir. Devo ter repetido aquela pergunta em minha mente umas cem vezes, mas não conseguia encontrar resposta.

Na semana seguinte, não conseguia tirar aquela pergunta da minha cabeça. Ficava cada vez mais esgotado, meu trabalho cada vez mais desleixado, e brigava constantemente com minha mulher. Então, num dia invernal, saí para caminhar num trecho deserto de uma estrada rural.

Imagine um homem com formato de pêra, com mais de 130 quilos, andando com dificuldade pela estrada, com uma capa de chuva laranja. O dia brilhava e em volta de mim tudo estava em paz e silêncio. O único som era o barulho de minhas botas batendo na neve seca enquanto eu vagava pela estrada, perdido em pensamentos.

De repente, meus pés deslizaram e eu caí. Pisara num pedaço de gelo coberto com uma fina camada de neve. Quando a parte de trás da minha cabeça bateu na estrada congelada, vi uma explosão de estrelas e uma dor terrível tomou conta de meu corpo.

Logo em seguida, a dor desapareceu e tive uma experiência muito estranha. Subitamente, eu estava em dois lugares de uma vez só! Estava suspenso no ar, olhando para meu corpo, e ao mesmo tempo olhando para cima, através de meu corpo, na direção do céu.

Dessa dupla posição, singular e privilegiada, pude ver dentro de mim, profundamente, pela primeira vez. Vi que minha mente, meu corpo, meu coração e minha alma não estavam separados, como eu sempre achara que estivessem. Num estado mental alterado, e em câmera lenta, vi as defesas emocionais que eu havia armado diariamente para me proteger. De repente, eu tinha a resposta para a pergunta de George: comer era a maneira que meu corpo tinha de evitar a dor! Eu criara uma armadura de gordura que me isolava de meus sentimentos de medo, tristeza,

perda e vergonha. O problema com essa estratégia é que ela me deixara com um doloroso vazio interior que aumentava minha ânsia de comer. Era um ciclo vicioso perfeito.

Agora, deitado ali, eu podia sentir meu sofrimento vindo à tona enquanto eu simplesmente relaxava no espaço imenso que percebi que era minha alma. Ela permeava cada parte de mim – minha mente, meu corpo, minhas emoções – e me preenchia até a borda com um contentamento vibrante. Tive uma sensação estranha: eu estava completamente saciado, talvez pela primeira vez na minha vida!

Aquele era o sentimento de plenitude que eu havia buscado em petiscos, sanduíches e refrigerantes. Eu me senti mais do que cheio; senti-me nutrido. Vi que, me protegendo para evitar sentimentos dolorosos, eu perdera o contato com a sabedoria de meu corpo e deixava de alimentar meu espírito. Não é de estranhar que eu tivesse uma fome que comida nenhuma podia saciar!

A essa altura, meus olhos piscaram, abriram-se, e o mundo comum retornou. Levantei-me na estrada gelada, limpei-me e fiquei olhando ao redor. Senti uma euforia que cantava dentro de mim, quando fiz uma escolha com todas as células de meu ser. "De agora em diante", eu disse, "vou ouvir a sabedoria de meu corpo e realmente nutrir-me de dentro para fora." Em seguida, com aquela alegria recém-descoberta, fui para casa.

Ao longo dos 12 meses seguintes, perdi mais de quarenta quilos. Não vou mentir e dizer que foi fácil. Entretanto, posso dizer sinceramente que foi simples. A queda no gelo havia me mostrado uma chave mágica, que era apenas uma atitude: antes de fazer qualquer coisa, eu cutucava a sabedoria interna de meu corpo e me perguntava, "Isso vai realmente me alimentar?"

Durante anos, eu aprendera tudo o que era possível sobre proteínas e carboidratos, calorias e dietas – mas nada sobre como me alimentar de dentro para fora. A chave mágica mudou tudo, inclusive minha relação com a comida. Na manhã seguinte à minha queda, pensei num café da manhã padrão: cereais com leite e algumas colheres de açúcar. Meu momento favorito era quando eu terminava de comer os cereais e chegava à camada de açúcar não dissolvido no leite, que ficava no fundo da tigela. Eu adorava aquele gosto doce, embora soubesse que me faria sentir inchado e irritado uma hora depois.

A força do hábito me empurrou para o armário no qual eram guardados os cereais. Mas desta vez eu parei e me lembrei do compromisso de ouvir o que meu corpo realmente queria. Olhei para a caixa de cereais e perguntei, "Isso realmente vai me alimentar?". Meu corpo respondeu imediatamente, "Não", com uma leve contração em minha garganta e meu estômago. Foi como pisar no freio do carro e ouvir aquele barulho metálico agudo.

Fui até a geladeira e olhei lá dentro. Meus olhos foram instantaneamente atraídos por uma caixa de morangos frescos. Era o tipo da coisa que eu não comeria em um milhão de anos. Mas naquele dia a caixa de morangos se destacou como um farol. Era realmente muito bonita. Segurei-a e olhei-a mais de perto. Peguei um morango e fiz a mesma pergunta, "Isso realmente vai me alimentar?" Meu corpo disse, "Sim", com uma sensação de espaço em expansão e leveza dentro de mim. Pus o morango na boca e o mastiguei lentamente. Era absolutamente delicioso. Até hoje me lembro da explosão de frescor de vida em minha boca. Pensei, "Será que tudo que realmente me alimenta poderia ter um gosto tão bom assim?".

Peguei outro morango e comecei a comê-lo, mas parei abruptamente quando percebi que estava prestes a comê-lo simplesmente porque o primeiro tivera um gosto muito bom. Perguntei a mim mesmo novamente, "Esse morango também vai realmente me alimentar?". Meu corpo disse "Sim" e eu pus o morango na boca. Na quarta vez que fiz a pergunta, meu corpo disse "Não". Assim, na primeira manhã de minha vida nova, comi três morangos no café da manhã – e me senti ótimo! Quando tive fome, uma hora depois, simplesmente repeti o processo. Parecia mágica; meu estômago *e* todas as outras partes de mim se sentiam cheios.

A chave mágica tornou minha vida incrivelmente simples. Mostrou-me o que comer, disse-me quando eu precisava dar uma caminhada e quando apagar a luz para dormir. Mostrou-me os amigos que tinham que ser afastados e aqueles com os quais eu poderia continuar a conviver. Mostrou-me as mudanças que eu precisava fazer para ter uma carreira de sucesso. Eu a uso para tudo, e sempre funciona.

Em retrospecto, acho que ser gordo foi a melhor coisa que aconteceu comigo. A luta contra o peso me levou a um despertar que me mostrou

o que eu sempre quisera saber: como estar vivo e em harmonia com todas as coisas, inclusive com algo com que eu nunca estivera em harmonia – eu mesmo. Hoje, estar em contato com a sabedoria do meu corpo a todo momento tornou-se uma escolha automática, que faz com que eu me sinta vivo e cheio de alegria.

A chave mágica transformou completamente meu corpo e minha vida, mostrando-me como me alimentar de dentro para fora. Meu casamento, minha carreira, meus livros e meus cursos se baseiam nessa alimentação. Foi preciso uma pancada na cabeça semelhante à de uma marreta para eu recuperar os sentidos. Mas isso me levou à vida dos meus sonhos.

* * *

A linguagem do corpo

Você pode entrar em sintonia com seu corpo em qualquer situação perguntando a si mesmo: É isso que meu corpo *realmente* quer ou precisa? Ou fazendo perguntas específicas: *Estou com fome de quê? Estou ouvindo meu corpo pedir relaxamento e alívio do estresse? O que eu preciso para recarregar minhas baterias?* Se você ouvir com atenção, seu corpo lhe dirá todas as vezes o que é melhor para sua saúde e felicidade. Às vezes, como Gay percebeu, simplesmente fazer a pergunta mentalmente resulta numa resposta instantânea na forma de uma sensação física.

Esse é o momento perfeito para usar seu GPS interno para ver se algo que você está planejando fazer vai expandi-lo ou contraí-lo. Quando você escolhe sistematicamente as coisas que produzem um estado de expansão em si mesmo, isso aumenta muito sua experiência de felicidade e bem-estar.

Aprendendo uma nova linguagem

Quer reverter o processo de envelhecimento? De acordo com a coaching e escritora Martha Beck, Ph.D, quando as pessoas se conectam com seus corpos, começam a "envelhecer de trás para a frente". Essa conexão se

dá, diz ela, quando você aceita tudo o que está acontecendo em seu corpo, mesmo as coisas das quais não gosta. Muitas pessoas não escutam seus corpos porque têm fortes sentimentos negativos em relação a eles. Em nossa entrevista, a Dra. Beck me disse que quando você sente uma profunda compaixão por tudo o que está sentindo no momento – em vez de rejeitar tudo –, você entra em harmonia com seu corpo e consegue escutar o que ele quer. Imagine ter por seu corpo o mesmo sentimento de ternura e preocupação que você tem por um bebê ou um animal de estimação. Ter esse tipo de aceitação de seu corpo ativa as áreas do cérebro associadas a felicidade, a apaixonar-se e a ter um sentimento de unidade com tudo o que está ao seu redor.

Quando aprendemos a linguagem do nosso corpo e começamos a nos tratar com delicadeza, nos sentimos cada vez mais confortáveis em nossa própria pele, o que corrobora a experiência de ser Feliz Sem Motivo.

Exercício

Entre em sintonia com a sabedoria de seu corpo

1. Sente-se em silêncio, de olhos fechados. Respire profundamente pelo nariz algumas vezes, relaxando seu corpo.
2. Perceba qualquer parte de seu corpo na qual sinta desconforto e tensão. Não tente *fazer* nada, apenas tenha consciência do que quer que esteja acontecendo nessa parte o corpo. O desconforto é uma mensagem de nosso corpo para nós, mas freqüentemente o ignoramos, o afastamos ou simplesmente tentamos nos livrar dele com analgésicos. (Se não existe nenhum desconforto em seu corpo, continue a fazer o exercício concentrando-se nas sensações de prazer.)
3. Pergunte à parte desconfortável de seu corpo o que ela precisa para se sentir melhor. (Ou pergunte ao corpo todo o que ele precisa para ter uma saúde melhor.)
4. Agora apenas observe o que acontece. Você poderá ouvir uma resposta em sua cabeça. Ou poderá ter uma sensação ou uma imagem do que seu corpo quer; por exemplo, poderá ver uma imagem de si mesmo fazendo

uma caminhada, deitado sobre a grama ou recebendo uma massagem. Poderá sentir repentinamente sede ou fome de um alimento específico. Poderá até sentir vontade de rir ou de chorar.

5. Quando sentir que o processo está completo, envie energia de amor a todo o seu corpo, principalmente à parte que você acabou de ouvir. Agradeça ao seu corpo por se comunicar com você.

Resumo e passos para a felicidade

Quando você alimenta seu corpo apropriadamente, energizando-o e sintonizando-se com sua sabedoria, faz suas células ficarem felizes, o que fortalece o pilar do corpo e sustenta uma felicidade maior na vida. Use os seguintes passos para praticar os Hábitos de Felicidade para o corpo:

1. Reavalie seus hábitos alimentares para ver se eles estão sustentando células felizes. Prefira os alimentos que constroem a felicidade.
2. Durante uma semana, esqueça a cafeína, corte o açúcar, reduza os carboidratos e observe o efeito em seu corpo.
3. Beba uma quantidade de água suficiente – metade do peso do seu corpo em onças – todos os dias para ver se você se sente mais energizado.
4. Consulte um profissional de saúde para verificar se seus hormônios estão equilibrados e se seu corpo se beneficiaria de uma mudança nos aminoácidos ou de um jejum.
5. Experimente diferentes tipos de exercícios para descobrir aqueles que o energizam, e use a sugestão de Mestre Lin para tomar consciência de seus movimentos.
6. Pratique a respiração profunda abdominal, particularmente quando se sentir estressado.
7. Ouça a sabedoria de seu corpo checando regularmente se você está lhe dando o que ele precisa.

7

O Pilar da Alma – conecte-se com o espírito

só há duas maneiras de viver a sua vida. Uma delas é pensar que nada é um milagre. A outra é pensar que tudo é um milagre.

– Albert Einstein

Pense num momento em que você achou que a vida era um milagre: vendo a luz da manhã cobrindo as montanhas de um vale, segurando seu filho recém-nascido nos braços pela primeira vez, ou talvez olhando para a vastidão de um céu coberto de estrelas. Cada um de nós já teve pelo menos um momento em que a admiração pela vida foi assombrosa, de tão intensa. É nesses momentos – quando você se sente tanto humilhado quanto exaltado – que você fica conectado com o espírito.

Independentemente de como você chama isso – Espírito, Poder Maior, Fonte Universal, Inteligência Criativa, Campo Unificado, Natureza, ou Deus – estamos falando da mesma coisa. Conectar-se com o espírito é a experiência de se sentir ligado a uma energia maior do que você mesmo. Quanto mais profundamente você sente essa conexão, mais rica e prazerosa sua vida se torna.

Nossas almas são a expressão individual desse espírito maior. Quando você sente que a beleza e o mistério que lhe cercam estão também dentro de você, sua vida ganha outra dimensão. Você percebe que não está apenas passando pela vida, apenas fazendo movimentos. Tudo – sua ida para o trabalho, sua refeição à noite, sua conversa com um amigo e até sua

reação a uma notícia ruim – fica permeado de um sentimento de graça. Viver nesse lugar de fascinação e alegria fortalece sua conexão com sua alma, erguendo o quarto e último pilar de sua Casa da Felicidade.

Embora cada um dos 100 Felizes tenha me inspirado, os que se sobressaem são aqueles que têm maior senso de união e unidade com o espírito. Eles vêm de diferentes tradições: cristã, judaica, budista, hindu e muçulmana. Outros não têm uma religião formal, mas têm um sentimento de unidade com toda a vida. O fio comum que corre através de suas experiências é um sentimento de reverência, de deslumbramento e de gratidão pelo presente extraordinário que é estar vivo. Brian Hilliard, membro dos 100 Felizes cujo ponto fixo de felicidade está acima da curva do gráfico, acorda toda manhã com um grande sorriso no rosto. (Sua mulher, Arielle, diz que ele chega a sorrir dormindo!) Como tantas pessoas que entrevistei, Brian atribui seu estado de perpétuo bem-estar a seu hábito de se conectar com a Fonte e se sentir grato por sua vida.

Pessoas Felizes Sem Motivo nem sempre precisam compreender tudo ou ter o controle da situação; elas vivem no fluxo da vida, confiando na benevolência e na sabedoria subjacentes àquela totalidade maior.

Sentir-se separado do Divino é o que muitas pessoas consideram a causa número um do sofrimento e da infelicidade humanos. Em minhas recordações, fica claro para mim que um dos principais motivos pelos quais eu era infeliz quando jovem era que eu me sentia desconectada com o espírito. Eu sabia que tinha de haver mais coisas em minha vida do que meu corpo, meus pensamentos e meus sentimentos. Eu realmente tinha uma fome na alma, mas não sabia como saciá-la. Meu primeiro avanço espiritual aconteceu quando eu tinha 16 anos e aprendi a meditar. Aquilo começou a aliviar imediatamente algumas angústias existenciais e um pouco de depressão que eu sentia desde menina. Toda manhã, eu acordava vinte minutos antes, acomodava-me numa cadeira grande, perfeita para sentar-me de pernas cruzadas, e meditava antes de ir para a escola. No começo, freqüentemente imaginava se estava meditando da maneira correta, mas sentia tanta expansão, paz e bem-estar, que sabia que estava fazendo alguma coisa certa. Tive muitas vezes a sensação de estar voltando para casa.

Eu estava conectada. A meditação se tornou uma parte importante de minha rotina diária, assim como escovar os dentes. Estou convencida

de que foi a meditação que me impediu de escapar de minha infelicidade por meio de vícios e outros comportamentos prejudiciais à saúde que eu via em outros jovens. Embora eu ainda tivesse um caminho a percorrer para ser Feliz Sem Motivo, aquilo me pôs na direção certa. Meus pais notaram uma mudança tão grande em mim, que aprenderam a meditar também. Hoje, a meditação ainda me ajuda a permanecer conectada ao espírito. De tudo o que tenho feito para me tornar mais feliz, este foi o passo que mais me ajudou.

Estudos mostram que pessoas que têm uma dimensão espiritual de suas vidas – definida não como uma filiação a uma organização religiosa, mas como um sentimento interno de significado espiritual da vida – são mais felizes do que aquelas que não têm: são mais felizes no casamento, são pais mais presentes e, em geral, têm mais capacidade para lidar com o que quer que aconteça em suas vidas. Jovens que se consideram espirituais têm notas maiores na escola e têm menos tendência a beber e usar drogas.

A espiritualidade faz bem ao seu corpo também. Descobriu-se que melhora a pressão sangüínea, fortalece o sistema imunológico e reduz a incidência de derrame, câncer e doenças cardíacas. Isso passou a ser tão bem aceito, que 25 por cento das escolas de medicina nos Estados Unidos oferecem agora cursos de espiritualidade e saúde!

O fundamento? Quando você se sente conectado com um Poder Maior, fica mais feliz e mais saudável, e consegue lidar mais facilmente com os problemas que aparecem em sua vida.

O mundo está conosco

O que nos impede de nos conectamos ao espírito? Se nossas almas são sempre acessíveis, por que tantas pessoas se sentem vazias e insatisfeitas?

Parte do problema está no ritmo agitado da vida moderna e na ênfase nas conquistas e realizações materiais. O poeta William Wordsworth escreveu, "O mundo está muito conosco; tarde e cedo/Ganhando e gastando, desperdiçamos nossos poderes". (Ele escreveu esses versos em 1888. Você pode imaginar o que ele pensaria do mundo hoje?)

Desde o momento em que você começou a andar e falar, um pensamento fica martelando em sua cabeça: "Não fique aí parado! *Faça* algu-

ma coisa!". Pode ser até que você ache, assim como muitas pessoas, que se não estiver sendo produtivo, correndo de um lugar para outro e realizando coisas, não é uma pessoa de valor.

Para completar, parece que temos uma forte aversão a ficarmos entediados. Se não estamos trabalhando nem eliminando itens de nossas listas de afazeres, estamos nos distraindo: lendo revistas, livros ou jornais; jogando jogos no computador; fazendo palavras cruzadas ou quebra-cabeças Sudoku; ouvindo rádios e iPods; navegando na internet; assistindo à televisão ou vendo filmes no cinema. A lista – assim como nossas telas de tevê – está cada vez maior. Deus me livre ter um momento à toa no dia! Nós nos satisfazemos com o que nos entretém, em vez de buscarmos o que nos preenche profundamente.

Acrescente à nossa nova obsessão global estar disponível 24 horas por dia, sete dias por semana, onde quer que estejamos – você sabia que uma em cada seis pessoas *do planeta* tem telefone celular? – e você pode ver como é fácil se perder no mundo material e não ter tempo para sua alma. A vida se tornou um grande espetáculo multimídia, multidimensional, multitarefas!

"Tentei deixar a minha mente me levar a um lugar de felicidade, mas lá o celular não pega."

Esse nível insano de atividade nos desconecta de nosso silêncio interno, que dá significado e profundidade às nossas vidas. Então, como é possível se conectar?

Tornando sua conexão com o espírito uma prioridade. Isso exige pausas rotineiras em sua vida ocupada e disposição para ficar quieto. Nesse silêncio, você pode tanto ouvir quanto falar com seu Poder Maior, o que significa cultivar um senso maior de aceitação, entrega e confiança.

Quando fazemos uma conexão consciente com nossa alma, estamos injetando a essência de ser Feliz Sem Motivo.

Contração	**Expansão**
Fazer constantemente	Ter tempo para ficar em silêncio e meditar
Procurar respostas do lado de fora	Ouvir a sabedoria interna
Sentir-se irritado e impotente	Rezar e se entregar
Sentir-se isolado e sozinho	Sentir-se conectado com um todo maior
Tentar controlar tudo	Confiar num Poder Maior

Há muitas maneiras de se sentir conectado a sua alma. Trata-se de algo bastante pessoal, mas em minhas pesquisas e entrevistas com os 100 Felizes, descobri algumas diretrizes gerais. Cultivar os seguintes Hábitos de Felicidade pode ajudar qualquer pessoa a se conectar mais facilmente com o espírito.

Hábitos de Felicidade para a Alma

1. Solicite a conexão com seu Poder Maior.
2. Ouça sua voz interna.
3. Confie no que a vida lhe revela.

Hábito de Felicidade para a alma nº 1

Solicite a conexão com seu Poder Maior

Deus é amigo do silêncio. Veja como a natureza – as árvores, as flores, a grama – cresce em silêncio; veja as estrelas, a lua e o sol, como eles se movem em silêncio... Precisamos de silêncio para sermos capazes de tocar almas.

– Madre Teresa

Estamos nadando num mar de beleza e mistério – mas muitas vezes não temos tempo para parar de *fazer* e observar. Voltar-se para dentro é uma das maneiras mais poderosas de desenvolver uma conexão consciente com sua alma. Até mesmo quinze minutos por dia podem fazer uma enorme diferença. Sei que para muitas pessoas isso pode parecer pedir muito, mas este é realmente o melhor investimento que você pode fazer em seu tempo. Quando você se sente mais forte, mais feliz e mais centrado, isso beneficia todas as pessoas de sua vida – principalmente você.

Há muitas maneiras de cultivar uma conexão com um Poder Maior. Você pode aprender uma prática formal de meditação; dar uma caminhada e estar em contato com a natureza; sentar-se em silêncio; ouvir uma música inspiradora; ou rezar para abrir os canais de comunicação com um poder maior do que você mesmo. Não importa a sua escolha, contanto que ela funcione e que você a pratique regularmente. Todos os 100 Felizes encontraram suas maneiras de manter sua conexão com o espírito florescendo a cada dia.

A atriz Goldie Hawn é uma dessas pessoas "conectadas". Adorei Goldie desde que a vi pela primeira vez no programa de humor na tevê *Laugh-In*. A história que se segue, de sua brilhante autobiografia, *A Lotus Grows in the Mud*, descreve sua primeira experiência em meditação. É um belo relato sobre conectar-se com a alma fechando os olhos e indo lá dentro.

✶

A história de Goldie

O espaço entre os pensamentos

Eu exulto nos espaços entre os pensamentos.

Uma bela mulher me conduz a uma sala silenciosa. A brisa quente da Califórnia penetra pela janela aberta, ondulando delicadamente as cortinas e levantando meu cabelo.

Há apenas uma cadeira na sala. Ela me oferece o assento e sussurra um mantra secreto no meu ouvido. Antes de sair da sala, diz "Repita isso em sua mente". Ela fecha a porta, deixando-me sozinha com meu mantra secreto.

Sempre me senti atraída por poderes invisíveis, pelo lado místico e mágico da vida. Com a ajuda dela, estou prestes a descobrir o poder de minha própria mente.

Fechando os olhos, sinto a brisa tocando de leve minha pele enquanto em minha mente repito obedientemente meu mantra. Posso sentir o cheiro do incenso queimando na sala e das pétalas de rosa espalhadas à minha volta. Esta é minha primeira tentativa de acalmar minha mente.

De início, rio de mim mesma. Que clichê eu sou, sentada aqui nessa sala, nos anos 1970, no auge do *flower power*, a mais nova celebridade a embarcar no trem da meditação transcendental.

Epa! Isso é um pensamento. Chhh. Tenho que voltar para o meu mantra. Ela disse que pensamentos entrariam e sairiam de minha mente. "Apenas testemunhe-os", sussurrou ela. "Não os julgue nem lhes dê crédito algum. Deixe-os passar e volte para seu mantra."

Não é fácil fazer isso.

Quanto mais repito o mantra, mais sinto meu corpo relaxar. Minha respiração vai ficando suave, num ritmo quase imperceptível. Meu coração bate mais devagar e a pressão do sangue que ele bombeia através de minhas veias diminui.

Pensamentos entram na minha mente ocupada novamente – pessoas para as quais preciso telefonar, lugares onde preciso ir – e eu os afasto, na esperança de ter um período de calma mais longo antes da próxima onda de pensamentos.

Ouvindo minha mente dizer as palavras do meu mantra, sentindo o ritmo e o som primordial dessas palavras na minha cabeça, um sentimento inexplicável começa a me invadir.

Lá no fundo, sinto que estou mergulhando e me reconectando com algo que conheço, como um velho amigo, aquele lugar profundo que é sempre constante, sempre alegre, sempre repleto de criatividade. É a parte mais profunda de mim que sabe alguma coisa. É uma conexão tão boa, e me enche de tamanha alegria, que tenho vontade de rir.

Deixando de lado a tentação, continuo, querendo sentir aquilo novamente. Quanto mais repito o mantra, mais eu relaxo. Enquanto meus pensamentos fluem para dentro e para fora, fico cada vez mais quieta em minha mente.

Minha consciência parece um saquinho de chá sendo mergulhado numa xícara de água quente e erguido novamente. Sinto-a cada vez mais saturada de nada. Quando digo nada, quero dizer uma espécie de espaço no tempo em que nenhum pensamento entra.

Cada vez que repito o mantra, o fenômeno fica mais forte e o saquinho de chá fica mais pesado, afundando cada vez mais, e sua rica essência penetra na água.

Depois de um tempo – não sei dizer a duração – perco meu senso de localização. Posso visualizar o copo claro cheio de bondade que é minha vida. Sinto-me como se estivesse unindo meu espírito a algo muito familiar, muito seguro, e isso estimula meu centro de alegria.

Estou cheia de um sentimento de pureza, de tamanha claridade, como nunca senti antes. Não há nenhum ego, nenhum pensamento. Estou simplesmente aqui. Nada importa. Estou voltando ao meu mais puro estado de ser. Sinto uma felicidade pura.

* * *

Fazer nada pode lhe trazer tudo

Não é surpresa saber que a felicidade que Goldie irradia tem raízes em sua natureza profundamente espiritual. Como professora de meditação, tenho visto repetidamente como a felicidade aumenta na vida das pessoas quando elas meditam regularmente.

As práticas de meditação baseadas em tradições espirituais orientais tornaram-se populares no Ocidente nos anos 1970, mas na verdade a meditação faz parte das tradições judaico-cristãs e nativa americana há milhares de anos. O processo de se voltar para dentro através da meditação é universalmente reconhecido como uma maneira de se conectar com o espírito.

A meditação assume muitas formas: concentração num mantra ou na respiração, contemplação, visualização ou uso de som. É qualquer processo que silencie a mente e ajude a conectar você com sua fonte e sua essência mais íntima, aquele estado de pura Verdade e Amor.

Adoro essa história sobre como a meditação funciona:

> Um sábio professor, ao ensinar seus alunos a meditar, disse-lhes, "O processo é como encher uma peneira de água". Todos os estudantes ficaram confusos com essa declaração. Como era possível encher uma peneira de água? Alguns acharam que isso significava que a meditação era algo muito difícil, outros acharam que significava que podiam esperar dessa prática apenas ganhos temporários. Desmotivados, eles pararam de meditar. Um estudante, porém, aproximou-se do professor e lhe pediu para explicar.
>
> O professor levou o estudante para a beira do oceano, deu-lhe uma peneira e lhe disse para tentar enchê-la de água. O estudante usou a peneira para colher água, mas esta imediatamente saiu. O mestre apanhou a peneira da mão de seu aluno e disse: "Vou mostrar-lhe como." Ele jogou na água a peneira e esta afundou quase imediatamente. Então, disse ao estudante: "A peneira está cheia de água agora e vai ficar assim para sempre. A meditação funciona da mesma maneira. Não se trata de colher pequenas quantidades do espírito para sua vida individual, e sim de se jogar no oceano do espírito e se unir a ele cada vez mais, a cada dia."

A meditação e o cérebro feliz

Quer você tenha consciência delas ou não, quer as reconheça como espirituais ou não, provavelmente você já teve experiências de silêncio, ou de transcendência, ou do Divino – alguns segundos, alguns minutos que parecem fora do tempo; um momento em que o comum parece bonito, reluzente; um sentimento profundo de paz, de felicidade sem motivo algum. Quando essas experiências acontecerem... acredite nelas. Elas refletem sua verdadeira natureza.

– Sri Sri Ravi Shankar, mestre espiritual e humanitário

Embora a meditação seja relaxante e agradável, seu maior valor está na influência que ela tem sobre a sua vida fora da meditação. Ao longo dos últimos quarenta anos, centenas de estudos mostraram os efeitos poderosos da meditação sobre nossos corpos. Uma das primeiras pesquisas – feita no início dos anos 1970 por um fisiologista, Dr. Robert Keith Wallace – abordou os efeitos da meditação, especificamente a técnica de meditação transcendental (MT), e descobriu que ela apresentava muitos benefícios físicos e psicológicos, incluindo normalização da pressão sangüínea, redução da ansiedade e melhor funcionamento do sistema imunológico. Seguiram-se muitos outros estudos sobre todos os diferentes tipos de meditação, e hoje a meditação se tornou uma forma de tratar o estresse aceita no mundo inteiro.

A meditação faz muito mais do que ajudar você a vencer o estresse. Uma das pesquisas recentes mais animadoras mostra que a meditação põe você num caminho rápido para ser feliz, aumentando a atividade nas áreas do cérebro associadas a felicidade e compaixão.

O Dr. Paul Ekman, psicólogo do San Francisco Medical Center, na University of California, examinou monges budistas – especialistas em meditação – e descobriu que essa prática entre eles acalma a amígdala cerebral (a ativadora de adrenalina à qual me referi no Capítulo 4) E mais: meditando ou não, os monges eram mais serenos. Tendiam muito menos a entrar em pânico ou a ficar perturbados, não importando o que acontecesse com eles.

O Dr. Richard Davidson – cuja pesquisa sobre neuroplasticidade mencionei no Capítulo 4 – também fez um trabalho revolucionário com monges budistas, os quais foram convencidos pelo Dalai Lama a servirem de voluntários para experiências sobre a relação entre meditação, neuroplasticidade e atividade cerebral. O Dr. Davidson pediu tanto a novatos em meditação quanto aos monges – que haviam passado mais de 10 mil horas meditando ao longo dos trinta anos anteriores – que praticassem cinco tipos diferentes de meditação enquanto os cientistas mediam a atividade cerebral deles. A prática que teve o efeito maior foi a meditação da "bondade amorosa", que tem como foco a compaixão. O Dr. Davidson descobriu que, durante a meditação, os monges mais experientes tinham níveis de atividade cerebral muito mais elevados no córtex pré-frontal esquerdo – que indica felicidade, empatia e outras emoções positivas – do que no córtex pré-frontal direito, área associada a ansiedade e depressão. Esse estilo positivo de funcionamento do cérebro também foi verificado fora do período de meditação. Em seu livro *Train Your Mind, Change Your Brain*, a jornalista de ciências Sharon Begley explica que os efeitos duradouros da meditação se devem à neuroplasticidade do cérebro: "as redes cerebrais responsáveis por emoções negativas regridem e aquelas responsáveis pela compaixão e pela felicidade se tornam mais fortes".

Se você está desapontado, achando que não pode ser feliz porque não é monge budista há trinta anos, não fique assim. A pesquisa do Dr. Davidson mostrou que pessoas que meditam há apenas três meses – vinte a trinta minutos por dia – tiveram mudanças fisiológicas significativas, que refletem mais felicidade e saúde. Felizmente, você não precisa meditar durante décadas para obter resultados.

Cada qual com seu cada qual

Sentar-se para uma sessão de meditação de vinte a trinta minutos por dia é um hábito excelente para se conectar com o espírito, mas não é a única maneira de meditar. Em nossa entrevista, o membro dos 100 Felizes e lama budista tibetano Anam Thubten Rinpoche me falou sobre uma prática de meditação que todo mundo pode fazer, a qualquer hora. Eu a chamo de Prática da Pausa: Sete vezes no dia, simplesmente pare e apenas "seja". Conscientize-se de sua respiração e, durante um minuto ou dois, permita a si mesmo viver o momento presente – o único momento em que você pode realmente sentir felicidade. Quando faço a Prática da Pausa regularmente, noto um sentimento maior de paz, perspectiva e energia renovada.

Você também pode encontrar uma grande quietude e serenidade estando em contato com a natureza. Karen, membro dos 100 Felizes, contou-me que cada vez que faz uma longa caminhada sozinha no bosque ou na praia, entra naturalmente no ritmo de sua respiração enquanto caminha. Ouvindo o som do vento, dos pássaros e da água, sua mente e seu coração se aquietam. Quando ela não consegue escapar para a natureza, simplesmente olhar as árvores ou as nuvens pela janela durante alguns minutos é algo que freqüentemente afasta a tensão e a toca no fundo.

No fim desta seção, você encontrará um exercício de meditação que qualquer um pode usar para sentir mais calma interior e relaxamento.

O poder da prece

Todas as tradições espirituais do mundo incluem preces. Há milhares de anos as pessoas abrem seus corações a um Poder Maior através da prece, um tipo de linha direta com o Divino.

Assim como a meditação, a prece pode assumir formas diferentes. Em momentos difíceis, rezamos por conforto, orientação e cura, seja para nós mesmos ou para aqueles que amamos. Em outros momentos, quando a beleza, o amor e a gratidão tomam conta de nós, somos levados a oferecer preces de agradecimento e louvor. O que nos inspira a rezar não é importante – é a prece em si que nos conecta ao espírito.

Muitos estudos mostram que a prece tem um forte impacto sobre a felicidade. Milhares de pessoas relatam que a prece aumenta seu sentimento de bem-estar, a satisfação com a vida e a felicidade geral. Preces também podem ter influência sobre outras pessoas, mesmo a distância. De acordo com pesquisas, preces com o objetivo de ajudar pessoas, feitas de longe, têm um efeito positivo sobre os índices de recuperação e cura de pacientes hospitalizados.

Em seu livro *As palavras curam*, o médico Larry Dossey – um dos maiores especialistas do mundo em conexão entre espiritualidade e saúde – descreve experiências realizadas pela Spindrift Organization, em Salem, Oregon, para medir o efeito das preces sobre sistemas biológicos simples, como a germinação de sementes e culturas de levedura. Estudos repetidos mostraram que sementes às quais foram dedicadas preces germinaram mais rapidamente do que outras idênticas que não receberam preces, e que a quantidade de preces também era um fator importante. A descoberta mais fascinante da Spindrift é que as preces *não direcionadas* – que pedem simplesmente que seja feita a vontade de Deus ou que o melhor aconteça – foram mais poderosas do que as preces dirigidas, que pedem um resultado específico.

Você pode ver o poder da prece nessas duas fotos de Masuru Emoto, cujo trabalho apresentei no Capítulo 5. À esquerda, está uma imagem de cristais formados em água potável comum. À direita, o resultado na mesma água potável depois que pessoas lhe dedicaram preces a distância.

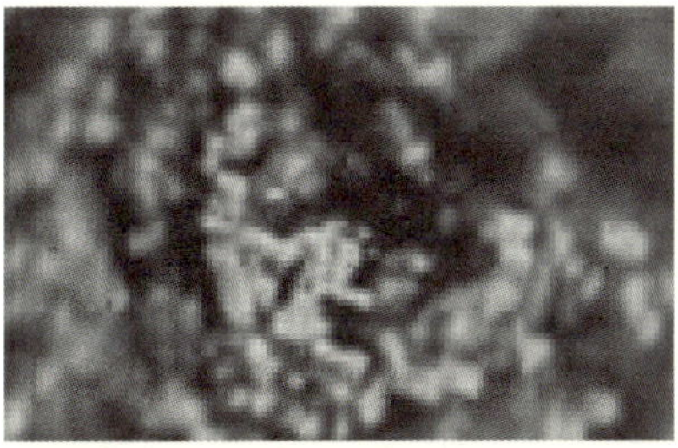

Água potável antes das preces

Água potável depois das preces

Uma demonstração impressionante da bela energia vinda da prece!

Quando você cultiva sua conexão com seu Poder Maior, começa a reconhecer a presença desse Poder sublinhando tudo ao seu redor cada vez mais. Ter um tempo todos os dias para encontrar o que o poeta T. S. Elliot chamou de "o ponto morto do mundo em rotação" é uma peça crucial do quebra-cabeça Feliz Sem Motivo.

Exercício

Meditação leve

O exercício a seguir lhe dará um gosto daquele lugar interno tranqüilo que é a base da paz interior e do bem-estar.

1. Sente-se confortavelmente num lugar sossegado e feche os olhos.
2. Respire fundo cinco ou seis vezes, percebendo a respiração enquanto você inspira e expira.
3. Imagine uma coluna de luz branca brilhante descendo sobre sua cabeça, entrando pelo topo de sua cabeça e enchendo-a de luz.
4. Sinta a luz branca fluindo de sua cabeça para seu pescoço e seu peito, iluminando seu coração. Sinta o calor e a expansão na área do seu coração.
5. Continue a ver a luz fluindo para seus braços, seu torso, sua coluna vertebral e sua cintura, enchendo essas áreas de luz. Veja a luz fluindo para suas pernas e seus pés, iluminando a sola de seus pés.
6. Sinta todo o seu corpo banhado de luz quente e brilhante. Permaneça sentado nesse estado durante dez minutos e apenas permita que qualquer pensamento e experiência se manifeste. Não tente afastar pensamentos nem controlar sua mente – simplesmente esteja com o que quer que venha. Se quiser um foco para sua atenção, perceba sua respiração enquanto você inspira e expira.
7. Quando você se sentir pronto para terminar sua meditação, tome consciência de qualquer paz e serenidade que você sente. Descanse com esse sentimento de tranqüilidade durante alguns instantes. Respire fundo algumas vezes e saboreie esse sentimento. Isso é a essência de ser Feliz Sem Motivo.
8. Abra lentamente os olhos. Tenha a intenção de carregar essa experiência com você ao voltar às suas atividades normais.

Hábito de Felicidade para a Alma nº 2

Ouça sua voz interna

Para fazer as escolhas certas na vida, você tem que entrar em contato com sua alma. Para fazer isso, precisa experimentar a solidão... porque no silêncio você ouve a verdade e conhece as soluções.

– Deepak Chopra, médico, escritor e orador

No capítulo anterior, discutimos a sintonização com a sabedoria de seu *corpo*; aqui, nos concentraremos em ouvir a sabedoria de sua *alma* para que esta o guie. Sua voz interna é a parte de você que sabe o que fazer – em todos os momentos e em todas as situações. Para algumas pessoas, é como encontrar o pai culto que sempre se quis ter. Para outras, a experiência do saber interno é mais ampla e mais cósmica. Qualquer que seja a sensação, os 100 Felizes ouvem sua voz interna.

Quando li o livro de Elizabeth Gilbert *Comer, rezar, amar*, fiquei imediatamente encantada e inspirada com a descrição de sua primeira "conversa" com Deus. Depois de terminar o livro, ficou claro para mim que Liz era um dos 100 Felizes, e convidei-a para uma entrevista. Tenho a felicidade de relatar que Liz é tão agradável pessoalmente quanto escrevendo; nossa entrevista acrescentou um material maravilhoso ao que ela já havia apresentado em seu livro. A história a seguir descreve a transformação que Liz viveu ao aprender a ouvir "a vozinha silenciosa" dentro de si própria.

✷

A história de Liz

Oi, Deus. Eu me chamo de Liz.

Eu estava no banheiro do andar de cima do casarão no subúrbio de Nova York que eu e meu marido havíamos comprado recentemente. Era um novembro frio, por volta das 3 horas da manhã. Meu marido estava dormindo em nossa cama. Eu estava me escondendo no banheiro pela 47ª noite consecutiva e, assim como em todas as outras noites anteriores, eu chorava. Na verdade, chorava tanto, que um lago de lágrimas se formava diante de mim, sobre os ladrilhos do banheiro. Era um lago onde cabia toda a minha vergonha, medo, confusão e tristeza.

Não quero mais ficar casada.

Eu estava tentando muito não saber isso, mas a verdade continuava insistindo diante de mim. Durante o dia, afastava esse pensamento, mas à noite ele me consumia. Que catástrofe. Como eu podia ser tão estúpida para continuar casada oito anos só para depois terminar tudo? Simplesmente havíamos acabado de comprar a casa, um ano antes. Eu não queria aquela bela casa? Não a adorava? Então por que agora ficava vagando pelos corredores toda noite, chorando como uma Medéia? Eu não estava orgulhosa de tudo o que havíamos acumulado – a casa de prestígio em Hudson Valley, o apartamento em Manhattan, as oito linhas telefônicas, os amigos e os piqueniques e festas, os fins de semana perambulando pelos corredores de alguma superloja em formato de caixa, comprando ainda mais utensílios a crédito? Eu havia participado ativamente de cada momento da criação daquela vida – então por que sentia como se nada daquilo tinha a ver comigo?

Não quero mais ficar casada

Meu marido estava dormindo no quarto, em nossa cama. Metade de mim o amava e a outra metade não o agüentava. Os muitos motivos pelos quais eu não queria mais ser a esposa daquele homem são pessoais e tristes demais para apresentar aqui. Em grande parte, tinham a ver com problemas meus, mas uma boa porção de nossos problemas também estava relacionada a questões dele. E como eu não pediria a ninguém para acreditar que sou capaz de contar uma versão imparcial de nossa história, a crônica do fracasso de nosso casamento não será contada aqui.

Também não discutirei os motivos pelos quais eu ainda queria ser sua esposa, nem todas as maravilhas dele, nem por que eu o amava, por que havia me casado com ele e por que não conseguia imaginar a vida sem ele. Que seja suficiente dizer que, naquela noite, ele ainda era minha luz e meu obstáculo em medidas iguais. A única coisa mais impensável do que partir era ficar; a única coisa mais impossível do que ficar era partir. Eu não queria destruir nada nem ninguém. Só queria sair de fininho pela porta de trás, sem causar alvoroço algum ou maiores conseqüências, e só parar de correr quando chegasse à Groenlândia.

Essa parte da minha história não é feliz, mas apresento-a aqui porque naquele chão de banheiro estava prestes a acontecer algo que mudaria para sempre o rumo de minha vida – quase como um super-acontecimento astronômico louco em que um planeta muda de posição bruscamente no espaço sideral, por nenhum motivo, e seu centro magmático se altera, deslocando os pólos e alterando radicalmente sua forma, de modo que toda a massa do planeta se torna de repente alongada, em vez de esférica. Algo assim.

O que aconteceu foi que eu comecei a rezar.

Você sabe... assim, para Deus.

Aquilo foi uma novidade para mim. Sou cristã por formação, mas teologicamente não. Minha reação à mística transcendente de todas as religiões é positiva. Sempre reagi com grande entusiasmo a qualquer pessoa que dissesse que Deus não vive em nenhuma escritura, nem num trono distante no céu, e sim muito perto de nós – muito mais perto do que podemos imaginar, respirando através de nossos corações. Respondo com gratidão a qualquer pessoa que já viajou ao centro desse coração e voltou ao mundo com um relato para todos nós de que Deus é *uma experiência de amor supremo.*

No meio daquela obscura crise em novembro, porém, eu não estava interessada em formular minhas visões sobre teologia. Estava interessada apenas em salvar minha vida. Finalmente, eu percebera que parecia ter chegado a um estado de desespero e que ameaçava minha vida e me ocorrera que pessoas nesse estado às vezes recorrem a Deus para pedir ajuda.

O que eu disse a Deus em meio à choradeira incontrolável foi algo assim: "Oi, Deus. Como vai você? Eu me chamo Liz. Prazer em conhecê-lo."

É isso mesmo – eu estava falando com o criador do universo como se tivéssemos acabado de ser apresentados numa festa. Mas trabalhamos com o que sabemos na vida, e são essas as palavras que sempre uso no início de um relacionamento. Na verdade, foi tudo o que consegui fazer para me impedir de dizer, "Sempre fui uma grande fã de seu trabalho..."

"Desculpe incomodá-lo tão tarde da noite", prossegui. "Mas estou com um problema sério. E desculpe não ter falado diretamente com você antes, mas realmente espero que eu tenha sempre expressado minha enorme gratidão por todas as bênçãos que você me deu na vida."

Esse pensamento me fez chorar ainda mais. Deus esperou. Eu me recuperei o suficiente para continuar: "Não sou muito boa com preces, como você sabe. Mas você poderia, por favor, me ajudar? Estou precisando desesperadamente de ajuda. Não sei o que fazer. Preciso de uma resposta. Por favor, me diga o que fazer. Por favor, me diga o que fazer. Por favor, me diga o que fazer..."

E assim a prece se limitou a essa simples súplica – *Por favor, me diga o que fazer* – repetida várias vezes. Não sei o quanto implorei. Só sei que implorei como alguém que suplicava para viver. E o choro continuava como se nunca fosse parar.

Até que – bem abruptamente – parou.

De repente, descobri que já não estava chorando. Na verdade, havia parado de chorar no meio do choro. Meu sofrimento havia escoado completamente para fora de mim. Tirei minha testa do chão e me sentei, surpresa, imaginando se agora eu veria algum Grande Ser que havia levado minhas lágrimas embora. Não havia ninguém. Eu estava ali sozinha. Mas não realmente sozinha. Estava cercada de alguma coisa que só consigo descrever como uma pequena bolsa de silêncio – um silêncio tão raro, que eu não conseguia expirar, temendo assustá-lo. Era um silêncio perfeito. Não sei dizer se alguma vez eu já havia sentido um silêncio como aquele.

Então, ouvi uma voz. Por favor, não se assuste – não era uma voz de Charlton Heston em um filme baseado no Velho Testamento, nem uma voz me dizendo que eu deveria construir um campo de beisebol no meu quintal. Era simplesmente minha própria voz, falando dentro de mim. Mas era minha voz como eu nunca a ouvira antes. Era minha voz, mas perfeitamente sábia, calma e compassiva. Era como minha voz soaria se eu só tivesse sentido amor e segurança na vida. Como eu poderia descrever o calor da afeição naquela voz quando ela me deu a resposta que selaria para sempre minha fé no divino?

A voz disse: *Volte para a cama, Liz.*

Eu expirei.

Imediatamente, ficou claro que aquilo era a única coisa a fazer. Eu não teria aceitado nenhuma outra resposta. Não teria confiado numa voz retumbante que dissesse *Você precisa se divorciar de seu marido!* ou *Você não pode se divorciar de seu marido!* Porque esta não é a verdadeira sabedoria. A verdadeira sabedoria dá a única resposta possível num determinado momento, e naquela noite, voltar para a cama era a única resposta possível. *Volte para a cama*, disse a voz interior onisciente, porque você não precisa saber a resposta final neste exato momento, às 3 horas da manhã de uma quinta-feira em novembro. *Volte para a cama*, porque eu amo você. *Volte para a cama*, porque a única coisa que você precisa fazer agora é descansar um pouco e cuidar de si mesma até saber realmente a resposta. *Volte para a cama*, para que, quando a tempestade venha, você esteja forte o bastante para lidar com ela. E a tempestade está chegando, querida. Muito em breve. Mas não esta noite. Portanto:

Volte para a cama, Liz.

O que aconteceu naquela noite eu chamo não de *conversão* religiosa, mas de o início de uma *conversa* religiosa. As primeiras palavras de um diálogo aberto e exploratório que acabaria me levando, de fato, para muito perto de Deus.

Nos anos que se passaram desde então, encontrei aquela voz várias vezes em momentos de muita dificuldade. Aprendi que a melhor maneira de alcançá-la é através de uma conversa por escrito. Apanho meu bloco de anotações mais particular – que mantenho perto da cama, caso esteja com um problema urgente – e começo a escrever. E mesmo durante o pior sofrimento, aquela voz calma, compassiva, afetuosa e infinitamente sábia (que talvez seja eu, ou talvez não seja exatamente eu) está sempre disponível para uma conversa no papel, a qualquer hora do dia ou da noite.

No início de minha experiência espiritual, nem sempre eu tive essa fé na voz interna da sabedoria. Lembro-me de certa vez apanhar meu bloco de anotações particular, completamente furiosa e aflita, e rabiscar uma mensagem para minha voz interna – para meu conforto divino interior – que ocupou a página inteira com letras maiúsculas:

"NÃO ACREDITO EM VOCÊ!!!!!!!!"

Depois de alguns instantes, ainda com a respiração pesada, senti um claro ponto de luz acender dentro de mim, e então me vi escrevendo essa resposta divertida e calma:

"Com quem você está falando?"

Nunca mais duvidei de sua existência.

✶

Hoje, minha conexão com Deus – a voz dentro de meu coração – é o principal relacionamento em minha vida. E a maneira como honro esse relacionamento é mantendo minha vida tão calma quanto possível, de modo que eu possa ouvir essa voz. Considero esta a minha principal prática de devoção.

Mas não é como se eu estivesse coberta de felicidade. Quando surge uma crise, isso me abala e me atinge, como acontece com qualquer pessoa. Vivo definitivamente no mundo real, reagindo a todos os acontecimentos inesperados e inexplicáveis. A diferença é que agora não tento reagir lutando contra o que está acontecendo; em vez disso, eu me entrego ao que está à minha frente.

Isso não significa que seja sempre fácil, ou que quando minha vida parece destruída, consigo sair correndo por aí feliz e animada com isso. O que isso significa é que minha tarefa – e é aí que entra a prece – é me manter conectada e consciente o suficiente para fazer ao universo (ou a Deus, ou ao que quer que eu escolha para chamar esse poder naquele momento) a pergunta, "O que exatamente você está me pedindo para fazer aqui que eu não estou entendendo? Abra meus olhos para eu ver como devo lidar com isso".

Em vez de rezar como se estivesse lamentando, rezo como se estivesse perguntando para obter informações: "Você pode me mostrar o que devo fazer neste momento?". Sempre suponho que há algo que devo fazer ou compreender, mesmo que não consiga enxergar isso naquele momento.

O que geralmente acontece é que adquiro mais clareza para minha reação. É como se eu fizesse uma tomografia computadorizada de mim mesma que mostra meus bolsões de resistência – onde estou dizendo, "Não, não aceito isso" ou "Estou totalmente de acordo com o universo e realmente confio na força Divina, mas não neste caso – esta é a questão." E isso não é se render.

Quando paro de resistir ao que está acontecendo e me entrego, fico feliz novamente. Mas essa entrega só acontece comigo através da sessão de perguntas e respostas, daquele questionamento em forma de prece.

Desde aquela noite no banheiro, quando fui apresentada pela primeira vez a Deus, minha vida mudou completamente. Onde havia neurose e sofrimento, hoje existe paz e realização.

A voz sábia e afetuosa agora faz parte de mim. Quando me vejo ficando ansiosa e perturbada, a voz sempre me pergunta, "Você vai realmente se deixar levar por isso depois de tudo que passamos? Não está mais sábia? Não aprendeu?". *Estou* mais sábia e *aprendi*.

E é por isso que a prece se tornou uma prática em cada momento – um compromisso que fiz sobre como vou viver. É essa experiência repetida de falar com Deus – perguntando, prestando atenção e, então, ouvindo a resposta – que me mantém no caminho para uma felicidade cada vez maior. Outro dia, eu disse, "Como posso agradecer sempre a você, Deus?"

Calma e divertida, a voz dentro de mim me fez sorrir: "*Mantenha contato.*"

* * *

Abrindo os canais de comunicação

Para tomar decisões, muitos de nós temos uma tendência a sair por aí perguntando a todo mundo o que deveríamos fazer, esquecendo-nos de que cada vez que olhamos para dentro e *perguntamos a nós mesmos*, recebemos uma resposta confiável. Como Liz descobriu, cada um de nós tem uma sabedoria interna que está conectada ao espírito, e disponível a nós em todos os momentos.

O ato de ouvir sua voz interna faz você se conectar com algo maior do que você próprio. Você pode fazer perguntas a essa voz interna sobre seu objetivo na vida, seus relacionamentos, sua carreira – qualquer coisa que queira saber. Você saberá que fez contato através da paz e do destemor absoluto que sentirá na conexão com as respostas que receber.

Há muitas técnicas para ouvir internamente. Eis algumas maneiras de apresentar uma pergunta e ver as respostas que surgem:

Escreva: Assim como Liz, algumas pessoas acham que a melhor maneira de ouvir internamente é usando o papel. Quando você tiver uma pergunta, sente-se em silêncio, questione internamente e, então, escreva o que vier à cabeça, *sem censura*. Ninguém além de você vai ver isso. Deixe a parte mais profunda de seu ser fluir através de você.

Apanhe um livro: Outra maneira de pedir orientação é apanhar um livro que o atrai, abri-lo aleatoriamente numa página e ver a mensagem que você descobre ali. Talvez você faça pouco caso dessa técnica, mas descobri que freqüentemente ela é bastante eficaz e útil. Algumas pessoas acham que ela lhes permite libertar-se de suas idéias fixas sobre uma situação e ver as coisas sob um novo ângulo ou uma nova perspectiva. É incrível o número de vezes em que a resposta exata do que preciso está bem ali.

Procure sinais: Esta é outra técnica da qual você talvez desconfie, mas quando eu estava escrevendo meus livros da série *Histórias para aquecer o coração*, fiquei surpresa com a quantidade de pessoas que enviaram histórias sobre a procura de sinais. O sinal mais comum recebido pelas pessoas vinha na forma de um pássaro azul ou um cardeal. Chegou ao ponto de eu e os outros co-autores do livro fazermos um arquivo em separado que chamamos de Histórias de Pássaro Azul/Cardeal. O número de histórias desse tipo era impressionante e me fez ver a procura de sinais – como pássaros azuis e cardeais – sob uma luz completamente nova.

Certa vez, eu e Sergio estávamos em dúvida se deveríamos alugar uma casa ou não. Havia uma série de coisas boas em relação à casa, mas estávamos divididos. Pensei, *Por que não?*, e pedi um sinal. Enquanto caminhávamos na direção da casa, para dar mais uma olhada nela, vi um pássaro morto bem no meio do caminho. Não era um pássaro azul nem um cardeal, mas me obrigou a fazer uma pausa, o suficiente para decidir esperar até o dia seguinte antes de procurar o proprietário e fechar o negócio.

Na manhã seguinte, notei que no jornal havia um novo anúncio de casa que parecia promissora. Eu e Sergio corremos para vê-la. Quando caminhávamos na direção da porta da frente, um belo veado cruzou nosso caminho. É o meu animal preferido, então entendi aquilo como um sinal. A casa era perfeita. Imediatamente assinamos o contrato e vivemos felizes ali durante dois anos antes de comprarmos nossa casa atual. Será que aquilo foi realmente um sinal? Quem poderia dizer? Neste caso, estar aberta a uma fonte maior de sabedoria me ajudou a entrar em contato com a maneira como eu realmente me sentia em relação à casa e me orientou a tomar a melhor decisão.

Quando você sabe que sempre pode olhar dentro de si para encontrar orientação e sabedoria, nascem uma paz e uma confiança inabaláveis. O exercício a seguir vai guiá-lo em um processo de ouvir internamente.

Exercício

Ouvindo internamente

1. Encontre um lugar tranqüilo e confortável. Sente-se com uma caneta e uma folha de papel ao seu alcance.
2. No alto da folha de papel, escreva uma pergunta ou um assunto para o qual você gostaria de uma orientação. Formule a pergunta ou tema da maneira mais clara possível.
3. Feche os olhos e respire fundo várias vezes.
4. Faça à sua voz interna a pergunta que você escreveu no papel. Pode ser que demore alguns instantes para você se sentir pronto, mas quando

isso acontecer, abra os olhos e comece a escrever o que vier à cabeça. Não importa se faz sentido ou não. Continue escrevendo – sem ler o que você está escrevendo – até sua mão sentir que já não pode se movimentar mais.

5. Agora leia o que você escreveu. Você poderá ficar bastante surpreso com a sabedoria que veio à tona. Até mesmo uma simples palavra ou frase poderá ser a chave para sua resposta.

Hábito de Felicidade para a alma nº 3

Confie no que a vida revela

Os ventos da graça estão sempre soprando, mas você tem que içar a vela.

– Sri Ramakrishna, santo indiano do século XIX

Descobri em minhas entrevistas que a grande maioria dos 100 Felizes tem um sentimento de entrega em suas vidas e se sente profundamente amparada por um poder universal. Eles confiam que o universo está aí para apoiá-los (Princípio Orientador nº 2).

Fazemos tanto esforço para controlar tudo em nossas vidas, que esquecemos o profundo poder de depositar nossa fé no universo e relaxar. Quando você adquire o hábito de fazer tudo o que pode – entregando-se ao Poder Maior e confiando que as coisas vão se resolver da melhor forma – fica com um sentimento mais profundo de paz e bem-estar, características de quem é Feliz Sem Motivo.

O reverendo Michael Beckwith, fundador do Agape Spiritual Center, em Los Angeles, é um dos 100 Felizes cuja vida é vivida com entrega. Qualquer pessoa que conheceu Michael, que foi a uma de suas missas, ou que o viu na tevê consegue perceber sua profunda conexão com o espírito. Michael, que aparece comigo em *O segredo*, é também um colega meu no Transformation Leadership Council, um grupo de cem grandes líderes transformacionais que se reúne regularmente para aumentar sua eficiência e contribuição para o mundo. Cada vez que estou com

Michael, sinto-me tão elevada que tenho vontade de gritar *Amém!* Entrevistá-lo foi um prazer, e sua história, que se segue, ficou comigo, inspirando-me a relaxar e confiar de uma nova maneira.

A História de Michael

Amor-beleza

Lembro-me de que quando eu era criança me sentia naturalmente em harmonia com a divindade em toda a minha volta. As crianças – tão recém-saídas de sua Fonte, freqüentemente se sentem assim. Houve momentos em que eu simplesmente sabia que estava cara a cara com meu Eu Superior, minha essência de Deus – embora eu não chamasse isso assim naquela época.

Um exemplo dessa conexão aconteceu em meu aniversário de 11 anos, quando eu e minha mãe visitamos minha avó. Mandaram-me ir até a mercearia da esquina comprar alguns alimentos. Quando eu estava no corredor dos pães pensando em qual deles escolheria, o tempo parou de repente. O espaço se dissolveu e minha visão já não estava limitada a pão de forma versus pão francês. Eu "vi" que um frasco de comida de bebê estava prestes a cair no corredor ao lado. Corri até o corredor a tempo de segurar o frasco, para surpresa do homem que havia esbarrado nele. "Como... você fez isso?", gaguejou ele.

"Não sei", respondi inocentemente, "eu simplesmente vi."

No caminho para casa, senti uma unidade expansiva com tudo o que estava diante de mim: as árvores cantavam, a grama tinha sua própria linguagem – tudo estava vivo, reluzindo com uma força vital de alta freqüência. Quando me aproximei da casa, minha mãe, minha avó e meu tio estavam em pé na varanda, sorrindo afetuosamente para mim. Senti uma dor mística em meu coração ao perceber que o menino que eles viam não era o Michael que eu sabia que era. Naquele momento, fechei minha conexão cósmica e comecei a me conformar com o rótulo que me encaixava como alguém com quem todos se sentiam confortáveis. O preço foi a perda de meu contato com a Divindade.

Vivi mais dez anos nessa caixa. Cada vez que uma expansão de consciência emergia, eu tratava de suprimi-la. Um desses incidentes aconteceu em meu primeiro ano na escola secundária, quando fui nomeado tesoureiro do colégio. Estava apavorado por ter que falar em público e tive que enfrentar uma campanha que me levou de sala em sala – e, no final, diante de todos os estudantes – para apresentar minha plataforma de quatro pontos. Quando chegou o grande dia, fiquei sentado numa cadeira, temendo o momento em que teria de falar. Quando disseram meu nome, caminhei até o pódio, forcei-me a abrir a boca e fiquei chocado ao me ouvir falando sobre a excelência e a grandeza que cada um de nós esperava ter – nada disso fazia parte de meu plano de quatro pontos. A platéia ficou tão surpresa quanto eu, o que era evidente nos vários olhares de espanto que recebi. Eu havia pulado para fora da caixa. Para encobrir meu embaraço, durante a semana seguinte, comecei a ter atitudes ruins e entrei em brigas – fazendo de tudo para me adequar às regras pré-adolescentes para ser um sujeito normal. Ainda não estava pronto para romper meu acordo com a mediocridade.

Minha relação com a religião na juventude não me levou a nenhuma experiência mística. Na escola secundária, desiludido com pastores que não praticavam o que pregavam e com dogmas ensinados que nada acrescentavam, anunciei meu ateísmo. No meu primeiro ano de faculdade em Morehouse, meu ateísmo já havia evoluído para um agnosticismo. Eu ainda não fizera contato com um caminho espiritual que correspondesse à minha experiência interna.

De Morehouse, fui transferido para a University of Southern California para uma especialização em psicologia. Cresci numa época em que fumar maconha era uma espécie de norma. Então, assim como muitos estudantes, eu fumava um pouco. Para complementar minha renda, de modo a arcar com essa despesa extra, comecei a vender um pouco de fumo. O que começou como uma simples indústria caseira acabou se tornando uma rede que se espalhava de Los Angeles a Atlanta, Nashville e Nova York, rendendo milhares de dólares por semana.

Enquanto assistia às aulas, fazia trabalhos escolares e tocava meu negócio, eu também começava a despertar espiritualmente. Durante esse período, tinha visões e ouvia vozes. Mas quando fiz um estágio de psicologia com prisioneiros deficientes mentais que também ouviam vozes e tinham visões, comecei a considerar minhas experiências patológicas. Meu primeiro antídoto foi cortar o fumo, mas isso apenas intensificou minhas experiências! Então, aconteceu algo que tornou impossível continuar virando as costas para Deus.

Há aproximadamente um ano eu tinha um sonho recorrente em que era perseguido por três homens. Sempre acordava antes que eles me pegassem, mas cada vez que eu tinha esse sonho, eles chegavam um pouco mais perto. Finalmente, certa noite, eles me pegaram.

Quando eu lutava contra meus captores no sonho, vi uma tenda com centenas de pessoas que eu conhecia fazendo fila para entrar. Gritei para elas, pedindo ajuda, mas todas viraram as costas para mim. Enquanto dois homens me seguravam no chão, o terceiro enfiou uma faca em meu coração. A dor foi excruciante. Gritei e morri.

Quando acordei, a realidade conforme eu conhecia havia mudado completamente. Eu sentia claramente uma presença luminosa se conectando a tudo e a todos. Aquilo penetrava na minha alma com um amor total e incondicional; sua beleza – que passava de objetos animados para inanimados em toda a minha volta – estava além de minha capacidade de descrever. Ainda agnóstico, não dei um nome a essa presença – chamei-a simplesmente de Amor-beleza. A pessoa que havia passado tantos anos enterrando sua conexão com Deus havia morrido; nunca mais eu poderia caber naquela caixa novamente.

Comecei a estudar vorazmente espiritualidade e misticismo, tanto oriental quanto ocidental. Descobri que quando a cultura e a história das religiões do mundo são removidas, o que resta são princípios espirituais universalmente aplicáveis. Essas explorações da consciência foram a motivação final que eu precisava para parar de vender drogas. Havia uma última remessa – a única que até então havia sido guardada em minha casa – que eu precisava fazer. Mas antes que conseguisse me livrar daquilo, fui apanhado.

Devido ao tamanho da operação que eu fazia, as acusações foram sérias e eu enfrentaria um tempo significativo na prisão. Amigos bem intencionados me deram conselhos, desde "tente um acordo para redução da pena" até "pegue seu dinheiro e vá embora do país". Mas eu não conseguia me ver mais como um traficante de drogas. Minha transformação espiritual havia me tornado outra pessoa e eu sabia, contrariando todos os prognósticos, que aquela nova pessoa que eu era não iria para a prisão.

Durante os dias do julgamento, eu ficava sentado na sala do tribunal lendo calmamente livros sobre temas espirituais. Num dia que não parecia nada diferente dos outros, meu advogado se levantou repentinamente da cadeira e apresentou um argumento sobre um detalhe técnico. O juiz pediu três dias de recesso. No dia em que a corte voltou a se reunir, acho que nunca esquecerei o som do martelo do juiz batendo no pódio quando ele declarou: "Caso encerrado!" Entretanto, ele não havia terminado completamente e pediu que eu me aproximasse de seu banco. "Este foi um golpe de sorte, jovem. Espero *nunca mais* vê-lo no tribunal", advertiu.

Eu o olhei nos olhos e disse, "O senhor nunca mais me verá aqui."

Fui para casa. O vento soprava violentamente, o que me levou a erguer o rosto e olhar o cata-vento do meu vizinho quando eu estava na entrada de minha casa. Não pude resistir a uma necessidade de pedir uma última confirmação de minha transformação e, concentrando-me no cata-vento, eu disse, com uma autoridade interna: "Eu acredito. Cure qualquer resto de minha descrença. Se a Presença é real, como sei que é, faça o cata-vento ir contra o vento, aponte-o na minha direção e..."

Antes que eu pudesse completar a frase, o cata-vento estava apontando diretamente para mim, embora a corrente de vento não tivesse mudado. Comecei a chorar. Naquele momento, entreguei minha vida completamente à Presença, sabendo que essa Presença de alguma maneira faria uso de minha vida ao seu serviço.

Aos 27 anos, eu estava ansioso para saber a verdade. Cada vez que ouvia falar de um mestre que vivia a Presença autenticamente, lá estava eu. De retiros em silêncio a longas horas de meditação e discursos espirituais, nada interrompeu o ritmo feliz de meus dias nesse caminho profundamente particular. Até o dia em que, num tom delicado mas firme, a voz dentro de mim disse, "É hora de ir a público".

Talvez a maior prova de minha transformação tenha sido meu sonoro "Sim!". Deixei o anonimato de minha solitária jornada espiritual e ingressei na escola de sacerdócio New Thought-Ancient Wisdom, certo de que meu objetivo não era me tornar um pastor, mas sim encontrar um contexto para honrar meu "Sim" à Presença. Além disso, eu queria meus fins de semana livres! Acabei me tornando um conselheiro espiritual licenciado e durante muitos anos pratiquei sessões de prece e terapia espiritual de pessoa para pessoa.

Ainda assim, minha voz interna me exortava incessantemente a ir mais a público. Pouco a pouco, minha resistência se dissipou. À medida que eu falava sobre sabedoria universal para platéias cada vez maiores, sentia que podia ficar num lugar que era confortável internamente – a presença de Deus – e que quando eu saía do caminho essa presença podia fluir através de mim.

Em 1985, uma visão interna revelou uma comunidade espiritual transdenominacional, transreligiosa, onde a única religião de Deus – o Amor – era ensinado e celebrado. Era um presságio do Agape International Spiritual Center, que fundei em 1986 e que cresceu, passando a reunir milhares de membros.

Hoje, o "Sim" está sempre presente. Embora nem sempre eu saiba como será servir à Presença, sempre tenho fé e confiança nela. Quando me entrego à Presença, sempre dá certo.

A Presença não vai me desapontar, porque estou aqui representando-a. Assim como cada um de nós, fui contratado pelo Universo para ser eu mesmo.

* * *

Tendo uma Mente Sim

Às vezes, quando me sinto esgotada e cansada de minha autodesignada posição de gerente-geral do Universo, penso em Michael e lembro a mim mesma que o Amor-beleza também está cuidando de mim. Embora ele seja um dos afortunados que nasceu sentindo sua unidade com o espírito, todos nós temos a mesma conexão. Nossa experiência como Felizes Sem Motivo aumenta exponencialmente quando confiamos nessa conexão o suficiente para deixá-la direcionar nossas vidas.

Ao longo da história, os homens e mulheres mais sábios souberam que o maior bem vem da entrega – não como se estivessem perdendo uma batalha, mas sim se libertando de suas limitações pessoais e se alinhando totalmente com uma inteligência maior do que eles próprios. Lembra-se das experiências da Spindrift? De acordo com a pesquisa dele, as preces que têm maior efeito são aquelas que simplesmente chamam pela presença e influência de um Poder Maior, e não as que pedem um resultado específico. Isso demonstra o poder da parte da oração que diz, "Seja feita a vossa vontade".

Confiar e se soltar dessa maneira são atitudes que trazem uma paz e uma liberdade enormes, e que criam o que chamo de "mente sim". Em vez de dizer não e resistir ao que está acontecendo, diga sim. Tive minha primeira experiência de "mente sim" quando fiz aulas de representação teatral de improviso, muitos anos atrás.

Uma das regras do improviso é responder instantânea e entusiasticamente – dizer sim – ao que quer que o outro ator lhe diga. Durante a primeira aula, quando meu parceiro de improviso me disse que eu era uma pop star velha, imediatamente comecei a representar meu papel: fingi que estava tocando uma guitarra, mexendo os ombros e cantando enquanto girava como se tivesse 80 anos. No momento seguinte, a cena mudou. De repente, eu deveria ser um alienígena chegando à Terra para roubar um banco – e eu tinha que fazer isso. Eu simplesmente disse sim. O exercício rompeu meus limites e liberou minha energia. Descobri que era uma boa prática para a vida.

Quando você diz sim, é como ser um trapezista; você é capaz de se soltar do trapézio que está segurando e navegar pelo ar até o outro trapézio. Sem se soltar e confiar que o outro trapézio está lá, o movimento para a frente é impossível. Entregar-se e confiar criam uma sensação de fluxo em todos os momentos.

Graça Incrível

Um de meus maiores mentores espirituais é Bill Bauman, um ex-padre e a pessoa mais centrada e estável que já conheci. Embora Bill tenha um comportamento enganosamente modesto – poderia passar por recepcionista de uma loja popular –, gosto de chamá-lo de Mister Rogers iluminado, porque por trás daquele cardigã bate o coração de um herói espiritual. Ele tem sido o anjo guardião deste livro, e tanto eu quanto Carol apreciamos profundamente sua ajuda e seus conselhos.

Bill foi o primeiro dos 100 Felizes que entrevistei, uma das poucas pessoas obviamente Felizes Sem Motivo que eu conhecia pessoalmente quando comecei a preparar este livro. Quando penso nele, penso numa vida cheia de graça.

Graça, explica Bill, "é apenas uma palavra fantasiosa para o amor infinito, incondicional e totalmente receptivo de Deus fluindo em nossas vidas". Ele faz uma analogia com o amor incondicional que a mãe sente por seu filho recém-nascido. "A mãe não vê nenhum defeito no filho, apenas a perfeição absoluta e importância absoluta; em seu amor, ela não quer nada além de dar, dar e dar. Agora transfira esse exemplo para o nível infinito. Nosso Poder Maior vê a perfeição, a importância, a maravilha absoluta do que somos – e nesse amor, Ele não quer nada além de simplesmente dar dons, graças, soluções."

Em nossa entrevista, Bill me falou sobre uma experiência que mostra como ele permite que a graça flua em sua vida:

> Anos atrás, eu e minha mulher, Donna, decidimos "começar de novo" numa região do país totalmente nova. Deixamos nossas vidas para trás – inclusive nosso antigo nível de renda. Aproximadamente um ano depois de nos mudarmos, nos vimos com poucos recursos; estávamos dando o melhor de nós, mas ainda não estava entrando dinheiro suficiente.
>
> Decidimos tirar um dia de folga e passar algum tempo num mosteiro trapista próximo, visitando a igreja e nos abrindo à graça.
>
> Quando eu e Donna nos sentamos na capela, não pedimos nada específico; não dissemos "Por favor, nos dê dinheiro"; simplesmente pedimos graças. Ficamos sentados quietos, numa atitude de abertura e receptividade, e nos pusemos na presença da Graça Divina, na presença da Abundância, na presença da expressão maternal e plena de amor do Poder Universal. Lembro-me de ter pensado, "Não tenho a solução ideal. De qualquer modo, Sua resposta é sempre muito maior do qualquer coisa que eu sugerir. Eu me ponho em total conexão com Você.

Qualquer que seja a resposta perfeita que Você enviar para essa situação, estarei aberto a ela."

Essa foi a fase um. depois de mais ou menos uma hora, deixamos o mosteiro e iniciamos a fase dois, que era simplesmente deixar acontecer. Continuamos nossas vidas, confiando que a resposta perfeita viria.

No dia seguinte, recebemos um telefonema de nosso contador dizendo que ele acabara de identificar um erro que cometera e estava nos enviando um cheque de 6 mil dólares. Naquela mesma tarde, Donna recebeu um telefonema de uma faculdade local com uma oferta de trabalho como professora durante o verão e em horário integral no ano seguinte.

Dois dias depois, recebemos pelo correio um cheque de 3.500 dólares de uma empresa de seguros da qual nunca havíamos ouvido falar, como pagamento de uma apólice que não sabíamos que tínhamos. Uma hora depois, recebemos outro telefonema, em que me ofereceram um emprego de consultor.

Fiquei surpreso e ao mesmo tempo não fiquei. Embora eu não tivesse qualquer dúvida de que alguma coisa aconteceria, a generosidade e a rapidez da resposta foram impressionantes. Acho que é por isso que chamo isso de Graça Incrível.

Quando perguntei a Bill como podemos aprender a viver num estado de graça, ele disse, "Praticando a entrega. Procure oportunidades abertas a bênçãos, sem definir muito claramente o que elas seriam, e em seguida confie e deixe acontecer."

Para os que são fechados numa atitude de vida "Eu sou o responsável" e "Eu tenho que assumir o controle", a entrega começa simplesmente com um convite a nós mesmos para acreditar que nosso Poder Maior responderá às nossas necessidades e ficando abertos ao fluxo de graças quando este acontecer. Esse convite suave é uma ótima ferramenta para se soltar e confiar no que a vida revelará – graciosamente.

Pessoas que vivem num nível elevado de entrega e confiança freqüentemente relatam mais experiências de sincronismo em suas vidas: coincidências incríveis, "sorte" incomum, ajuda inesperada e timing perfeito – simplesmente estar no lugar certo na hora certa. Quando você vive muitos sincronismos, é sinal de que está conectado com o espírito.

Exercício

Convidando a Graça

Este simples exercício reforça o passo *Nenhuma Tensão* da Fórmula Secreta que você aprendeu no Capítulo 2: Intenção, Atenção, Nenhuma Tensão.

1. Sente-se em silêncio e escreva uma carta para seu Poder Maior sobre uma situação de sua vida para a qual gostaria de ter uma assistência (por exemplo, relacionamento, saúde, trabalho). Escreva com o seu coração.
2. Peça que as pessoas, lugares e circunstâncias certos sejam levados a você para que a situação seja completamente resolvida. Você pode querer pedir uma compreensão correta ou perdão, se for apropriado.
3. Ponha a carta num lugar significativo para você, onde não haja interferências. Algumas pessoas gostam de pô-la num livro especial, num lugar sagrado da casa, ou embaixo de uma pedra no jardim. Você não verá a carta durante algum tempo.
4. Agora, deixe fluir, deixe acontecer. Entregue a situação a um Poder Maior. Relaxe, sinta-se grato e convide a si próprio para acreditar que o universo está sempre o apoiando.
5. Observe o que acontece nos próximos dias ou semanas. Talvez você queira olhar a carta dentro de um mês ou dois para ver como o universo respondeu.

Resumo e passos para a felicidade

Quando você se conecta ao espírito aproveitando algum tempo para ficar em silêncio, escutar sua voz interna e confiar no que a vida lhe revela, sua experiência de Feliz Sem Motivo se intensifica inevitavelmente. Conectar-se ao espírito fortalece o pilar final de nossa Casa da Felicidade. Use os seguintes passos de ação para praticar os Hábitos de Felicidade para a alma:

1. Torne o silêncio, a meditação ou a prece parte de sua rotina diária.
2. Faça a Prática da Pausa sete vezes por dia durante uma semana e veja como você se sente.
3. Procure orientação apresentando perguntas a um jornal, abrindo a página de um livro ou pedindo um sinal.
4. Pratique a entrega: convide a si mesmo a acreditar que o universo está aí para apoiá-lo, envie uma intenção a seu bem mais elevado e depois deixe fluir, deixe acontecer.

8

O Telhado – viva uma vida inspirada por um propósito

Há dois grandes dias na vida de uma pessoa – o dia em que nascemos e o dia em que descobrimos por quê.

– William Barclay, teólogo escocês do século XX

Tenho certeza de que em algum momento de sua vida você já ouviu: "Todos nós estamos aqui com um propósito". Mas se você perguntar às primeiras cem pessoas que encontrar na rua sobre esse objetivo, a maioria delas provavelmente responderá com um suspiro: "Não tenho a menor idéia." Embora haja pessoas que navegam pela vida abençoadas com um senso de direção e clareza, muitas outras acham que perderam o barco.

Pessoas felizes sentem que estão no planeta com um propósito. Em minhas entrevistas com os 100 Felizes, ouvi a mesma coisa repetidamente: elas vivem inspiradas a todo instante por uma meta e um significado.

Então, qual é o seu propósito? Contrariando a crença popular, seu propósito não é seu trabalho nem sua profissão – é muito mais que isso. É uma intenção maior de fazer o que é significativo para você na vida. Por exemplo, meu objetivo é compartilhar meu amor e minha energia inspirando outras pessoas a levar uma vida o mais elevada possível. Neste exato momento, sou uma oradora e escritora transformacional, mas poderia cumprir esse objetivo de muitas outras maneiras. Poderia ser professora, música, secretária, médica, jardineira. Pode-se ter uma vida inspirada por um objetivo de muitas formas – a verdadeira chave é descobrir primeiro a noção de significado e objetivo dentro de você.

As pesquisas sobre felicidade mostram claramente que pessoas profundamente comprometidas com o que quer que dê significado a suas vidas são muito mais felizes do que aquelas que não têm esse propósito. De acordo com o psicólogo Edward Diener, que pesquisa o bem-estar subjetivo no Department of Psychology da University of Illinois, em Urbana-Champaign, um dos ingredientes vitais da felicidade é "ter um sentido na vida... e ter propósitos inseridos em seus valores a longo prazo, para os quais você trabalha, mas que também acha agradáveis". Estudos sobre saúde e longevidade mostram que quando as pessoas vivem com um senso de objetivo, não importa o quanto ele seja grande ou pequeno, elas têm vidas mais longas e mais saudáveis.

Propósito, sentido e trabalho

Seu propósito é o telhado de sua Casa da Felicidade. Quando você não tem um senso de objetivo, é como ter um telhado furado; pode chover infelicidade sobre muitos aspectos de sua vida. Infelizmente, parece que são muitos os telhados furados no mundo de hoje. De acordo com um estudo de 2005 divulgado pela empresa de pesquisas Harris Interactive, apenas vinte por cento dos trabalhadores americanos amam o que fazem. Isso significa que quatro em cada cinco pessoas não são entusiasmadas com o que fazem. Essa estatística mostra claramente por que o maior número de ataques cardíacos ocorre nas manhãs de segunda-feira. As pessoas preferem literalmente morrer a ir para o trabalho.

Muitas pessoas trabalham apenas para pagar suas contas, sentindo que não têm liberdade, capacidade ou oportunidade para encontrar um emprego do qual realmente gostem. Elas se resignam a viver sem um propósito mais profundo, fazendo o melhor que podem de uma situação ruim e vivendo para os fins de semana. Outras passam anos procurando o emprego perfeito, tentando encontrar algo em que se encaixe *direitinho* – como Cachinhos de Ouro, a menina da história dos três ursinhos. Entre essas, são poucas as que têm a sorte de encontrar carreiras nas quais se realizam, mas se não estiverem inspiradas por um objetivo interno, essa realização será frágil. A felicidade delas depende de seu trabalho, portanto se perderem o emprego ou se aposentarem, vão se sentir à deriva e perder rapidamente aquele senso de direção e satisfação na vida.

As estatísticas sobre aposentadoria confirmam isso. Tem sido relatado que os aposentados mais felizes são aqueles que ainda têm um propósito, mesmo após o fim de suas carreiras. Essas pessoas freqüentemente transferem suas habilidades para outro cenário. Um banqueiro aposentado poderá ser voluntário de um centro de treinamento para empregos, ou um funcionário que sempre teve habilidades manuais poderá se tornar o faz-tudo da vizinhança. O importante é deixar o seu objetivo guiá-lo.

Emprego, carreira ou vocação

Você considera sua atividade diária um emprego, uma carreira ou uma vocação? A história a seguir mostra a diferença:

> Um dia, uma velha senhora caminhou até uma área de construção empoeirada, onde três homens trabalhavam assentando tijolos. Ela se aproximou do primeiro homem e lhe perguntou o que estava fazendo. Ele respondeu bem rudemente, "Não está vendo? Estou colocando tijolos. É isso que faço o dia inteiro. Simplesmente coloco tijolos." Em seguida, ela perguntou ao segundo homem o que ele estava fazendo. Ele respondeu, "Sou pedreiro e estou fazendo meu trabalho. Tenho orgulho de minha atividade e sou feliz por poder alimentar minha família com o que faço aqui". Quando ela se aproximou do terceiro homem, notou que seus olhos estavam cheios de alegria e seu rosto brilhava tanto quanto o dia. Quando lhe fez a mesma pergunta, ele respondeu com grande entusiasmo, "Ah, estou construindo a catedral mais bonita do mundo".

Não é a sua atividade na vida que define o seu propósito, mas sim a sua perspectiva. A psicóloga organizacional Amy Wrzesniewski, da New York University, realizou pesquisas sobre a orientação profissional das pessoas baseando-se em três categorias: emprego, carreira e vocação. Ela descobriu que, independentemente do emprego em si, aqueles que sentem que estão seguindo uma vocação são mais satisfeitos no trabalho e têm mais alegria em suas vidas.

Se você não faz o trabalho que ama, ame o trabalho que faz

Estejam ou não em sua carreira ou vocação ideal, as pessoas Felizes Sem Motivo carregam com elas uma meta, onde quer que estejam indo e o que quer que estejam fazendo – até mesmo a mais mundana das tarefas. Seja trocando o óleo do carro ou preparando uma refeição para a família, elas se sentem inspiradas pelo objetivo. Seu propósito não está "por aí". Na verdade, se você tira de uma pessoa feliz o que ela está atualmente inspirada a fazer, ela simplesmente encontra alguma outra coisa que a inspire.

Certa vez, ouvi uma história sobre o grande maestro Arturo Toscanini. Em seu aniversário de oitenta anos, alguém perguntou a seu filho, Walter, o que seu pai considerava sua realização mais importante. Walter respondeu, "Para meu pai isso não existe. O que quer que ele esteja fazendo no momento é a maior coisa de sua vida – seja regendo uma sinfonia ou descascando uma laranja."

Quando eu estava escrevendo este capítulo, Carol me contou como um propósito a salvou certa vez do sofrimento no trabalho:

> Quando me formei em literatura na faculdade, não havia uma demanda muito grande por recém-formados em literatura no mercado. Embora eu tivesse certeza do que queria fazer na vida, precisava pagar meu aluguel, e então assumi um cargo de recepcionista numa movimentada empresa de corretagem de ações. Apesar de aquele trabalho ter uma série de vantagens, eu odiava ser recepcionista. Atender o telefone o dia inteiro era ou estressante ou entendiante. Um mês depois, eu estava detestando ter que acordar de manhã, e minha infelicidade no trabalho afetava toda a minha vida. Eu sabia que tinha duas escolhas: encontrar um novo emprego ou encontrar uma maneira de gostar daquele que eu tinha. Decidi fazer as duas coisas. Enquanto procurava outro trabalho, buscava uma maneira de ser mais feliz onde estava.

Impus a mim mesma o desafio de me tornar "a melhor recepcionista do mundo". Como eu sempre tivera um forte senso de querer servir a outras pessoas e fazer diferença, escrevi a palavra SERVIÇO em letras garrafais no quadro de anotações sobre a minha mesa. Atendia o telefone com um sorriso na voz e aprendi a reconhecer a voz de pessoas que ligavam com freqüência, chamando-as pelo nome. Eu ouvira falar de uma frase da poderosa empresária do ramo dos cosméticos Mary Kay Ash, "Faça de conta que cada pessoa que você encontra tem uma faixa em volta do pescoço onde se lê, Faça eu me sentir importante", e pus esse conceito em prática. Brincava com os corretores e outros funcionários e geralmente fazia de meu dia de trabalho uma festa. Não apenas meu nível de felicidade disparou como fui promovida a uma função mais interessante na empresa. Mais tarde, acabaria encontrando uma maneira de me sustentar que se adequaria muito mais a mim, mas nunca me esqueci do modo como consegui dar uma virada naquele emprego, e em meu nível de felicidade.

Estar conectado ao objetivo é algo que o expande e o ajuda a se sentir inspirado a cada momento, o que naturalmente leva a mais sucesso. Como disse Albert Schweitzer, *"O sucesso não é a chave da felicidade. A felicidade é a chave do sucesso. Se você ama o que está fazendo, terá sucesso."*

Veja os sintomas da contração e da expansão para verificar se você está bem no departamento de objetivo.

Contração	**Expansão**
Fazer as coisas por fazer, sem inspiração	Agir com inspiração
Estar perdido e entediado	Estar no fluxo, envolvido
Sentir-se sem rumo e resignado	Sentir-se motivado e entusiasmado
Agir somente por interesse próprio	Estar a serviço de outros

Viver uma vida inspirada sustenta a sua felicidade e a felicidade de todas as pessoas que fazem contato com você.

Hábitos de Felicidade para uma vida com objetivo

1. Encontre sua paixão
2. Siga a inspiração do momento
3. Contribua para algo maior do que você mesmo

Hábito de Felicidade para uma vida com objetivo nº 1

Encontre sua paixão

Quando aprendemos a dizer um sim profundo e apaixonado às coisas que realmente importam, a paz começa a se assentar em nossas vidas como a luz dourada do sol penetrando o chão de uma floresta.

– Thomas Kinkaide, artista

Está bem, eu me rendo, você está dizendo. *Quero viver inspirado pelo objetivo. Mas como devo começar?* As pistas que o levam ao seu objetivo único e individual estão à sua disposição. Tudo o que você precisa fazer é parar.

É isso mesmo – apenas parar.

Encontre algum tempo para se afastar de sua vida ocupada e investigar sua paisagem interna. Com total honestidade e sem medo, pergunte a si mesmo: Sou apaixonado pelo quê? O que eu adoro fazer? O que *realmente importa* para mim? As respostas – suas paixões – são como uma trilha de migalhas de pão que o leva ao seu objetivo.

Uma boa maneira de entrar em contato com suas paixões é fazer o Teste da Paixão, desenvolvido por Janet Attwood, membro dos 100 Felizes. Janet é uma de minhas amigas mais queridas há 25 anos, e vi como o uso do Teste da Paixão transformou sua vida e a de muitas outras pessoas. Ela é um exemplo claro da alegria que brota dessa conexão interna com o objetivo. Sua história descreve o caminho que a levou a escrever *The Passion Test*, hoje um best seller, que tem como co-autor seu ex-marido, melhor amigo e parceiro de negócios, Chris Attwood.

A história de Janet

Cantando e dançando sob a luz da rua

Era uma vez uma menina que amava tudo e todos – especialmente sua mãe. A menina e sua mãe costumavam ler histórias, assistir a filmes, rir e cantar juntas durante horas. Para elas, cada momento em que estavam juntas era cheio da mais deliciosa alegria.

Naqueles tempos felizes, a menina às vezes saía para a rua no início da noite e cantava e dançava sob a luz dos postes, na calçada em frente à sua casa. Imaginava um dia se apresentar para milhares de pessoas, tocando seus corações.

Quando a menina tinha mais ou menos 7 anos, sua mãe começou a beber. A voz doce e suave que cantava com tanto amor para ela dormir, e que a acomodava na cama toda noite, desapareceu. Em seu lugar, a menina ouvia sua mãe e seu pai discutindo aos gritos. Por mais promessas que a mãe da menina lhe fizesse, ela continuava a beber. As coisas pioraram cada vez mais, até que um dia a mãe da menina foi enviada a uma instituição para doentes mentais.

Quando finalmente foi liberada, começou a beber novamente. Depois disso, a mãe da menina se mudou. Entrava e saía de centros de reabilitação. A menina se perdeu de sua mãe e costumava ler os obituários nos jornais, morrendo de medo de encontrar o nome de sua mãe ali. Incapaz de compreender a raiva que sentia, a menina a despejava em todas as pessoas à sua volta – e nela própria.

Os anos se passaram e a menina foi ficando cada vez mais infeliz.

Aos 17 anos, sofreu um abuso físico.

Aos 18, estava dependente de drogas.

Aos 19, vivia com viciados em heroína e andava com os Hell's Angels. A vida se tornou uma sucessão de drogas, sexo e depressão. A menina sabia que se não mudasse de vida, acabaria exatamente como sua mãe...

Essa menina era eu.

*

Aos 20 anos, determinada a evitar o destino de minha mãe, eu me recompus. Com a ajuda de meu irmão, encontrei um lugar para morar, consegui um emprego e aprendi a meditar. Comecei a ler livros de auto-ajuda e a ouvir fitas sobre crescimento pessoal. Minha vida mudou para melhor, mas eu ainda sentia que faltava alguma coisa. Os trabalhos que eu conseguia eram bons, alguns melhores que outros, mas mal davam para pagar as contas. Em determinado momento, eu me vi trabalhando no Vale do Silício, recrutando engenheiros de computação. Aquilo *não* era trabalho para mim. Eu me sentia ainda mais desmotivada, e imaginei para onde estava levando minha vida.

Um dia, vi um cartaz de um seminário em São Francisco chamado "Sim ao Sucesso". *Talvez um pouco de atitude positiva dê uma virada em minha vida profissional*, pensei.

No dia do seminário, observei, intrigada, quando Debra – uma mulher de pouco mais de 30 anos, vestida com elegância – caminhou até a frente da sala e começou a falar. Em questão de minutos, todos nós estávamos completamente cativados e excitados diante dela.

Debra nos contou sobre uma pesquisa feita com cem das mais bem-sucedidas pessoas nos Estados Unidos, mostrando que todas elas tinham uma coisa em comum.

"Alguém consegue imaginar que coisa é essa?", perguntou ela, olhando para a platéia.

Como ninguém levantou a mão, ela continuou. "Todas elas haviam conseguido alcançar os cinco elementos mais importantes de suas vidas, que *sentiram* que eram necessários para obter sucesso e realização."

Nesse momento, o planeta parecia ter parado.

"Você poderia repetir isso?", perguntei, mal conseguindo me conter.

"O que elas tinham em comum era que todas elas haviam alcançado os cinco elementos mais importantes de suas vidas, que sentiram que eram necessários para obter sucesso e realização."

Dentro da minha cabeça, uma voz gritou, "É isso! É tudo que eu preciso saber. Só preciso descobrir o que *eu* sinto que são os cinco elementos mais importantes para viver uma vida ideal, e então poderei ser exatamente como essas cem pessoas bem-sucedidas."

Enquanto eu estava sentada vendo Debra falar, pensei nos cinco elementos que achava necessários para criar uma vida ideal para mim – e percebi que compartilhar o conhecimento transformacional, exatamente como Debra estava fazendo, era o que eu mais queria na vida. A percepção foi tão intensa, que foi quase dolorosa. Senti como se estivesse nascendo para uma vida totalmente nova! Então, no exato momento seguinte, tomei consciência de uma incrível calma interior, seguida do sentimento de felicidade mais cheio de paz que eu já havia sentido. Aquilo veio do fundo de meu ser enquanto eu me conectava com o que realmente era importante para mim.

Quando voltei para casa, ao volante, com o rádio nas alturas e cantando com toda a força de meus pulmões, soube que algo milagroso estava para acontecer. Só não sabia o que era.

Três semanas depois, deixei meu emprego de recrutadora e convenci Debra a me contratar para fazer seminários "Sim ao Sucesso". Não olhei para trás. Passei os cinco anos seguintes obtendo cada vez mais clareza sobre os cinco elementos que me levariam à minha vida ideal. Experimentei, às vezes fazendo o que achava que *deveria* fazer (não tão bem), outras vezes seguindo o que meu coração dizia (sempre bem). Quando fazia o que amava lá no fundo de mim, o lado de fora fluía em correntes cada vez maiores de sucesso e felicidade.

Essa experiência de esclarecer as cinco coisas que mais importavam para mim foi o início do Teste da Paixão, um processo simples que desenvolvi para encontrar o objetivo na vida identificando o que você mais ama e o que mais lhe interessa. Acredito firmemente que o que você ama e o que Deus deseja para você são a mesma coisa.

Alguns anos mais tarde, depois de levar centenas de pessoas a fazer o Teste da Paixão e ver os resultados incríveis que muitas delas tiveram, eu e meu melhor amigo, sócio em negócios e ex-marido, Chris Attwood, escrevemos um livro chamado *The Passion Test*, que se tornou best seller nos Estados Unidos. Também criamos a *Healthy Wealthy n Wise Magazine*, que se tornou a maior revista transformacional online do mundo.

Hoje, promovo o Teste da Paixão no mundo inteiro e trabalho com milhares de pessoas de todos os estilos de vida. Estou vivendo minhas paixões e a vida se tornou realmente uma aventura mágica. Senti o impacto disso tudo realmente alguns meses atrás, quando estava falando para duzentas mulheres sem-teto em Miami. Essas mulheres haviam desistido de acreditar, de sonhar. A maioria delas achava que sua vida tinha acabado, exceto pelo processo doloroso de tentar continuar tendo uma existência mundana.

Contei a elas algumas histórias do início de minha vida e depois lhes pedi para fazer o Teste da Paixão. Pedi para começarem fazendo escolhas todos os dias em favor do que mais as interessava, o que mais as animava. Prometi que se fizessem isso, aos poucos elas encontrariam energia para passar a ter uma vida mais feliz. Encontrariam a grandeza que eu sabia que havia dentro de cada uma delas.

Quando elas me aplaudiram efusivamente, animadas com o que haviam descoberto sobre si próprias, meus olhos se encheram de lágrimas. Pensei na menina cantando e dançando sob a luz da rua muitos anos atrás, e que só queria tocar o coração das pessoas. Eu estava realizando o sonho daquela menina. A viagem me levara até ali para dar o presente do amor àquelas belas mulheres, tão parecidas com minha mãe.

* * *

Faça o que você ama, ame o que você faz

O importante não é pensar muito, mas amar muito; portanto,
faça o que mais lhe desperta o amor.

– Santa Teresa d'Ávila, freira e mística espanhola do século XVI

O que faz seu coração expandir? O que faz sua alma cantar? A maioria das pessoas está tão ocupada com os afazeres do dia-a-dia que não presta atenção. Às vezes, as pistas para sua paixão são sutis, mas sempre estão relacionadas a estar interessado, atraído e intrigado.

O psicólogo e escritor Mihaly Csikszentmihalyi, considerado um dos maiores pesquisadores do mundo de psicologia positiva, chama de "fluxo" esse sentimento de puro prazer que você tem quando está completamente envolvido em algo que está fazendo. O tempo parece parar e as horas passam como se fossem minutos. Você fica naturalmente concentrado e dificilmente se distrai. De acordo com o Positive Psychology Center, da University of Pennsylvania, um dos centros de pesquisa sobre felicidade nos Estados Unidos, envolver-se numa atividade que produz *fluxo* é tão gratificante, que as pessoas têm vontade de exercer essa atividade para o seu próprio bem, e não por causa de incentivos externos, como dinheiro. Procurar os lugares onde você sente o fluxo em sua vida o ajudará a seguir na direção de suas paixões.

Janet diz, "Uma vez que você identificou o que realmente lhe interessa, faça escolhas que favoreçam suas paixões todos os dias". A vida é feita de escolhas; quando você escolhe repetidamente coisas que importam para você, isso o leva a expressar seu objetivo único em todas as áreas e o ajuda a atrair mais aquilo que quer para sua vida – eis a Lei da Atração novamente!

Aprendi com meu pai a fazer o que amo e a amar o que faço. Ele amava ser dentista. Aposentou-se aos 72 anos, com relutância. Queria encontrar uma nova maneira de dar vazão a seus talentos e, então, analisou o que adorava em sua profissão. Percebeu que não era fazer obturações na boca das pessoas – ele adorava era trabalhar de maneiras intricadas com as mãos, o que achava muito artístico.

Então, aos 72 anos, meu pai começou a bordar – e adorou. Tornou-se um mestre na arte do bordado, ganhando prêmios em toda a Califórnia. Lembro-me que um dia apareci para uma visita, quando ele tinha 85 anos. Ele acabara de iniciar o maior e mais intricado projeto de bordado que eu já havia visto, uma representação detalhada da Árvore da Vida.

Perguntei a ele, "Pai, quanto tempo você vai demorar para terminar?"

E ele disse, "Querida, imagino que no ritmo que estou vou precisar de mais ou menos quatro anos".

Imagine um homem de 85 anos começando um projeto de quatro anos – mas sua paixão por expressar seu talento artístico lhe deu um forte propósito. Se ele concluiu o projeto? Claro que sim! Foi seu maior trabalho. Hoje, está orgulhosamente pendurado na parede da sala de estar de minha mãe, na mesma casa onde meus pais viveram 53 anos.

Meu pai me ensinou que ter esse propósito permite a você trazer alegria para o que está fazendo, seja lá o que for.

Exercício

Identificando suas paixões

Este exercício de Janet Attwood e Chris Attwood é o primeiro passo para esclarecer o que realmente importa para você. Quando você fizer o Teste da Paixão completo, descobrirá como identificar suas cinco maiores paixões e como alinhar sua vida com elas. Você pode encontrar o teste completo no livro *The Passion Test*, ou acessar www.PassionTestOnline.com.

1. Numa folha de papel, liste dez coisas que tornariam sua vida e seu trabalho ideais. Complete a frase, "Quando minha vida for ideal, eu ______________." Por exemplo, "Quando minha vida for ideal, estarei inspirando outras pessoas com minha paixão por escrever", ou "estarei me sentindo saudável, em forma e cheio de energia", ou "estarei tendo relações saudáveis com meus amigos e minha família".

   Se estiver com dificuldade para completar a frase, pense em coisas que não quer absolutamente ter em sua vida e depois as inverta. Por exemplo, se você sente, "Quando minha vida for ideal, eu nunca estarei perto de pessoas que mentem, enganam ou roubam", inverta para "Quando minha vida for ideal, estarei sempre cercado de pessoas honestas, completamente íntegras e com amor para dar".

2. Agora pense em quatro pessoas que você sabe que não são apaixonadas pelo que estão fazendo na vida. Sobre o que elas falam? Qual é o foco da atenção delas? Como elas tratam as pessoas com as quais convivem? Liste pelo menos cinco comportamentos que você percebe nessas pessoas.

   Você vê esses comportamentos em si próprio? Consegue ver como qualquer um desses comportamentos pode sabotar sua capacidade de viver uma vida com objetivo?

3. Liste cinco coisas que você pode fazer na próxima semana para começar a mudar esses comportamentos e alinhar sua vida com as coisas que você anotou no Passo 1, de modo que você possa viver a vida apaixonada e com objetivo que merece.

Usado com permissão de Janet Attwood e Chris Attwood.

Hábito de Felicidade para uma vida com objetivo nº 2

Siga a inspiração do momento

Quando você segue sua inspiração... as portas se abrem onde você não achava que havia portas; e onde não havia porta para nenhuma outra pessoa.

– Joseph Campbell, acadêmico e professor do século XX

Quando você está consciente de suas paixões, dentro de você acende um fogo que lhe mostra o que fazer a cada momento. Você é levado a ações inspiradas. Sabe *o que* quer fazer na vida, mas não sabe *como* isso acontecerá. A inspiração levará você a esse *como*.

Seguir sua inspiração não significa fazer apenas o que é fácil. A inspiração lhe dá coragem e persistência para fazer *qualquer coisa* que precisa ser feita para você cumprir seu objetivo – mesmo que seja algo desafiador ou assustador. Quando você está inspirado, age com um propósito interno, e não por obrigação ou para obter aprovação de outros.

Rhonda Byrne é um exemplo brilhante de alguém que irradia felicidade e é absolutamente guiado pela inspiração de sua alma. Isso a levou a criar o livro *O segredo*, que o *New York Times* chamou de o maior fenômeno da história da auto-ajuda. Rhonda também foi considerada pela revista *Time* uma das cem pessoas mais influentes do mundo em 2006. Ela nos contou sua história numa entrevista, e eu e Carol escrevemos o seguinte relato de inspiração por trás da impressionante revelação sobre o lançamento de seu filme.

A história de Rhonda

Espalhando *O segredo*

Sempre fui uma pessoa feliz. Tinha uma família maravilhosa, amigos queridos e uma carreira de sucesso como produtora de televisão, da qual eu gostava muito. Mas em 2004, depois de fazer seis especiais para a televisão tão longos quanto filmes num período de 12 meses, eu estava exausta. Além disso, meu pai havia acabado de morrer e, para completar minha tristeza, eu estava muito preocupada com minha mãe, que lidava com a morte de meu pai de maneira especialmente difícil. Certa noite, desliguei o telefone depois de falar com ela e estava tão desesperada, que não conseguia parar de chorar.

Vendo como eu estava perturbada, minha filha de 23 anos me deu um livro e disse, "Mãe, acho que isso vai realmente ajudar". Era *A ciência de ficar rico*, de Wallace Wattles. Fiquei intrigada, pensando em como um livro sobre ficar rico poderia me ajudar a lidar com minha tristeza em relação à minha mãe, mas o abri e comecei a ler.

A cada frase minha surpresa aumentava. O livro era sobre ficar rico, está certo, mas o dinheiro era apenas uma parte disso. *A ciência de ficar rico* diz a você como ficar transbordando de felicidade e abundância em todos os níveis de sua vida. Embora eu nunca tivesse lido nada parecido, soube na mesma hora que aquilo era absolutamente verdade.

Quando terminei de ler o livro, eu era uma pessoa totalmente diferente. Foi como olhar para cima e ver o sol pela primeira vez. Eu via *tudo* sob uma nova luz.

Durante as semanas seguintes, tudo o que fiz foi estudar – ler livro após livro, procurando ao longo da história as idéias às quais eu fora apresentada por Wattles. Ao fim daquelas semanas, eu sabia que havia tropeçado no segredo mais valioso do mundo: o que você pensa, sente, diz e faz, atrai para si mesmo. Na verdade, todos nós criamos nossa própria realidade!

Quando pus esse princípio em prática na minha própria vida, toda a minha existência se transformou. Em pouco tempo, soube que queria compartilhar esse segredo com tantas pessoas quanto possível. Com minha experiência em televisão e filmes, achei que a melhor maneira de fazer isso seria criando um filme.

Passei a maior parte do ano seguinte trabalhando com minha empresa de produção para fazer *O segredo*, nome que decidi dar ao filme. Toda a experiência foi uma aventura fabulosa. Usamos os princípios da Lei da Atração que estávamos apresentando no filme em cada fase de sua criação e desenvolvimento – para o roteiro, cenários, entrevistas e até para a distribuição.

Desde o início, eu pensava em distribuir o filme pelos meios convencionais: cinema ou redes de televisão. Mas antes mesmo de terminarmos as filmagens, a televisão se fechou completamente e não era uma possibilidade. Então, quando concluímos o projeto, o cinema também se fechou. Conversamos com redes de televisão e estúdios de cinema em várias partes do mundo, mas chegamos a um beco sem saída. Lá estávamos nós, com aquele filme com o qual queríamos sair pelo mundo e sem a menor idéia de como fazer isso.

Eu me senti empacada até perceber que estava presa ao *como*, tentando descobrir o modo como minha intenção deveria se revelar. Eu sabia, pela Lei da Atração, que meu trabalho era ficar concentrada em *o que* eu queria criar: sentir o reconhecimento e a alegria que viriam com meu sucesso; e confiar e acreditar que o caminho seria mostrado. Então, me libertei de todas as minhas preocupações e planos de distribuição. Isso me deixou totalmente no escuro, incapaz de ver o caminho à minha frente. Ainda assim, continuei mantendo meu objetivo e sentindo alegria em meu coração.

No momento em que me libertei do *como*, uma extraordinária seqüência de acontecimentos trouxe para nossas vidas uma empresa chamada Vividas. Na época, a Vividas era pioneira no campo de veiculação de vídeos online, uma tecnologia* revolucionária que permitia assistir a vídeos no computador sem ter que baixar primeiro o material. Até aque-

*Streaming. (*N. do T.*)

le momento, isso havia sido usado apenas para vídeos curtos, como trailers de filmes que a Vividas produzia para estúdios de cinema. Ninguém jamais fizera isso com um filme inteiro, mas a Vividas estava disposta a fazer. Era extraordinário o fato de que depois de procurarmos distribuição no mundo inteiro, estávamos trabalhando com uma empresa localizada a apenas dois quarteirões de nosso escritório na Austrália! Colaboramos com seus especialistas e *O segredo* se tornou o primeiro filme da história a ser veiculado dessa forma online. Mais incrível ainda foi o fato de que essa nova tecnologia nos permitiu lançar o filme mundialmente num período de 24 horas, algo com o qual eu sonhara e sabia que ia acontecer, mas que haviam me dito que era impossível.

O segredo abriu um caminho totalmente novo para o lançamento de filmes. Geralmente, os filmes vão primeiramente para o cinema ou para as lojas, mas *O segredo* se tornou primeiramente um fenômeno de vídeo veiculado online e por meio de vendas de DVDs na Internet. Só depois foi para as lojas e outros canais convencionais. Depois do sucesso que fizemos, estúdios de cinema e empresas de distribuição de todos os cantos nos procuraram, pedindo nosso modelo para lançar filmes dessa maneira. As pessoas achavam que conhecíamos bem o caminho que estávamos seguindo, mas não era o que havia acontecido. Tudo aquilo aconteceu porque confiamos e sentimos nosso caminho através da alegria que havia dentro de nós.

Quando descobri a Lei da Atração, meu objetivo se tornou claro para mim: manter a alegria e, através de cada ação e palavra, compartilhá-la com bilhões de pessoas. Aprendi a prestar uma atenção especial ao meu objetivo interno – manter a alegria.

Às vezes, dou um passo numa direção específica e muito rapidamente sou impedida. É como se o Universo me dissesse, "Pare, espere aí. Aonde você acha que vai?" Então, eu simplesmente retorno para a confiança, a alegria e a gratidão e digo, "Está bem, você me guia". Eu espero e, estando naquele lugar da alegria, logo vejo um caminho totalmente novo se abrindo.

Isso aconteceu comigo este ano. Eu estava muito ansiosa para partir para o próximo filme, animada com tudo o que queria incluir nele. Dei um passo à frente com toda a minha paixão e animação e instantaneamente fui impedida. Imediatamente, soube que o Universo estava dizendo, "Rhonda, você precisa primeiramente cuidar desse bebê antes de dar à luz outro. Deixe *O segredo* crescer e amadurecer, e faça tudo o que puder por esse primeiro bebê. Você está se antecipando." Eu soube disso em cada fibra de meu ser. Então, mudei o foco de minha atenção.

O "novo bebê" ainda está vindo, está crescendo dentro de mim, mas tenho calma e paz para esperá-lo. Abri mão de qualquer programação para fazê-lo. Estou certa de que perceberei a hora em meu coração e saberei exatamente – no mesmo segundo – quando estiver pronta para me dedicar a ele.

Quando decidi escrever o livro *O segredo*, esperei para sentir dentro de mim o impulso que me indicaria o momento certo. Não escrevi uma palavra até sentir que o projeto inteiro estava pronto. Continuei sentindo o resultado e sentindo o resultado – que foi mais alegria, mais clareza e mais amor. Quando senti o verdadeiro impulso começar, nunca me sentei diante do computador sem que antes lágrimas de gratidão, amor e alegria corressem em meu rosto. Todos os dias meu coração se derretia totalmente, e quando isso acontecia, minha mente saía do caminho e o poder criativo simplesmente fluía através de mim. Através da alegria, aquela alegria falou, e assim pôde ser compartilhada com o mundo.

* * *

Seu trabalho é o *o quê*, e não o *como*

Quando você é inspirado pelo objetivo, como Rhonda, só precisa continuar seguindo aquilo para o qual é conduzido. Você pode ter confiança absoluta de que essa inspiração o levará a dar um passo após o outro. No filme *O segredo*, Jack Canfield fala sobre a experiência de viajar de carro à noite, com a estrada iluminada apenas 60 metros à sua frente, pelos faróis do carro. Ele diz que embora você não consiga ver o seu destino, aquela porção de luz à frente é tudo de que você precisa para permanecer na estrada e chegar aonde pretende ir. Na vida, o fogo de sua inspiração atua como essa luz à frente, permitindo que você veja o que vem em seguida. Seu trabalho é seguir essa luz.

Precessão: pequenos passos, grandes resultados

Quando você faz o que está inspirado a fazer no momento, muitas vezes não tem consciência dos efeitos que suas ações terão ou onde elas o levarão. Uma abelha voando de flor em flor não tem consciência de que está polinizando as plantas e tornando possível a vida no planeta. No que lhe diz respeito, ela simplesmente é atraída a uma flor após a outra para coletar o néctar que será transformado em mel.

Rosa Parks, a afro-americana que se recusou a sentar-se na parte de trás de um ônibus público, não tinha a menor idéia de que seu ato de coragem seria o início do movimento pelos direitos civis no sul dos Estados Unidos. Ela simplesmente deu um passo que lhe pareceu certo no momento, fazendo o que pensou que fosse uma pequena declaração de liberdade.

Buckminster Füller, famoso arquiteto e visionário, usou o termo "precessão" para descrever esse fenômeno de uma série de pequenos passos que levam a um resultado surpreendente, inesperado.

Eu mesma senti a precessão em minha vida muitas vezes. Se você tivesse me dito vinte anos atrás que eu seria autora de um best seller, eu diria que você era louco. Eu só queria ser uma oradora. Detestava escrever!

De fato, em meu trabalho na empresa de cristais austríacos, todo mundo conhecia meu "método" de escrever cartas de negócios e memorandos importantes. Eu adiava aquela tarefa o máximo que podia. (O pessoal do escritório sabia disso pela arrumação em minha mesa: quanto mais limpa a mesa, mais eu estava procrastinando.) Por fim, depois de deixar a carta de lado o máximo que podia, e de lutar inutilmente para escrever algumas frases, eu ia até o escritório de meu companheiro Jay e o persuadia a escrever a carta para mim. Eu estava certa de que era a pior escritora do mundo.

Quando deixei aquele emprego para ser treinadora corporativa, a única função que consegui encontrar foi a de ensinar redação para negócios. Superficialmente, pensei, *De jeito nenhum! Que espécie de piada cósmica é essa?* Mas no fundo aquilo parecia a coisa certa a fazer. Aceitei o trabalho, aprendi a escrever e editar, e descobri que na verdade eu tinha alguma habilidade e talento. Seis anos depois, quando tive a idéia de escrever *Histórias para aquecer o coração das mulheres*, eu estava preparada: tinha exatamente as habilidades de que precisava para co-escrever aquele livro. Obviamente não planejei aquilo, mas foi onde a vida me levou.

Alguns companheiros ouvem o som das trombetas quando têm uma Grande Idéia. Muitos não ouvem. Pode ser que você ache que tem um dom especial e único, mas não saiba bem como expressá-lo. Fique tranqüilo: se você continuar de olho na estrada iluminada, a oportunidade aparecerá na sua frente quando você menos esperar.

Exercício

Agindo a partir da inspiração

Gosto de pensar em inspiração como estar *em espírito*, sendo guiada por minha alma ao longo do dia. Uma maneira maravilhosa de agir a partir da inspiração é começar o dia fazendo a si mesmo as perguntas que se seguem, adaptadas do livro *Um curso em milagres*. Eis o que fazer:

1. Feche os olhos e respire fundo algumas vezes, lentamente.
2. Faça a si mesmo essas três perguntas:

   O que o espírito quer que eu faça?
   Aonde o espírito quer que eu vá?
   O que o espírito quer que eu diga, e a quem?

3. Ao longo do dia, use as respostas que você receber para "iluminar os 60 metros à frente" em seu caminho.

Hábito de Felicidade para uma vida com objetivo nº 3

Contribua para algo maior do que você mesmo

Não sei qual será o seu destino, mas uma coisa eu sei: os únicos que serão realmente felizes são os que buscarem e encontrarem um jeito de servir.

– Albert Schweitzer, médico e humanitário

As pessoas mais felizes contribuem para algo maior do que elas próprias na vida. Quando Stewart Emery entrevistou pessoas com sucesso e felicidade permanentes para seu livro *Sucesso feito para durar*, descobriu que seus objetivos não eram fama, riqueza, nem poder. Pessoas com esses objetivos acabam inevitavelmente se sentindo vazias e infelizes. Minhas entrevistas com os 100 Felizes me mostraram que as pessoas Felizes Sem Motivo podem ser famosas, ricas e poderosas, mas como conseqüência de viver de maneira plena e apaixonada, envolvidas em serviços significativos para um causa maior. Certa vez, Oprah Winfrey disse, "Nunca busquei dinheiro. Eu disse simplesmente, *Deus, use-me. Mostre-me como entender quem sou, quem quero ser e o que posso fazer, e use isso para um objetivo maior do que eu mesma.*"

Membro dos 100 Felizes, Lynne Twist é também alguém que dedica apaixonadamente sua vida a um propósito maior. Às vezes, as pessoas se referem a ela como a Madre Teresa dos tempos modernos. Tenho tido a sorte de passar alguns períodos – pessoais e profissionais – com Lynne. Sempre que estou perto dela, fico comovida com a maneira como ela irradia beleza e bondade em tudo que faz. Muitas vezes, ela fica tão cheia de gratidão, que seus olhos se enchem d'água. Em nossa entrevista, Lynne contou a história sobre como encontrou seu chamado para servir.

A história de Lynne

O chamado

Quando eu era adolescente, levava uma vida dupla. Para a maioria das pessoas, eu parecia uma típica estudante dos anos 1950. Ganhava sempre nota dez, fazia parte do grupo de torcedoras, participava de todos os eventos e cheguei a namorar o capitão do time de futebol americano. Mas havia também uma outra Lynne. Essa Lynne era profundamente religiosa: acordava todo dia antes do amanhecer para ir à missa, idolatrava Madre Teresa e acalentava sonhos de se tornar freira. Qual das duas era a verdadeira? Ambas.

Essa vida dupla teve início com a morte de meu pai, que eu adorava. Líder de uma grande banda, assim como Glenn Miller, ele transformava nossa casa num lugar alegre, divertido, cheio de músicos, dança e cantoria. Então, dois dias antes do meu aniversário de 14 anos, meu pai morreu de um ataque cardíaco, em paz, quando dormia. Tinha apenas 50 anos.

Sua morte foi incompreensível para mim. Meu choque e minha tristeza me levaram a procurar um significado mais profundo para minha vida, e me voltei para Deus e a igreja. Foi quando começaram minhas aspirações a uma vida dedicada a servir – uma vida que fizesse alguma diferença.

Escondi minha espiritualidade de todas as crianças que conhecia porque ser religioso não era *legal*, mas tentei fazer uma ponte que unisse o vazio entre minha vida exterior e minha vida interior me envolvendo em projetos de assistência comunitária e convencendo todos os meus amigos a ajudar. Fizemos todo tipo de trabalho, desde coletar roupas para uma venda beneficente local até dar aulas para crianças menos favorecidas que haviam abandonado a escola. Era muito gratificante ajudar outras pessoas, e todos nós nos divertíamos fazendo isso.

Depois da escola secundária, fui para Stanford, onde o estudo da poesia mística de Rilke e Rumi, entre outros, ocupou o lugar de minhas idas diárias à igreja. Ainda buscava a missão que eu viera ao mundo para cumprir quando me apaixonei por Bill Twist. Nós nos casamos em meu último ano na faculdade, e depois da formatura logo nasceram nossa filha e nossos dois filhos.

Embora aqueles tenham sido anos felizes, minha busca de um significado maior estava sempre insistindo em se manifestar. Estimulou-me a participar de um seminário sobre crescimento pessoal chamado Est, que achei profundamente transformador, e também a estudar com o renomado inventor, designer e futurista Buckminster Fuller, cujos livros eu havia lido na faculdade e admirava muito. Quando jovem, aos 32 anos, Buck havia pensado em suicidar-se. Ao desistir, na última hora, disse a si próprio, "posso ser uma pessoa de se jogar fora, mas talvez possa pegar essa vida de se jogar fora e dedicá-la a fazer alguma diferença". (Na verdade, foi Bucky quem cunhou a frase, "Faça alguma diferença com sua vida.") Ele se lançou à experiência de verificar se um indivíduo comum poderia mudar o mundo e beneficiar toda a humanidade.

Em 1977, ajudei a apresentar Bucky ao fundador do programa Est, Werner Erhard, e dessa relação surgiu o Hunger Project – o compromisso de acabar com a fome no mundo até o ano 2000.

Quando soube do projeto, alguns dias depois, aquilo provocou um terremoto dentro de mim. Eu soube, sem a menor dúvida, que era aquilo que eu estava destinada a fazer. Saí do "filme da minha vida estrelado por mim" e me tornei uma ativa participante de um filme muito maior. De uma hora para outra, minha personalidade e minha agenda ficaram em segundo plano em relação àquele chamado maior. Esse compromisso me acordava de manhã, mostrava-me o que vestir e onde ir. Dava-me uma voz eloqüente e palavras para dizer.

Assumi um papel de liderança no Hunger Project e logo me vi dando o máximo de mim. Novamente eu estava levando uma vida dupla – agora, mãe e guerreira – embora desta vez isso não fosse segredo. Eu tinha um marido maravilhoso e três crianças, de seis, oito e dez anos e o compromisso de estar disponível a eles. Tinha também o compromisso de fazer o que fosse preciso para acabar com a fome no mundo até 2000. Meus dois compromissos conviviam lado a lado – às vezes, literalmente. Pessoas de lugares como Bangladesh, Suécia, Japão e Etiópia ficavam freqüentemente em nossa casa quando participavam de treinamentos do Hunger Project nos Estados Unidos, e como eu viajava constantemente, levava Bill e as crianças comigo sempre que possível. Outras famílias iam para a Disneylândia e Aspen nas férias; nós íamos para Zimbábue e Indonésia.

Como tínhamos dinheiro suficiente, pude contratar uma empregada doméstica, que me ajudava muito. Mas eu ainda fazia um esforço concentrado para estar sempre em casa nos fins de semana. Isso às vezes significava voar para a Índia numa segunda-feira e voar de volta para casa na sexta-feira! Eu sentia a tensão de sempre ser puxada em duas direções.

Num sábado, arrasada por ter perdido a apresentação do coral de minha filha e o jogo do campeonato de futebol do meu filho, convoquei a família para uma reunião. Nós nos sentamos no chão, em círculo, e eu disse a Bill e às crianças, "Estou me sentindo muito culpada por não ter feito as fantasias de Halloween este ano e por ter perdido a apresentação do coral e o jogo. Preciso da permissão de vocês para continuar. Estou me dedicando muito ao meu trabalho no Hunger Project, mas me sinto arrasada por não conseguir fazer tudo". Quando terminei de falar, estava chorando.

Summer, minha filha de oito anos, aproximou-se, pôs os braços em torno de mim e disse, "Mãe, se você consegue ajudar a acabar com a fome no mundo, não queremos que nos leve de carro ao dentista. Outra pessoa pode fazer isso". Ela prosseguiu: "Temos uma vida ótima e as pessoas mais incríveis morando conosco. Temos muita *sorte* e muito orgulho de você."

Meus dois filhos e meu marido se juntaram a nós, pondo seus braços em torno de mim e de Summer, e meu marido disse, "Vá em frente. Estamos entusiasmados com seu compromisso; ele ilumina nossas vidas." Nós nos abraçamos, choramos e rimos, e naquele momento o abismo entre duas coisas que eu prezava tanto se fechou e todos os vestígios de uma vida dupla desapareceram.

Depois disso, acabar com a fome no mundo tornou-se um compromisso da família. As crianças atuaram como voluntárias no escritório, muitas vezes se deitavam no chão embaixo da minha mesa para fazer o dever de casa, e todos nós nos tornamos cidadãos do mundo. Percebo agora que meus filhos não precisaram ter duas vidas separadas, uma "normal" e outra "espiritual". Combinamos as duas – e ficou muito melhor.

As pessoas acham freqüentemente que ter uma vida com significado requer sacrifício, mas para mim tem sido exatamente o oposto. Tenho tido oportunidades de fazer coisas e conhecer pessoas como nunca imaginei. Quando finalmente conheci a heroína de minha infância, Madre Teresa, nossa conexão foi imediata e natural. Ela chamava a si própria de "lápis de Deus". Dizia que Deus escrevia sua história para o mundo através dela e de pessoas como ela. Consegui me identificar com aquilo – eu também sentia que estava sendo usada por Deus para escrever o fim da fome e o fim do sofrimento que a acompanha.

Viver uma vida de compromisso me deu a oportunidade não apenas de trabalhar ao lado de Madre Teresa, mas também de me sentar com o Dalai Lama e me relacionar até hoje com o arcebispo Desmond Tutu e Nelson Mandela. São pessoas que nunca, em um milhão de anos, eu poderia pensar que conheceria, e muito menos que teria a oportunidade de trabalhar com elas. Também me deu o privilégio igualmente valioso de estar na presença de pessoas sábias e corajosas do mundo inteiro. Seguindo a fome de 1984 a 1985, fiquei sentada durante cinco dias e cinco noites num poço seco, com um grupo de mães etíopes cujos filhos haviam morrido de fome. Essas mulheres e outras como elas me inspiraram a continuar perseguindo o objetivo que havíamos determinado.

Quando começamos o Hunger Project, em 1977, 44 mil pessoas morriam de fome todos os dias, na maioria crianças com menos de cinco anos – e esse número aumentava a cada ano. Hoje, embora a população mundial tenha crescido cinqüenta por cento, o número de pessoas que morrem de fome por dia é 19 mil, menos da metade do que era em 1977. Ainda são muitas mortes, mas esta é uma grande conquista.

Sempre achei que trabalharia para o Hunger Project pelo resto da minha vida: ou eu acabaria com a fome ou morreria tentando acabar com ela. Mas em 1994, para minha grande surpresa, ouvi um novo chamado. De início, ignorei-o, achando que era apenas para me distrair do trabalho à minha frente. Mas sua voz foi tão persistente e persuasiva, que acabou fazendo com que eu olhasse dentro de mim e tomasse uma nova direção em minha vida. Em 1996, eu e Bill fundamos a Pachamama Alliance, para trabalhar com povos indígenas da América do Sul com o objetivo de preservar as florestas tropicais e criar uma nova visão global de sustentabilidade para todas as formas de vida. Cientistas prevêem que, sem as florestas tropicais, a América do Sul ficará improdutiva, gerando uma crise de fome que afetaria milhões de pessoas e ameaçaria a saúde de todo o planeta. Esse objetivo não está muito distante de minha missão original, como pode parecer: em vez de trabalhar para acabar com a fome no mundo, estou trabalhando preventivamente para que não haja fome no mundo.

Ao longo dos últimos trinta anos, entregar-me a um objetivo maior que me chama – qualquer que seja a forma em que este se manifeste – é algo que tem me proporcionado uma vida mais feliz do que qualquer outra que eu pudesse imaginar.

* * *

Fazendo diferença em sua vida

Não é preciso ser Madre Teresa nem Lynne Twist para contribuir para algo maior. Quando você descobre o que importa para si mesmo, suas ações diárias podem servir a outras pessoas e ao mundo de maneiras grandes e pequenas.

Não importa realmente o que você escolhe para servir. Cada um de nós é atraído por causas diferentes. Para algumas pessoas, são os animais silvestres; para outras, é a justiça social, o fim da pobreza, ou garantir que todas as crianças tenham acesso à arte. Os detalhes não importam. Quando você serve a um objetivo maior, isso traz mais significado e alegria para sua vida. Eu mesma tenho experimentado isso ao participar do programa local Big Brothers/Big Sisters. Passar algum tempo com minha fantástica irmãzinha, Leah, é algo que me dá um grande prazer.

Seu desejo de fazer diferença pode influenciar até mesmo decisões rotineiras, como o que você come, onde faz compras e que tipo de carro dirige. Tenho uma amiga que dirige um veículo híbrido que se alimenta apenas de produtos orgânicos que ela compra no mercado do fazendeiro local. Ela diz que isso é votar com a carteira, gastar dinheiro para apoiar aquilo em que acredita.

E você não precisa ser rico para fazer doações que produzem resultados generosos. Uma doação de até mesmo dez ou vinte dólares a instituições de caridade pode alimentar uma família durante uma semana, ajudar a comprar uma vaca, a abrir um pequeno negócio ou a comprar sementes para plantios, fazendo uma enorme diferença na vida de outras pessoas. Contribuir para algo maior do que você mesmo não precisa envolver dinheiro; pode ser uma dedicação de seu tempo, de seu interesse ou de seus cuidados.

Pesquisas têm demonstrado sistematicamente que dar de si próprio aos outros – altruísmo – é uma atitude associada a mais bem-estar, saúde e felicidade, contanto que você não "dê em excesso". Dar de si próprio não significa ser codependente, nem tentar preencher um vazio interno e nem servir aos outros com prejuízos a você. O serviço do qual estou falando vem da alegria, da inspiração e do objetivo, e resulta em mais paz e bem-estar em sua vida.

Exercício

Visualização do chamado para servir

Você pode fazer essa visualização tendo alguém para guiá-lo ou ouvindo sua própria voz gravada orientando-o através dos passos. Como alternativa, pode ler todas as instruções primeiro e depois guiar a si mesmo através do exercício, em silêncio.

1. Sente-se ou deite-se num lugar tranqüilo, onde você não seja incomodado. Feche os olhos e faça respirações abdominais profundas e lentas, relaxando seu corpo todo.
2. Permita a si mesmo sentir-se cada vez mais leve e mais expandido – até ter uma sensação tão grande de leveza, que se sentirá e verá a si mesmo começando a flutuar sobre seu próprio corpo.
3. Agora imagine que você está bem acima de seu corpo, pairando sobre a Terra. Você olha o planeta lá embaixo e vê uma bela esfera azul e brilhante. Pode ver os oceanos, os continentes e vastas formações de nuvens. Você olha mais de perto e vê montanhas, florestas, vales e cidades.
4. Você vê bilhões de pessoas e animais que vivem conectados na Terra. Sente-se conectado com toda a vida que prolifera abaixo de si. Sente-se parte de um projeto maior. Você se concentra na pergunta: *Como estou sendo chamado a servir?*
5. Você se vê atraído para um lugar no planeta que tem um significado particular para você, ou que o fascina. Vê uma situação que o leva a servir. Talvez lhe seja mostrada uma pessoa, um lugar ou alguma coisa familiar, ou talvez seja algo completamente novo. (Você pode ser atraído por atividades como ajudar animais, trabalhar para curar uma doença específica, preservar os oceanos ou servir às crianças de seu bairro ou a um país em desenvolvimento.) Tenha curiosidade e vontade de se aventurar. Veja onde você aterrissa, o tipo de ambiente onde se encontra e o que há ali para você. Talvez você vislumbre uma ou

múltiplas oportunidades que lhe aguardam. Esteja aberto para todas as possibilidades.

6. Quando você sentir que concluiu sua experiência, manifeste gratidão e sinta-se retornando aos poucos à sala onde está sentado ou deitado. Reflita sobre como pode usar as imagens que recebeu para ser guiado ao lugar onde pode servir. Veja o que se revela em sua vida.

Resumo e passos para a felicidade

Quando você vive inspirado pelo objetivo, faz suas escolhas em favor de suas paixões, deixa o fogo da inspiração iluminar seu caminho e contribui para algo maior do que você mesmo. Isso contribui para o telhado de sua Casa da Felicidade. Use os seguintes passos para praticar os Hábitos de Felicidade para uma vida com objetivo:

1. Procure maneiras de tornar o seu trabalho uma carreira e a sua carreira uma vocação. O que você pode mudar nas atuais circunstâncias para se sentir mais inspirado por seu objetivo?
2. Faça o Teste da Paixão completo a cada seis meses para permanecer alinhado com o que realmente importa para você.
3. Comece cada dia perguntando a si mesmo, "O que seria significativo fazer hoje?" Depois, deixe-se guiar pela inspiração ao longo do dia.
4. Pergunte a si mesmo, "Como posso servir melhor aos outros?" Dê um passo para se tornar voluntário local: procure o abrigo para idosos local, uma instituição que distribua comida para pobres, um abrigo de animais, um programa de alfabetização. Descubra o que você pode fazer para ajudar. Até mesmo uma ou duas horas por mês podem fazer diferença em sua vida e na vida de outras pessoas.

9

O Jardim – cultive relações sadias

quem quer que seja feliz fará os outros felizes também.

– Mark Twain, escritor e humorista

Adoro ficar sentada em meu jardim. Meu lugar especial é um banco, num canto ensolarado, de onde vejo perfeitamente as flores e árvores. É uma maneira maravilhosa de relaxar depois de um dia agitado ou simplesmente de passar alguns minutos apreciando a beleza ao meu redor.

As pessoas em sua vida são o jardim em torno de sua Casa da Felicidade. Quando você olha para o jardim, vê belas rosas e dálias ou um monte de ervas daninhas abandonadas? Nossas relações nos afetam de maneira semelhante – ou nos elevando ou nos puxando para baixo. Pessoas felizes cultivam em suas vidas relações que nutrem e sustentam sua felicidade.

O poder das pessoas

Muitos estudos no campo da psicologia positiva demonstram que ter boas relações sociais é um dos indicadores mais fortes de felicidade. Pesquisas em larga escala realizadas pelo National Opinion Research Center, da University of Chicago, descobriram que pessoas com cinco ou mais amigos (sem incluir membros da família) têm uma probabilidade 50 por cento maior de se descreverem como “muito felizes” do que aquelas que têm um número menor de relações fortes. Outra pesquisa, com oitocentas pessoas, mostrou que aquelas que valorizavam a riqueza, o sucesso e o status em detrimento de amigos íntimos e relacionamentos afetivos significativos tinham uma probabilidade duas vezes maior de serem "razoavelmente" ou "muito" infelizes.

Edward Diener, o pai das pesquisas sobre felicidade, e Martin Seligman, o pai da psicologia positiva, realizaram, em 2002, um estudo que se concentrou em dois grupos de pessoas: aquelas com pontuação mais alta numa escala padrão de felicidade e aquelas com pontuação mais baixa. Eles descobriram que uma característica que as pessoas do grupo feliz tinham em comum – e que as do grupo infeliz não tinham – era manter estreita relações de confiança.

Em minhas entrevistas, descobri a mesma característica. Embora o número de relações dos 100 Felizes varie muito, cada uma dessas relações é saudável e sustenta a felicidade deles. O que diferencia os 100 Felizes é que eles não dependem de outras pessoas para se sentirem felizes. Quando você é Feliz Sem Motivo, gosta de estar com seus amigos e sua família, mas também gosta de passar algum tempo sozinho, em sua própria companhia. Você leva a sua felicidade *para* as suas relações, em vez de tentar extrair felicidade *delas*.

Contágio emocional

Uma das descobertas mais animadoras que os neurocientistas fizeram na década passada é que nossos cérebros são realmente formados para se relacionar com outros. Cada pessoa com a qual interagimos – ou que simplesmente cumprimentamos quando passamos na rua – estimula uma "ponte neural" que nos conecta a ela. Nossos cérebros contêm "neurônios espelhos", que disparam dentro ou fora uma sincronia com as pessoas à nossa volta.

Você já se viu imitando sem querer as expressões faciais, a postura, os gestos ou a maneira de falar de uma pessoa com a qual está conversando? Ou bocejando em resposta ao bocejo de alguém, embora não esteja cansado? Quando você observa alguém agindo de uma certa maneira, esses neurônios "refletem" a ação dentro de seu cérebro como se você mesmo a estivesse realizando!

Neurônios-espelho também têm sido associados à nossa capacidade de nos identificarmos com as emoções de outras pessoas, o que explica por que quando uma pessoa irritada ou preocupada caminha na sala, todos na sala percebem isso. Ou por que nossos olhos se enchem de lágrimas só por vermos alguém emocionado. Alguns pesquisadores acreditam agora que o autismo – que causa uma dificuldade de se relacionar com outras pessoas – pode envolver danos em neurônios espelhos.

Nossas emoções são contagiantes. De acordo com Daniel Goleman, psicólogo internacionalmente conhecido e autor de *Inteligência emocional* e *Inteligência social*, as emoções se disseminam de uma pessoa para outra, assim como uma gripe. E embora possa ser bom "pegar" um sentimento positivo, pode ser ruim pegar sentimentos de raiva, inveja, ansiedade ou ódio.

"Provavelmente você teve contato com alguém que tem um sorriso contagioso."

O Dr. Goleman afirma que quanto mais conectados estamos a alguém emocionalmente, maior a influência que essa pessoa tem sobre nós – principalmente com o passar do tempo. "Peguei" algumas emoções ótimas das pessoas mais próximas de mim, particularmente de Sergio. Conscientemente, eu não tinha a felicidade na lista de qualidades de um companheiro ideal para mim, mas com certeza me sinto abençoada por Sergio ser um sujeito profundamente feliz. Ele faz direitinho seu caminho para os 100 Felizes e freqüentemente fica cheio de alegria cantando. De início, achei que estava apenas querendo me impressionar quando disparava a cantar no chuveiro, com toda força, belas canções de amor que eu podia ouvir em todos os cantos da casa. Mas ainda hoje, quando já não precisa fazer qualquer jogo para me impressionar, cantar alto e com alegria no chuveiro é algo que faz parte de sua rotina diária. E não pára por aí. Sergio canta quando faz o café da manhã, quando põe a roupa para lavar (sim, ele faz isso), quando responde e-mails – praticamente o dia inteiro. Às vezes, quando estou ocupada, chego a ter que sair do meu escritório para pedir a ele para diminuir o volume. Mas por nada desse mundo eu abriria mão de sua alegre influência. Ela tem um impacto fabuloso sobre minha felicidade.

Pense nas pessoas de sua vida. Você quer "pegar as emoções delas"?

Oi, Amiga!

Nossas relações têm um efeito bioquímico sobre nossos corpos. Quando fazemos conexões saudáveis com as pessoas, nossos cérebros enchem nossas células de substâncias químicas de felicidade; e quando fazemos interações sociais não saudáveis, substâncias químicas prejudiciais são liberadas.

De acordo com as pesquisas mais recentes, a constituição bioquímica das mulheres faz com que elas tendam mais do que os homens a buscar relações com outras pessoas. Embora tanto homens quanto mulheres liberem adrenalina e cortisona quando estão estressados, cientistas descobriram, num estudo revolucionário da University of California, que para aliviar o efeito dessas substâncias químicas do estresse, os cérebros das mulheres liberam oxitocina, o hormônio da união ao qual me referi no Capítulo 6. Por isso, as mulheres que estão passando por um momento difícil freqüentemente querem ficar junto de outras mulheres ou ter uma boa e longa conversa com uma amiga íntima. Ou por isso elas podem se sentir atraídas a cuidar de seus filhos ou de animais de estimação. Pesquisadores chamam esse comportamento de tendência a "cuidar e fazer amizade". Ele é estimulado pela oxitocina e, em troca, cria mais oxitocina. Quanto mais as mulheres cuidam e fazem amizades, mais oxitocina elas liberam, produzindo uma influência tranqüilizadora e reduzindo ainda mais seu estresse.

Não há dúvida de que amigos ajudam as mulheres a ter vidas mais felizes e saudáveis. O famoso Estudo da Saúde das Enfermeiras da Harvard Medical School, descobriu que quanto mais amigos uma mulher tem, menor é a probabilidade de ela desenvolver problemas físicos quando envelhecer e maiores são as chances de ter uma vida alegre. Na verdade, os resultados foram tão significativos, que os pesquisadores concluíram que não ter amigos íntimos ou confidentes era tão prejudicial à saúde da mulher quanto fumar ou estar acima do peso.

Meu colega John Gray, autor de *Homens são de Marte, mulheres são de Vênus*, que entrevistei para este livro, analisou extensas pesquisas sobre as relações entre estresse, hormônios e gênero sexual. Ele me disse que, embora as mulheres liberem oxitocina quando enfrentam estresse, os homens não têm a mesma resposta bioquímica. De acordo com os estudos, quando os homens estão estressados e liberam cortisona, isso diminui os níveis de dopamina e testosterona, causando frustração e depressão. O Dr. Gray diz que os homens são biologicamente constituídos para buscar maneiras de estimular a produção dessas substâncias neuroquímicas resolvendo os problemas, agindo e superando riscos e perigos, e não conversando com outras pessoas ou cuidando delas. A redução da quantidade de oxitocina em seus organismos os torna menos interessados em se unir a amigos.

As relações e sua energia

Até que você estabeleça firmemente seu estado de Feliz Sem Motivo, sua felicidade é afetada pela energia das pessoas à sua volta. Quando você se cerca de relações que o apóiam, sua energia se expande. Quando você tem um monte de pessoas tóxicas em sua vida, sua energia se contrai.

Contração	**Expansão**
Sentir-se sozinho e isolado	Conectar-se com outras pessoas
Deixar que pessoas tóxicas o afetem	Criar limites apropriados
Fofocar e reclamar	Comunicar-se autenticamente
Afastar-se de pessoas	Apreciar a contribuição de outras pessoas
Sentir-se superior ou inferior aos outros	Sentir-se inerentemente igual aos outros
Concentrar-se nas diferenças	Concentrar-se nas semelhanças e na unidade
Esperar que os outros o façam feliz	Dar-se com base numa felicidade abundante

A prática dos hábitos de relações seguintes o ajudarão a aumentar seu ponto fixo de felicidade.

Hábitos de Felicidade para as relações

1. Cuide de suas relações
2. Cerque-se de apoio
3. Veja o mundo como uma família

Hábito de Felicidade para as relações nº 1

Cuide de suas relações

Você se torna a média das cinco pessoas às quais está mais associado.

– Jim Rohn, escritor e orador motivacional

Cuidamos de nossos jardins limpando-os, molhando-os e plantando para assegurar que floresçam. Podemos cuidar de nossas relações passando mais tempo com pessoas que apóiam nossa felicidade e menos tempo com aquelas que a corroem.

É claro que quanto mais feliz você está por dentro, menos você é influenciado negativamente pelo ambiente externo. Em minhas entrevistas com os 100 Felizes, vi que eles lidam com pessoas tóxicas quando têm que lidar, mas também que limitam suas interações com elas quando podem.

Membro dos 100 Felizes, escritora e coach, Martha Beck – que você conheceu no capítulo 6 – passou por uma profunda transformação pessoal que a levou a um estado de intensa felicidade. Na história a seguir, ela descreve sua experiência de aprender a reconhecer em sua vida as relações que a apóiam.

✳

A história de Martha

Minha grande reunião de família sem parentesco

Eu havia acabado de me mudar para Phoenix e, sentindo-me isolada, fui ao lançamento de um livro, na esperança de conhecer outras pessoas que gostavam de ler. O evento não era nada interessante, então decidi ir embora. Isso se revelou estranhamente difícil. Quando eu me afastava dali, senti alguma coisa tentando fazer com que me virasse e voltasse ao prédio. Durante todo o caminho para casa, lutei contra esse intenso impulso de virar o volante do meu carro, voltar e *encontrar alguém*.

Uma semana depois, entrei num café e vi Annette. Eu a reconheci imediatamente, mas não porque ela estivera naquele lançamento de livro. Ela estivera, mas eu não a vira. Reconheci Annette porque *eu simplesmente a conhecia*. Parecia que muito tempo atrás nossas almas haviam combinado de se encontrar em Phoenix, Arizona, na hora marcada. Essa sensação era tão forte que teria me assustado – não fosse pelo fato de que eu a tivera várias vezes antes, com pessoas diferentes, em lugares diferentes.

Eu tinha aproximadamente 15 anos quando tive pela primeira vez a sensação de que conhecera apenas um pequeno percentual das pessoas que eu mais amava. Diferentemente de muitos adolescentes, eu achava sexo, drogas e rock and roll muito menos interessante do que literatura inglesa e biologia. Tinha muitos amigos igualmente nerds, um grupo de companheiros que me pressionava apenas a estudar para os exames vestibulares. Ainda assim, eu me sentia estranhamente deslocada. Caminhava pelos corredores de minha grande escola pública como uma zebra separada de seu rebanho, à procura de outras criaturas listradas.

Eu ficava pensando, "Existem outros como nós. Onde eles estão?".

Toda hora eu conhecia alguém – na sala de aula, num debate, no corredor – que atraía minha atenção como um ímã. Essas pessoas brilhavam bastante no escuro. Não conseguia desviar os olhos delas. Eram de todas as idades e dos dois sexos. Não era uma atração romântica – eu simplesmente... as reconhecia.

Quando amadureci, esses incidentes se tornaram ainda mais evidentes. Em meu primeiro dia na faculdade, sentindo-me desesperadamente assustada e sozinha, entrei num estúdio de arte e reconheci instantaneamente o professor como sendo um dos mais importantes mentores de minha vida. Mais tarde, naquele dia, eu estava sentada num ponto de ônibus, desenhando num caderno, quando uma estranha bem-vestida ficou olhando o que eu fazia.

"Olhe", disse ela, "há uma aula de arte que você deveria fazer."

"Eu sei", disse a ela. "Já estou fazendo."

A estranha me olhou nos olhos. Não havia dúvida de que estávamos falando sobre a mesma aula. Ela assentiu com a cabeça. Seu ônibus chegou e ela embarcou. Nunca mais a vi – embora, é claro, eu a conhecesse e a amasse. Até hoje. Havíamos tido nosso encontro marcado.

Se isso está começando a soar estranho para você, pense em como eu me sentia. Quanto mais eu vivia, mais intensamente eu "reconhecia" pessoas que nunca encontrara antes. E mais: comecei a perceber que a conexão freqüentemente era mútua: os estranhos que eu conhecia me conheciam. Todos eles tinham perguntas em seus olhos, como se estivessem continuamente procurando pessoas queridas perdidas numa multidão.

Quando eu estava perto dos trinta anos, sentia-me cada vez mais em conflito com minha família e minha comunidade de origem. Ambas seguiam uma ortodoxia religiosa particularmente rígida que fazia minha relação com elas parecer cada vez menos saudável para mim. Fiz terapia – uma boa terapia – e quanto mais eu olhava dentro de mim e aprendia a distinguir entre o que achava certo e o que achava errado, mais compreendia que passar menos tempo com a família e a comunidade não era uma falha minha, mas uma escolha necessária, saudável e que me curava.

E percebi por que eu sentia uma conexão forte, viva, com pessoas que mal conhecia ou que apenas havia visto.

Era porque *elas* eram minha família.

Hoje estou tão confortável com a noção de família enquanto uma rede de almas ligadas espiritualmente, que nunca me surpreendo quando encontro um novo irmão, irmã, mãe, pai, filha ou filho. As pessoas mais próximas e mais queridas tendem a entrar em minha vida de maneiras milagrosas.

Annette, por exemplo, tornou-se minha primeira amiga escritora, e logo depois convidamos outras duas escritoras, Dawn e Thora, para formar um grupo de escritoras. Na noite anterior ao nosso primeiro encontro, sonhei que uma curandeira navaja me dava uma borboleta de pedra azul e dizia "*Dineh*" – palavra que significa "as pessoas" em navajo. Não pensei muito nisso até que conheci Thora. Então, tive um arrepio; ela era exatamente como a curandeira do meu sonho. Então, aconteceu de Dawn mencionar sua irmã gêmea, Denae – que se pronuncia exatamente como a palavra navaja *dineh.* A essa altura, contei ao grupo meu sonho estranho. Quando mencionei a borboleta de pedra azul, Annette explodiu numa gargalhada. Ela abriu sua bolsa e tirou dali uma borboleta de pedra azul.

Sem esse grupo de escritoras eu nunca teria terminado sequer um livro. Com o apoio delas, terminei um manuscrito que acabou encontrando um agente e uma editora. Quando fui a Nova York conhecer minha nova editora, Betsy, percebi em mais ou menos trinta segundos que ela era minha irmã favorita.

Depois de nosso primeiro almoço em Manhattan, enviei-lhe, de presente, uma pequena tartaruga de cerâmica, juntamente com um bilhete explicando que as tartarugas sempre simbolizaram o modo como nós, no mundo dos escritores, precisamos atravessar a vida: firmes, devagar, estáveis, sabendo a hora de puxar para dentro nossas cabeças. "Recebi a tartaruga", disse-me Betsy mais tarde, "e pensei, *ela sabe.*" É claro que eu sabia. Eu fazia isso há tempo suficiente para reconhecer quando estava marcando um encontro com uma das pessoas mais próximas e mais queridas.

Minha vida parece ter se tornado uma longa reunião de família. Hoje em dia, está preenchida com tantas pessoas queridas, com uma tribo tão grande e variada, que às vezes me vejo chorando descontroladamente de alegria, espanto e gratidão. Quando conheço alguém que amo, nem sequer me importo em fingir que não a reconheço.

Numa conferência, encontrei um outro palestrante que não se apresentou a mim. Simplesmente caímos um nos braços do outro, emocionados por termos comparecido ao encontro. "Oi", disse ele, radiante, para mim, "tenho um livro de que você precisa". Apanhei o livro, sabendo que ele continha exatamente a informação e a inspiração pelas quais eu vinha rezando. Pode ser que nunca mais eu o veja novamente, mas podemos sentir a presença um do outro no mundo.

Numa viagem literária à Alemanha, um homem que eu nunca tinha visto segurou minha mão e disse, "*Du*". Eu sorri e disse, "*You*". Nós dois começamos a rir, emocionados por finalmente nos conhecermos. "Não falamos a mesma língua em nossas mentes", disse ele em alemão, "mas falamos a mesma língua em nossos corações." Não falo alemão, mas entendi perfeitamente o que ele dizia.

Na África, entrei numa escola com uma única sala de aula e conheci a professora e vários membros da pequena vila de Shangaan. Reconheci literalmente todos eles.

"Estou adotando essa escola", disse à professora. "Quero ajudar vocês a conseguir tudo que precisam."

Ela fez um sinal positivo com a cabeça, sem rodeios, e disse simplesmente, "Sim".

Nenhuma de nós precisou acrescentar, "Estou tão feliz por termos marcado esse encontro".

Depois de chegar a uma certa idade e viver milhares de momentos como esses, aprendi a simplesmente aproveitá-los sem ficar imaginando freneticamente o que significam. Ter uma família-alma é uma recompensa mais do que suficiente por si só. Mas ainda tenho muitas perguntas. Será que todo mundo tem uma enorme família de indivíduos que não são parentes, que podem não ter nada em comum fisicamente, mas que se reconhecem, um a um, pela textura de suas almas? Será que existe uma espécie de tarefa que cada clã espiritual deve cumprir?

Não sei ao certo, mas tenho um pressentimento de que a resposta para cada uma dessas perguntas é "Sim". Se estou errada, se minha história de vida de reconhecer membros da família provar que não é nada além de ilusão, não me importo. Como outras ilusões, esta é maravilhosa, prazerosa, doce e inofensiva. Mas se por acaso estou certa – se por acaso isso tudo soa estranhamente familiar para você – talvez chegue o momento em que nos veremos num café, numa livraria, numa minúscula escola de uma sala, em alguma vila remota, e teremos aquela sensação instantânea de reconhecimento.

Se isso acontecer, e você me vir primeiro, só tenho um pedido a fazer: não fique tímido. Estou esperando há muito tempo para conhecê-lo.

* * *

Desenvolvendo imunidade emocional

Passar algum tempo com aqueles que você ama – familiares, amigos ou animais de estimação – pode restabelecer o equilíbrio de sua biologia para uma felicidade maior, portanto é importante escolher de maneira inteligente as suas companhias.

Nem todo mundo que faz parte de nossas vidas nos nutrirá para sempre. Tenho certeza de que você já teve a experiência de deixar de se sentir bem depois de se encontrar com um amigo, parente ou colega de trabalho que o puxa para baixo. De novo, isso é contágio emocional: você está absorvendo as vibrações neuronais dessas pessoas. Ficar fora do alcance de perturbadores de emoção e vampiros de felicidade, que sugam sua vida, é a maneira mais fácil de evitar o contágio emocional negativo.

Geralmente, as pessoas tóxicas ao seu redor são óbvias: são aquelas que reclamam, que desencorajam e cujas críticas têm por objetivo ferir o outro. Algumas delas são mais difíceis de identificar: são egocêntricas, intimidantes, manipuladoras e julgam muito. Podem até ter boas intenções, mas depois de estar com elas você se sente cansado e frustrado.

"Você poderia ter ajudado Skippy a se sentir bem se tivesse dito que ele precisava melhorar, em vez de chamá-lo de cachorro."

Para povoar seu mundo de pessoas positivas e minimizar sua conexão com pessoas tóxicas, use seu GPS interno. Feche os olhos, respire fundo e pense em cada pessoa de sua vida. Quem o expande e quem o contrai?

Mesmo que você identifique as pessoas tóxicas em sua vida, o problema é que nem sempre é possível parar de conviver com elas; pode ser que você trabalhe com vampiros de felicidade ou até mesmo que eles sejam seus parentes. Então o que fazer?

É imprescindível aprender a criar limites apropriados. Como diz o Dr. Phil, "Ensinamos às pessoas como nos tratar" – através do que aceitamos ou não aceitamos delas. Eis algumas maneiras de reforçar sua imunidade quando você precisa estar perto de pessoas tóxicas:

1. **Quebre a reação em cadeia:** Agora que você sabe sobre os neurônios espelhos, ponha-os para trabalhar em seu benefício. Se tiver que falar com uma pessoa irritada ou negativa, suavize conscientemente seu olhar, mantenha uma expressão neutra, use uma linguagem corporal oposta à dela. Não reflita a tensão dessa pessoa, caso contrário seu corpo vai dominá-lo, refletindo essa negatividade.
2. **Crie uma barreira invisível:** Quando você não puder sair e estiver sendo bombardeado por emoções tóxicas, imagine uma parede ou escudo invisível ao seu redor, recomenda Judith Orloff, escritora e psiquiatra da Ucla. Isso lhe dará uma sensação de proteção emocional e poderá ajudar a aliviar seu desejo de responder na mesma moeda.
3. **Fique do seu lado da rua:** Não tente mudar a pessoa. Pode ser tentador pensar que você pode ajudar os outros tentando salvá-los ou apontando os erros em suas atitudes, mas isso raramente funciona. A maneira mais eficiente de influenciar os outros é ser um modelo do comportamento que você gostaria que eles tivessem.

Derrame amor sobre as pessoas que você ama

A melhor maneira de manter relações felizes, saudáveis e que o apóiam pode ser resumida em uma palavra: apreciação. Quando demonstramos que apreciamos o apoio que recebemos de outras pessoas, isso reforça esse comportamento e aprofunda nossa conexão com elas.

A apreciação é uma necessidade humana básica, tanto em casa quanto no trabalho. Na verdade, de acordo com o U.S. Bureau of Labor, quarenta por cento das pessoas empregadas deixam seus empregos não por causa do salário ou da carga de trabalho, mas porque não se sentem valorizados.

Muito freqüentemente, damos como certas nossas relações pessoais mais íntimas, gastando pouca energia com as pessoas mais importantes para nós, e dando pouca atenção a elas. O psicólogo John Gottman fez um famoso estudo sobre felicidade conjugal usando o que chama de "proporção mágica" para prever se setecentos casais recém-casados permaneceriam casados ou se divorciariam. O Dr. Gottman disse que os casais que tinham um índice de cinco interações positivas para cada interação negativa manteriam a relação. Num acompanhamento feito dez anos depois, nada menos que 94 por cento dos casais para os quais ele havia previsto o divórcio já não estavam, de fato, casados.

Judith W. Umlas, autora de *The Power of Acknowledgment*, diz, "Uma das coisas mais importantes que uma pessoa pode fazer para aumentar seu nível de felicidade é reconhecer as pessoas à sua volta. De acordo com um artigo recente da *Gallup Management Journal*, quando uma pessoa é reconhecida, ela libera dopamina – substância neuroquímica diretamente ligada à felicidade!"

Em 2004, o Dr. Donald O. Clifton e seu neto Tom Rath escreveram *Seu balde está cheio?*, baseado em mais de cinqüenta anos de abrangentes pesquisas feitas por cientistas sociais da Gallup Organization. Sua mensagem é de fácil entendimento e aplicação: A maneira mais eficiente de motivar, inspirar e se conectar a outras pessoas – o que os autores chamam de "encher o balde de uma pessoa" – é através do reconhecimento positivo específico e sincero. E quando você enche o balde de outra pessoa, isso aumenta também o seu próprio nível de felicidade.

Quando quero amplificar uma apreciação, adoro usar a seguinte técnica, chamada de Prática da Apreciação. É uma maneira maravilhosa de enriquecer sua relação com qualquer pessoa – cônjuge, filho, amigo ou colega de trabalho. Eu e Sergio a praticamos quase toda noite, antes de dormir, e isso sempre me deixa sorrindo.

Exercício

A Prática da Apreciação

1. Comece reconhecendo algo que você aprecia na outra pessoa (por exemplo, "Você me faz rir", "Sinto que você me apóia", "Você é gentil"). Quando terminar, inverta os papéis. Faça essa troca pelo menos quatro ou cinco vezes, ou tanto quanto você quiser.
2. Agora repita o exercício, mas desta vez reconheça alguma coisa que você aprecia em si mesmo. Em seguida, deixe a outra pessoa fazer o mesmo. Faça essa troca pelo menos quatro ou cinco vezes, ou tanto quanto quiser.

Hábito de Felicidade para as relações nº 2

Cerque-se de apoio

Você tem que fazer por si mesmo, e não pode fazer sozinho.

– Martin Rutte, consultor corporativo e orador

Às vezes, precisamos de mais apoio do que nossos amigos e familiares podem nos dar. Quando estamos passando por um período difícil ou decidindo perseguir nossos sonhos, as pessoas mais próximas podem se compadecer, ficar do nosso lado ou nos dizer que estamos bem daquele jeito, em vez de nos oferecer a força e honestidade de que precisamos para seguir em frente.

Muitas vezes, a melhor maneira de se cercar de apoio é participar de um grupo que se reúne regularmente, cujo único objetivo seja dar orientação e pronto retorno – e impedir que você caia em seu antigos padrões de vitimização.

Durante nossa pesquisa, Carol conheceu uma mulher que nos contou a história que se segue e imediatamente nos impressionou com seu jeito amigável, carinhoso e aberto. Quando Carol lhe contou sobre o livro que estávamos escrevendo sobre felicidade, ela disse que havia aprendido a ser realmente feliz muitos anos antes, e gentilmente concordou em ser entrevistada. Embora Molly Baker não seja seu nome verdadeiro, sua paz interior e seu bem-estar são o que importa. A história de Molly é um belo exemplo do papel que um grupo de apoio pode ter para nos conduzir a experiências de felicidade maiores.

A história de Molly

Amigo é para essas coisas

Eu e John (pseudônimo) nos conhecemos em outubro e ele me pediu em casamento em dezembro. Eu disse sim na hora. Não precisei pensar. Estava muito atraída por ele. Além de ter se formado na Ivy League e ter um bom emprego, John era divertido, popular e um líder nato – tudo que achava que eu não era. E mais: eu tinha 21 anos e estava pronta para me casar. Isso aconteceu no início dos anos 1950 e eu não tinha qualquer objetivo de seguir carreira, exceto me tornar esposa e mãe. Mas quando eu e John nos casamos, dez meses depois, não nos conhecíamos realmente.

Logo descobri que meu marido bebia – freqüentemente e em excesso.

O primeiro ano de casamento foi um período muito infeliz para mim. Alcoólatra em grau elevado, John estava ocupado tentando fazer seu nome na empresa onde trabalhava. Ficava lá até tarde e depois saía para encontros de negócios, chegando em casa altas horas, quase sempre embriagado. Mas, não importava o quanto bebesse, ele nunca parecia estar de ressaca. Chegava ao escritório invariavelmente no horário e nunca perdia um dia de trabalho. Seu chefe nem desconfiava de seu problema.

Por outro lado, eu estava dolorosamente consciente do alcoolismo de John. Quando ele bebia, sua personalidade mudava completamente: ele ficava cambaleante, agitado, desleixado e trôpego. Eu ficava muito desconfortável ao seu lado. Houve acidentes de carro – por sorte, apenas os carros ficaram seriamente danificados – e muitas corridas até a emergência do hospital para dar pontos em ferimentos. Eu tinha vergonha de contar a meus pais e a minhas irmãs o que realmente estava acontecendo em minha vida.

Quando eu reclamava que ele estava bebendo muito, John sempre negava, alegando que eu estava sendo estúpida ou ridícula. O triste era que eu acreditava nele. E mais: eu via que ficar irritada com as suas bebedeiras apenas o deixava mais na defensiva e mais desconfortável, o que só servia para fazê-lo beber mais. Eu sabia que as coisas estavam muito erradas, mas não sabia o que fazer. O que tornava as coisas tão difíceis era que John, no fundo, era um homem muito bom. Quando não estava bêbado, eu adorava ficar com ele e o respeitava. Minha infelicidade e a raiva que eu não expressava aumentaram continuamente – assim como minha solidão.

Quando nossos filhos nasceram, as coisas se tornaram mais suportáveis. Os anos voaram enquanto eu me refugiava nas atividades, mantendo-me ocupada demais para lidar com aquela situação. Por fora, parecíamos uma família normal, mas na vida particular minha relação com John se deteriorava cada vez mais.

Quando eu reclamava de John com minhas duas amigas mais íntimas, elas sempre se compadeciam. Eu me sentia bem por desabafar, mas fazer isso com elas ano após ano nunca me ajudou a crescer ou mudar.

Aos 23 anos de casados, o alcoolismo de John estava pior do que eu jamais poderia imaginar, mas ele ainda negava completamente a doença. Eu me sentia tão vazia, que não sabia por quanto tempo mais agüentaria.

Certa noite, acordei e descobri que estava chorando descontroladamente e batendo no peito de John. Toda a raiva que eu vinha negando estava sendo extravasada em meu sono. John, que roncava depois da bebedeira noturna, não acordou. Em seguida, fiquei em silêncio por um longo tempo, enfrentando o fato de que eu era uma figura doente. Eu estava me afogando em ressentimento e desespero, mas o medo de ficar sozinha, de ter que me segurar e de preocupar meus pais e meus filhos – embora estes já fossem crescidos – me paralisava.

Então um dia, algumas semanas depois, uma amiga me falou de um grupo de apoio a pessoas envolvidas com alcoólatras. "Nós duas somos casadas com alcoólatras. Vamos lá!", disse ela. Concordei ansiosamente.

Chegamos à igreja onde acontecia o encontro da Al-Anon e entramos numa sala com cadeiras de armar dispostas em círculo no meio da sala. Depois que todos se acomodaram, a reunião começou.

Fiquei imediatamente impressionada com a abertura de todas as pessoas. Cada uma delas parecia ser aceita como era, e senti um amor incondicional fluindo pelo círculo, envolvendo as pessoas que supus serem freqüentadores, além dos recém-chegados. Foi como entrar num lugar aquecido depois de enfrentar o frio; todo o meu corpo relaxou no calor daquele encontro. Além de me apresentar, eu não precisava dizer qualquer outra palavra, a não ser que quisesse. Fiquei sentada ouvindo atentamente as pessoas compartilharem experiências que eu conhecia muito bem.

Comecei a participar das reuniões duas ou três vezes por semana. Não conseguia parar de receber aquele amor e aquela aceitação que eram dados tão livremente. Não havia críticas nem julgamentos de ninguém e – o que é igualmente importante – eles não permitiam que eu ficasse presa à autopiedade. Sempre com muita delicadeza, o grupo me ajudou a afastar meu foco de John e suas ações e encontrar força e confiança para mudar a minha vida – o que quer que isso significasse para mim. Não era dado nenhum conselho. Eu apenas ouvia, uma após a outra, as histórias das pessoas que haviam estado onde eu estava e haviam seguido em frente com suas vidas.

Depois de cada reunião, as pessoas sempre se aproximavam de mim e me abraçavam, sussurrando palavras de encorajamento no meu ouvido. Eu era como uma esponja, absorvia tudo. Pouco a pouco, gota a gota, comecei a me sentir recuperada.

Em casa ainda não era fácil. Quando John estava bêbado, eu ainda me sentia vítima de seu comportamento e desanimada por ele negar qualquer problema, mas depois daqueles encontros com ele, em vez de me alimentar de minha falta de esperança, eu compartilhava minha experiência com o grupo e saía dali com o foco nos meus valores e um pouco mais perto de encontrar serenidade dentro de mim.

Certa noite, mais ou menos um ano depois de eu descobrir meu "círculo de apoio", John chegou em casa às 2 horas da manhã, muito bêbado. Estava tateando para encontrar nossa cama, falando alto e sendo absolutamente desagradável.

Olhei aquele homem que era meu marido há mais de vinte anos e tudo o que senti foi compaixão e uma tranqüila convicção de que não queria ficar no quarto com ele enquanto ele estivesse naquele estado. Fiquei maravilhada com a completa paz que senti. Ainda fico com lágrimas nos olhos ao me lembrar daquele momento: não havia mais medo.

Com clareza e calma, eu disse, "John, vou dormir no outro quarto esta noite". Levantei-me e segui pelo corredor até o quarto vago.

Ele me seguiu até o quarto e começou a discutir, "Ah, vamos lá, o que você está fazendo? Volte para o quarto". Sua habitual rotina de negar. Olhei diretamente em seus olhos. "Não, John. Vou dormir aqui. Vejo você de manhã." Não havia qualquer traço de agitação ou raiva em minha voz – o que me surpreendeu, tanto quanto a ele. Ele saiu do quarto e eu dormi, sentindo mais força e bem-estar do que jamais sentira.

Na manhã seguinte, sentei-me com John e lhe disse, "John, não consigo mais aceitar seu comportamento. Quero a separação". Diante disso, seu rosto perdeu completamente a cor, ficando branco como a camisa engomada que usava.

Eu continuei, "Estou me mudando hoje. Preciso de algum tempo para ficar quieta e descobrir quem eu sou e o que quero".

Acho que John estava em choque, porque tudo o que ele fez foi se levantar e dizer, "Está bem", antes de sair pela porta e ir para o trabalho.

Naquele dia, mudei-me para a casa de uma amiga que estava vazia, pois ela estava viajando de férias. Durante três semanas, aproveitei minha solidão e o recém-descoberto prazer de estar em minha própria companhia. Como sempre, continuei a participar das reuniões da Al-Anon. Mesmo fora das reuniões, as pessoas do grupo eram meu "sistema de apoio à vida". Se eu ficava insegura, telefonava para uma ou outra e elas me lembravam como eu havia ido longe e compartilhavam comigo suas próprias experiências, força e esperança.

Ao fim das três semanas, John me telefonou. Com uma condescendência surpreendente, ofereceu-se para se mudar para o apartamento de um amigo e me deixar voltar para nossa casa. Aceitei com satisfação e cuidamos de nossa separação nas semanas seguintes. Eu decidira finalmente que era hora de encontrar um trabalho e um apartamento quando John me telefonou e disse que precisava conversar comigo.

Quando nos encontramos, John perguntou, "Molly, o que você quer?"

Como já havia falado muitas vezes sobre isso na presença de meu grupo, eu estava completamente certa de minha resposta. Sorri para ele e disse, "John, sei que amo você. Sei que o respeito. Não quero o divórcio, mas não estou disposta a aceitar seu comportamento quando você está bêbado".

Ele ficou em silêncio por um momento e então disse, "Isso é tudo o que eu queria saber." Em seguida, levantou-se e disse até logo.

Três dias depois, ele me telefonou. Nunca esquecerei suas palavras: "Molly, eu sou alcoólatra. Estou na AA e quero voltar para casa."

Isso aconteceu há mais de trinta anos.

Desde aquele dia, John nunca mais bebeu e eu não perdi uma reunião. Hoje, com mais de cinco décadas de casamento, eu e John estamos aproveitando a vida juntos – com nossos interesses e ocupações separados, bem como nosso tempo compartilhado profundamente gratificante. Amo e respeito meu marido e sinto seu amor e respeito por mim. Agradeço todos os dias às pessoas que estiveram ao meu lado. Quando elas me ajudaram a afastar meus olhos de John e dos outros, e a me concentrar em mim – minhas atitudes e ações – milagres aconteceram. Consegui encontrar auto-estima e serenidade e me tornei a pessoa forte que sou hoje.

Exceto quando estou doente ou viajando, ainda participo da reunião da Al-Anon uma vez por semana. O amor incondicional e o apoio efetivo que obtive ali é tão necessário hoje quanto foi antes. Como veterana na comunidade da Al-Anon, tento passar meu tempo com os recém-chegados, principalmente as pessoas tímidas e hesitantes. Tenho bastante consciência de quanta coragem é preciso para atravessar aquela porta pela primeira vez – e faço tudo o que posso para deixá-las relaxadas. Conheço profundamente a magia dessas salas e o poder que um grupo de apoio tem de ajudar as pessoas a encontrar seu caminho na vida.

* * *

O vento sob suas asas

Embora nunca tenha participado de um programa de 12 passos, sei, assim como Molly descobriu, que esses programas são extraordinariamente úteis para milhões de pessoas. Qualquer grupo que lembre a você a verdade mais profunda de sua alma, quando você a esquece, vale ouro. Sei disso porque durante muitos anos fui membro de um grupo de apoio, formado por mulheres, que foi uma dádiva dos céus, mantendo-me no caminho em minha busca da verdadeira felicidade.

Em 1987, participei de um seminário para transformação de vida chamado Treinamento de Autofortalecimento, liderado por um terapeuta maravilhoso chamado Ali Najafi. Ao fim do curso, Ali nos recomendou formar grupos para manter o ímpeto do fortalecimento em nossas vidas. Cinco mulheres – Holly, Jennifer, Sandy, Janice e minha querida amiga e co-autora Carol – juntaram-se a mim para formar um grupo de apoio extraordinário, que rapidamente se tornou minha família. À medida que os anos se passaram, recebemos como novos membros Lane e Kami. Toda semana, nos reuníamos numa casa diferente – a anfitriã da semana providenciava os comes e bebes – e fazíamos o círculo duas vezes, primeiro falando sobre como haviam sido nossas "vitórias" na semana anterior e em seguida apresentando nossos objetivos para a semana seguinte. Pedíamos apoio às mudanças que queríamos fazer e incentivávamos umas as outras tanto quanto podíamos. Tudo o que era dito em nossos encontros era estritamente confidencial, e cuidávamos para que todas as pessoas dispusessem do mesmo tempo – embora modificássemos a regra quando alguém tinha uma crise que precisasse ser mais discutida. Passamos juntas por muitas coisas: casamentos (inclusive o de Holly com um ex-namorado meu, aquele que havia sido o motivo de meu coração partido), nascimentos e divórcios. Vi o quanto estávamos realmente unidas quando tivemos que enfrentar uma tragédia em comum: a súbita morte de um dos membros do grupo.

Numa tarde de frio e neve em janeiro, Sandy morreu num acidente de carro. Como era solteira e não tinha parentes próximos, coube a nós, seu grupo de apoio, organizar o funeral. Este acabou sendo não apenas uma celebração a uma mulher que todas nós amávamos com carinho, como também uma celebração da gratidão e do amor que sentíamos umas pelas outras. Quando me mudei de cidade, dez anos depois, encontrei imediatamente outro grupo de mulheres ao qual me juntei. Esse tipo de apoio tem sido tão importante em minha vida, que o procuro sempre que posso.

A importância e o poder do apoio são os mesmos no mundo inteiro. Zainabi Salbi, que você conheceu no Capítulo 3, contou-me uma bela história que exemplifica isso. Como parte de seu trabalho com sobreviventes de guerra na Bósnia-Herzegovina, Zainabi conheceu certa vez um grupo de mulheres numa vila muito pequena. Uma mulher que estava sentindo uma grande tristeza confessou que era espancada regularmente por seu marido. Ela não queria deixá-lo, só queria que ele parasse de bater nela. O pior era que se culpava pelo comportamento abusivo dele. Uma outra mulher do grupo a abraçou, chorou com ela e admitiu que estava passando pela mesma coisa. O grupo decidiu tomar uma atitude. Disse à mulher que pedisse a seu filho para avisar da próxima vez que o marido começasse a espancá-la.

Logo no dia seguinte, o marido começou a bater nela. Conforme combinado, seu filho abriu a janela e gritou para todas as outras mulheres do grupo, "Socorro! Minha mãe precisa de ajuda!". Todas deixaram o que estavam fazendo. Com seus véus na cabeça e tênis nos pés, todas elas saíram em marcha, cercaram a casa e começaram a gritar para o marido, "Se você vai bater nela, tem que bater em todas nós! Vai bater em nós também?". Surpreso e envergonhado, o homem parou. Outros homens, que observavam a cena de suas janelas, viram como as mulheres estavam unidas e, depois daquele dia, o índice de violência doméstica na vila caiu bastante.

Criando seu time campeão de felicidade

Você pode se cercar de apoio de várias formas. Nancy Fursetzer, membro dos 100 Felizes, contou-me sobre seu grupo de apoio original, que inclui Albert Einstein, Helen Keller, Madre Teresa, Gandhi, Goethe, Abraham Lincoln, Lao-tzu e muitos outros grandes homens e mulheres do passado e do presente. Nancy colecionou frases deles e as pôs em sua casa e seu escritório, algumas delas em molduras, outras escritas em papéis presos em espelhos, perto do computador, do telefone e da pia da cozinha. Onde quer que vá, 24 horas por dia, Nancy tem lembretes inspiradores de seu time campeão de felicidade, o que mostra que a obtenção de apoio não precisa ser limitada pelo tempo e pelo espaço!

O valor de um grupo de apoio está na criação de um time, no qual todos juntos conseguem mais. Isso se baseia no antigo princípio de que quando duas ou mais pessoas se juntam com um objetivo comum, elas ampliam seus esforços e podem alcançar o que desejam mais rápida e facilmente. Você pode usar o seguinte exercício para ter suas próprias reuniões de grupo de apoio.

Exercício

Formato de reunião de grupo de apoio

1. Forme seu grupo encontrando de cinco a sete pessoas que você respeita e nas quais confia. Determine dia e hora das reuniões (recomenda-se uma ou duas vezes por mês). Alterne líderes em cada reunião e decida quem vai controlar o tempo durante o encontro.
2. Comece o encontro com o líder fazendo uma invocação ou apresentando uma citação inspiradora.
3. Cada pessoa tem de três a quatro minutos para apresentar ao grupo suas "vitórias" e realizações ocorridas desde a reunião anterior.
4. Cada pessoa tem de dez a quinze minutos para apresentar ao grupo seus objetivos ou intenções, ou para pedir apoio ao restante do grupo.
5. Cada pessoa declara uma ação que fará antes da reunião seguinte para avançar em suas intenções (por exemplo, fazer 30 minutos de exercícios físicos três vezes por semana).
6. Deixe o líder terminar a reunião com uma declaração de gratidão e intenção positiva.

É importante que todos mantenham os seguintes procedimentos: ouvir sem interromper, evitar o comportamento de vítima (culpa/vergonha/reclamação), apresentar sugestões apenas quando solicitado e manter em completo sigilo tudo que é compartilhado ali.

Hábito de Felicidade para as relações nº 3
Veja o mundo como uma família

Os seres humanos são mais iguais do que diferentes... Tente ampliar sua entrega de si mesmo a pessoas que podem nem sequer se parecer com você. Você pertence a todos, e todos pertencem a você.

– Maya Angelou, escritora e poeta

O que observei em minhas entrevistas com os 100 Felizes é que eles vêem o mundo inteiro como uma família. Seu amor, sua empatia, sua compaixão e seu carinho – conseqüências naturais de ser Feliz Sem Motivo – não estão limitados a parentes e amigos, mas se estendem a toda a humanidade. Nacionalidade, raça, religião... nada disso representa um limite. Os Felizes Sem Motivo vêem as pessoas em todos os lugares como sendo exatamente iguais a elas, e vêem que todos nós queremos as mesmas coisas: amor e felicidade. Como sempre se sentem parte de uma família maior, as pessoas felizes têm o hábito de dar tudo o que podem, onde quer que estejam.

Os 100 Felizes acreditam que sua felicidade é um dos maiores presentes que podem dar ao mundo. Em minha entrevista com Liz Gilbert, cuja história está no Capítulo 7, ela me disse que depois de seu livro *Comer, rezar, amar* ser publicado, repórteres freqüentemente lhe perguntavam, "Você não acha que foi um pouco egoísta viajar pelo mundo procurando por si mesma?". Ela sempre respondia, "Quer saber? Eu acho que na verdade seria um pouco egoísta passar o resto da minha vida num sofrimento narcisista, depressivo e ansioso. Essa pessoa não acrescenta nada à sociedade, nada a nenhum lugar aonde chega, nada às pessoas que toca. O melhor serviço comunitário que eu poderia oferecer ao mundo é ficar saudável e sã."

Durante minha pesquisa sobre os 100 Felizes, um colega de negócios me contou sobre uma amiga dele, Happy Oasis. Quando ouvi esse nome*, fiquei certa de que seria uma entrevista interessante. E foi. Happy

---

*Em português, Oásis Feliz. (*N. do T.*)

realmente faz jus a seu nome. Na história extraordinária que se segue, ela descreve uma experiência que teve há mais de vinte anos, quando viajava pela Ásia, e que lhe ensinou o que realmente significa ver o mundo como uma família e ajudar os outros compartilhando com eles sua felicidade.

*

A história de Happy

O homem sorridente

Sempre fui um espírito livre. Quando terminei a escola secundária, em 1983, em vez de ir para uma universidade da Ivy League, como meu pais esperavam que acontecesse, peguei um avião para a Austrália. Passei os anos seguintes trabalhando e ganhando dinheiro, enquanto viajava pela Austrália e pelo sudeste da Ásia, fazendo meu curso de antropologia.

Quando deixei os Estados Unidos, eu era uma jovem de 18 anos ingênua e protegida. Considerava-me uma pessoa feliz, mas quando me lembro daquele tempo, vejo que era mais um caso de felicidade por ignorância. Até fazer minhas viagens pelo Terceiro Mundo, eu simplesmente não tinha consciência do extremo sofrimento da humanidade.

Fui para Bangladesh na esperança de passar algum tempo com membros de uma tribo que lá vivia. Quando cheguei à capital, Daca, descobri que além se ser a época da monção, havia uma fome generalizada que estava causando muitas doenças e mortes em todo o país.

Certa manhã, embarquei num ônibus em Daca, rumo a áreas mais remotas do país. Ao olhar para os outros passageiros, vi que eu era a única ocidental no ônibus. Além disso, eu era uma mulher loura, de olhos azuis e aparência muito jovem num país muçulmano onde mal havia visto alguma mulher. Eu tentara me vestir no estilo muçulmano, amarrando um sarongue preto na cabeça e cobrindo meus braços e pernas o máximo que podia, mas sabia que chamava bastante atenção, e isso me deixava um pouco desconfortável.

Deixamos a cidade e logo estávamos passando por plantações e vilarejos. Chovia muito há dias, e em determinado momento o ônibus teve que sair da estrada, que inundava rapidamente, e ficar num campo para evitar um desastre. Enquanto eu observava, a estrada era coberta pela água e a pequena vila próxima começava a inundar. O terreno onde o ônibus estacionara foi rapidamente cercado pela água, e vi multidões de pessoas seguindo para nossa ilha de terras altas, do tamanho de um campo de futebol. Logo, havia centenas de pessoas extremamente magras – na maioria crianças – descalças e vestindo trapos, deitadas sobre o chão, do lado de fora do ônibus. Percebi, para meu horror, que elas estavam morrendo: a disenteria e a falta de comida estavam cobrando seu preço.

Logo passei a ser a única pessoa que não havia desembarcado para ver o que estava acontecendo, ou talvez para ajudar. Fiquei sentada no ônibus sozinha, imaginando o que *eu* podia fazer para ajudar. Meu primeiro impulso ingênuo foi desembolsar os 2 mil dólares em cheques de viagem que guardava em meu cinto de dinheiro – destinados a financiar mais um ou dois anos de viagem – e comprar comida para aquelas pessoas. Mas rapidamente percebi que não havia como ir ao banco.

Então, pensei, "Posso usar os 150 dólares em moeda bengalesa que tenho para comprar uma refeição para todo mundo na mercearia." Mas ao olhar para a vila de barracos inundada e os campos de arroz que cercavam nossa ilha, caí na realidade: não havia comida para ser comprada em lugar nenhum.

Meu pensamento desesperado seguinte foi, "Certamente a Cruz Vermelha vai aparecer logo. Eles têm que aparecer." Mas a chuva continuava caindo, e uma hora depois eu tive que admitir que a Cruz Vermelha não estava chegando. A julgar pelo que havia visto no país até então, eu duvidava que algum dia chegaria.

Comecei a chorar e lamentar. Não estava preocupada com a minha sobrevivência; carregava uma pequena mochila com água, um pouco de comida e uma muda de roupa. Depois de um ano viajando, estava acostumada a uma vida bastante rude. Mas me senti muito impotente, acreditando que não havia nada que pudesse fazer.

Ouvi alguma coisa e ergui o rosto para ver um homem que usava apenas uma tanga entrando no ônibus. Ele era frágil, magro e, embora tivesse provavelmente apenas 35 anos, parecia muito velho. Andou com dificuldade em minha direção, apoiando-se nos bancos de madeira do ônibus. Quando chegou a mim, ficou me olhando, depois estendeu o braço e tocou a parte do meu cabelo que não estava coberta. Normalmente, eu não deixaria um homem tocar meu cabelo, mas estava atraída pelos olhos dele. Pareciam olhos de um fantasma ou um anjo – alguém que já havia morrido. Então, quando ele afastou a mão, notei seus dedos, ou o que restava deles. Eram descamados e curtos, com a metade do tamanho de dedos comuns. Eu congelei: o homem era um leproso. Antes que eu pudesse reagir, ele se virou e saiu do ônibus, desaparecendo no meio da multidão. Abalada com aquele encontro, fiquei sentada em silêncio, sentindo-me ainda mais impotente e deslocada do que antes.

Ainda estava perturbada quando, alguns minutos depois, outro homem se aproximou do ônibus e ficou diante de minha janela, fitando-me. Parecia-se com todas as outras pessoas que eu encontrara em Bangladesh – pobremente vestido, muito magro e descalço – exceto pelo fato de que mantinha um sorriso largo.

De repente, pareceu-me terrivelmente inapropriado que aquele homem estivesse sorrindo naquelas circunstâncias. Em meio às lágrimas, eu o repreendi, "Como o senhor pode estar sorrindo numa situação como essa?".

Para minha surpresa, ele respondeu num inglês perfeito, "Um sorriso é tudo o que tenho para dar, madame".

Fiquei chocada com o poder daquelas simples palavras. Elas viraram meu mundo – e todas as minhas idéias sobre ajudar os outros – de cabeça para baixo. Mas antes que eu pudesse responder, ele gesticulou para mim, "Venha, venha comigo".

Saí do ônibus e segui com ele na chuva. Passamos as dez horas seguintes caminhando pelo campo, cantando para as pessoas, uma após a outra, enquanto elas permaneciam deitadas, morrendo. Ajoelhando diante de cada pessoa, o homem sorridente, como eu o chamava, entoava lindamente cânticos muçulmanos emocionados, enquanto eu cantava canções cristãs que aprendera em colônias de férias.

Nossa cantoria – bem, na maior parte do homem sorridente, já que ele fazia isso bem melhor do que eu – acalmava as pessoas e parecia lhes dar paz. Às vezes, ele acariciava a testa delas; outras vezes, tocava seus ombros e me incentivava a fazer o mesmo. Eu hesitava em fazer isso quando era um homem que estava diante de nós, uma vez que em países muçulmanos uma mulher não dever tocar um homem que não seja seu parente. Mas naquelas circunstâncias, aquilo não parecia ter importância. Fazíamos isso até que houvesse um sinal de que a pessoa se sentia melhor, tal como um leve sorriso, ou alguma resposta que mostrasse relaxamento. Então deixávamos a pessoa para que ela viajasse sozinha para outro reino, chamado morte, ou ficávamos ao seu lado até que ela se fosse. Enquanto as horas passavam, ficamos circulando pelo campo, cantando para dezenas e dezenas de pessoas.

Em determinado momento, quando seguíamos com cuidado por aquele labirinto de corpos, reconheci o homem do ônibus – o leproso que havia tocado meu cabelo. Ele estava deitado imóvel no chão. Parei e o olhei de perto. De olhos fechados, ele parecia se misturar à terra embaixo dele. Então, tive um choque repentino ao perceber que estava morto. Senti uma tristeza profunda; queria que o tivéssemos nos encontrado antes. Fazendo uma prece em silêncio, eu me afastei e corri para alcançar o homem sorridente, que já estava ajoelhado diante de uma criança e começando a cantar.

Eu e o homem sorridente conversávamos de vez em quando enquanto o dia passava. Às vezes, eu ficava emocionada com a cena perto de mim e começava a chorar. Na maioria das vezes ele ignorava minhas lágrimas, mas em determinado momento me disse, "Temos um motivo para chorar e não estamos chorando. Você não tem nenhum motivo. Por que está chorando?". Isso foi dito com delicadeza, mas com um toque de severidade paternal. Era sua maneira de me pedir para assumir um papel de liderança, como se dissesse, "Recomponha-se. Vamos fazer o que podemos".

A chuva finalmente diminuiu. O motorista chamou e as pessoas começaram a embarcar no ônibus. Eu me despedi do homem sorridente e voltei para meu lugar. Enquanto estava ali sentada, esperando para partir, pensei que provavelmente nunca mais o veria. Ainda assim, ele se tornara o meu herói. Eu admirava sua sabedoria e algo que só consigo descrever como sagacidade. Sem um centavo, sem um dólar – sem qualquer item material – ele aliviara o sofrimento de centenas de pessoas oferecendo seu amor e sua alegria. Fiz uma promessa em silêncio de ser como aquele homem sorridente.

Desde então, tornou-se uma prioridade em minha vida ser tão feliz quanto possível, compartilhar essa felicidade com tantas pessoas quanto possível e tratar todos que eu encontro como uma família. Até mesmo aqui nos Estados Unidos, na mercearia, no banco, onde quer que você vá, você muitas vezes não sabe o que está acontecendo com as pessoas que vê. Alguém pode estar muito deprimido. E simplesmente sorrindo, abrindo-me e estendendo a mão – dando-me como o homem sorridente se dava – descobri que posso realmente oferecer algum alívio e alguma luz. Por isso mudei meu nome para Happy Oasis: para ser um oásis de felicidade para todo mundo. E o maravilhoso efeito colateral é que carrego esse oásis dentro de mim onde quer que eu vá. Ele é a base do alto nível de felicidade que hoje eu tenho.

O homem sorridente me mostrou que dar amor aos outros não é complicado nem difícil. Eu sei, por experiência própria, que quando um sorriso é tudo o que você tem para dar, isso pode ser suficiente.

* * *

O poder da conexão

Os sorrisos são reconhecidos universalmente como sinais de intenção de amizade e afeto. Até mesmo um breve sorriso pode ter um impacto enorme. Ouvi Caroline Myss contar uma história de seu livro *Atos de poder* que ilustra isso perfeitamente. A história é sobre um jovem que estava tão deprimido, que decidiu voltar ao seu apartamento para cometer suicídio. Quando ele estava numa esquina, esperando um carro passar, a mulher ao volante olhou diretamente para ele e abriu um sorriso largo. O sorriso foi tão caloroso e terno, que o convenceu que ainda havia bondade no mundo e ele desistiu de dar fim à vida dele. Não importa quem você é, ou onde esteja, um sorriso sincero elimina até mesmo as maiores diferenças de idade e culturais, criando uma sensação de conexão.

Robert Biswas-Diener, freqüentemente chamado de Indiana Jones da psicologia positiva – por ter viajado para regiões remotas do mundo estudando a felicidade – descobriu que a conexão tem uma forte influência sobre a felicidade, mesmo entre os cidadãos mais pobres do mundo. Com a colaboração de seu pai, Edward Diener, Biswas-Diener analisou a satisfação com a vida de pessoas sem-teto e moradores de favelas em Calcutá. Os resultados foram fascinantes. Boas relações sociais e laços familiares saudáveis tornavam os favelados de Calcutá mais alegres e capazes de suportar os efeitos negativos da terrível pobreza.

Foi Robert quem me apresentou a Roko Belic, membro dos 100 Felizes e jovem documentarista cujo primeiro documentário, *Genghis Blues*, feito com seu irmão, Adrian, foi indicado para um Oscar em 2000 e ganhou muitos prêmios. O atual projeto de Roko é um filme sobre felicidade chamado *Happiness Revolution*, que o levou a muitos países – incluindo Brasil, Índia, Namíbia e Japão – para documentar como as pessoas no mundo sentem – ou não sentem – felicidade. Baseado no que descobriu em suas viagens, Roko acredita que sentir-se parte de alguma coisa é vital para sustentar o bem-estar e a felicidade.

Roko me contou, em nossa entrevista, que foi ao Japão porque muitas pessoas haviam lhe dito que, embora seja um país materialmente rico, o Japão não estava indo muito bem emocionalmente. Passeando no metrô de Tóquio, ele ficou chocado ao ver que oitenta por cento dos passageiros estavam dormindo ou tentando dormir. Como o trabalho é a prioridade na vida das pessoas ali, elas tendem a trabalhar horas demais, às vezes 24 horas por dia. Essa dedicação à produtividade cobra seu preço, não apenas na privação de sono, mas também no nível de conexão entre as pessoas.

Mas Roko também ouviu falar que algumas das pessoas mais idosas do mundo vivem no Japão, especificamente em Okinawa. Sabendo de uma pesquisa segundo a qual pessoas mais felizes vivem mais, ele e sua equipe saíram de Tóquio e foram até uma pequena vila na ilha de Okinawa para verificar se a longevidade local tinha alguma coisa a ver com felicidade.

Ali, Roko descobriu um pequeno reduto de felicidade. Muitas pessoas que encontrou tinham mais de 90 anos e, embora passassem o dia na lavoura, sob o sol forte, e mantendo o que os ocidentais considerariam um estilo de vida rudimentar, a alegria em suas vidas era evidente. O que impressionava ainda mais era que muitos moradores eram mulheres idosas que haviam perdido seus maridos e filhos quando Okinawa foi arrasada, durante a Segunda Guerra Mundial. Mas, longe de serem amargas ou tristes devido às suas perdas, essas mulheres irradiavam bom humor e felicidade.

A chave era o forte senso de conexão que parecia se estender a todas as gerações. Todas as sextas-feiras à noite, os moradores se reuniam para dançar. Uma banda tocava e todos – desde crianças pequenas até senhoras idosas – dançavam juntos músicas tradicionais. Roko disse que todos se divertiam, até mesmo os adolescentes, que nos Estados Unidos seriam "modernos" demais para festas como essas. O alto nível de alegria dos moradores de Okinawa mostra o poder do senso de comunidade de sustentar a felicidade individual.

E se esse senso de comunidade abrangesse o mundo inteiro? Imagine como seria se você se sentisse tão confortável com todo mundo, em qualquer lugar, quanto se sente saindo com seus amigos mais íntimos ou com sua família. É isso o que significa realmente ver o mundo como sua família. A americana-palestina Naomi Shihab Nye, celebrada poeta e ensaísta, compartilha uma experiência que viveu no terminal do aeroporto de Albuquerque:

> Depois de saber que meu vôo atrasaria quatro horas, ouvi um anúncio: "Se alguém próximo ao Portão 4-A entende árabe, por favor, venha até o portão imediatamente."
>
> Bem, hoje em dia é preciso fazer uma pausa diante disso. Mas o Portão 4-A era o meu portão, então fui até lá. Uma senhora árabe idosa, vestida a caráter, assim como minha avó se vestia, estava caída no chão, chorando alto.
>
> "Por favor, me ajude", disse um comissário de bordo. "Fale com ela. O que está acontecendo? Dissemos a ela que o vôo está quatro horas atrasado e ela ficou assim!
>
> Pus meu braço em torno dela e lhe disse pausadamente: "*Shu dow-a, shu-biduck habibti, stani stani schway, min fadlick, sho bit se-wee?*"
>
> No instante em que ouviu minhas palavras – embora mal pronunciadas – ela parou de chorar. Ela havia pensado que o nosso vôo fora cancelado, e precisava estar em El Paso no dia seguinte para um trata-

mento médico importante. Eu disse, "Não, não, está tudo bem, a senhora vai chegar lá, apenas mais tarde. Quem vai buscá-la? Vamos telefonar para avisar."

Telefonamos para seu filho e falei com ele em inglês. Disse-lhe que ficaria com sua mãe até ela entrar no avião e que depois do embarque estaria por perto. Então, enquanto esperávamos para embarcar, telefonamos para seus outros filhos. Depois telefonamos para meu pai. Ele e ela conversaram algum tempo em árabe. É claro que descobriram que tinham dez amigos em comum.

Então eu pensei – *só de curtição* – por que não telefonar para alguns poetas palestinos que conheço e deixá-los conversar com ela? Isso tudo durou umas duas horas. A essa altura, ela estava rindo um bocado, contando sobre sua vida, dando tapinhas no meu joelho e respondendo a perguntas. Havia tirado da bolsa um saco de biscoitos *mamool* caseiros – biscoitinhos farelentos, recheados de tâmaras e nozes e polvilhados com açúcar – e os oferecia a todas as mulheres que estavam ali no portão.

Para minha surpresa, nenhuma mulher recusou o biscoito. Parecia uma hóstia sagrada. A viajante da Argentina, a mãe da Califórnia, a mulher adorável de Laredo – todas nós ficamos cobertas do mesmo açúcar polvilhado. E sorrindo. Não existe biscoito melhor.

E então a companhia aérea ofereceu bebidas grátis, retiradas de enormes *coolers*, e duas menininhas que estavam em nosso vôo – uma afro-americana e outra latina – circularam entre nós servindo suco de maçã e limonada. Elas também estavam cobertas de açúcar.

Observei que minha nova melhor amiga – agora estávamos de mãos dadas – tinha um vaso de planta que despontava em sua bolsa, algum tipo de planta medicinal com folhas verdes e peludas. É uma velha tradição do país para as viagens. Leve sempre uma planta. Mantenha sempre suas raízes em algum lugar.

Olhei em volta aquelas pessoas atrasadas e cansadas e pensei, "Este é o mundo onde quero viver. O mundo compartilhado." Depois que a confusão do choro passou, nenhuma pessoa naquele portão parecia apreensiva em relação a qualquer uma das outras. Elas aceitaram os biscoitos. Eu queria abraçar todas aquelas mulheres.

Isso ainda pode acontecer em qualquer lugar. Nem tudo está perdido.

Quanto mais sentimos que mesmo pessoas totalmente estranhas fazem parte de nossa família, mais felizes ficamos. O exercício seguinte ajudará você a adquirir o hábito de ver o mundo inteiro como uma família.

Exercício

O mundo é minha família

Passe o dia tratando cada pessoa que você encontra como se fosse sua mãe, ou seu filho, ou seu parente mais querido. Faça isso no trabalho, nas compras, ao participar de um grupo, numa viagem. Faça as pessoas se sentirem importantes, amadas, valorizadas, respeitadas e admiradas, e faça isso como uma escolha efetiva, com a intenção de pôr algo maravilhoso em seu mundo. Ao fim do dia, observe como você se sente. Depois de um dia cuidando das pessoas que encontrou, você poderá se surpreender colhendo o benefício de se sentir tão feliz e em paz quanto pretendia que elas se sentissem.

Resumo e passos para a felicidade

Quando você cultiva relações sadias, você usa o contágio emocional a seu favor, cerca-se de apoio e vê o mundo como sua família. Isso cria um belo jardim em torno de sua Casa da Felicidade. Use os seguintes passos de ação para praticar os Hábitos de Felicidade para as relações:

1. Use seu GPS interno para identificar suas relações sadias e tóxicas, as "rosas e as ervas daninhas" de seu jardim.
2. Use seus impulsores de imunidade emocional quando precisar interagir com pessoas tóxicas.
3. Faça a Prática da Apreciação diariamente, durante uma semana.

4. Se for apropriado, faça um programa de 12 passos que possa ajudá-lo a lidar com sua situação.
5. Forme um grupo de apoio e estabeleça uma programação de reuniões regulares.
6. Veja o mundo como uma família, focalizando os modos como somos mais parecidos do que diferentes e irradiando bondade amorosa para todas as pessoas que você encontrar.

PARTE III

Feliz Sem Motivo para sempre

Nosso negócio é ser feliz.

– Sua Santidade o Dalai Lama

10

O plano de vida Feliz Sem Motivo

Só é possível viver feliz para sempre se for diariamente.

– Margaret Bonnano, escritora

A esta altura você já sabe que "feliz para sempre" não é coisa apenas de conto de fadas ou de algumas pessoas de sorte. Com a leitura sobre pesquisas convincentes e experiências de pessoas realmente felizes – e talvez até fazendo alguns exercícios – você sabe que quando pratica os 21 Hábitos de Felicidade, pode também fazer parte dos 100 Felizes e sentir paz interior e bem-estar em tudo o que acontece em sua vida.

Eis o resumo dos sete passos que você acaba de dar para construir sua Casa da Felicidade, juntamente com os hábitos que os acompanham.

Hábitos de Felicidade

A Fundação – aproprie-se de sua felicidade

1. *Foque a solução*: Para se fortalecer, construa sobre o que já está funcionando para melhorar qualquer situação em sua vida.
2. *Procure a lição e a dádiva*: Em vez de culpar os outros ou dar desculpas, encontre a lição e a bênção em cada circunstância.
3. *Fique em paz consigo mesmo*: Torne sua carga mais leve aceitando o passado e avançando.

O Pilar da Mente – não acredite em tudo que você pensa

4. *Questione seus pensamentos*: Examine suas crenças para determinar se sua mente está lhe dizendo a verdade.
5. *Transcenda a mente e liberte-se:* Liberte-se dos pensamentos e sentimentos negativos.
6. *Volte sua mente para a alegria*: Apegue-se aos pensamentos que sustentam sua felicidade.

O Pilar do Coração – deixe o amor guiar

7. *Foque a gratidão*: Ponha sua atenção no que você aprecia para expandir a energia de seu coração.
8. *Pratique o perdão*: Libere seus ressentimentos e sua raiva de outras pessoas para libertar seu coração.
9. *Espalhe bondade amorosa*: Pratique o amor "luminoso" e desejos bons para todas as pessoas que você encontrar.

O Pilar do Corpo – faça suas células felizes

10. *Nutra seu corpo*: Equilibre a química de seu cérebro e seu corpo através de uma nutrição e suplementação melhores.
11. *Energize seu corpo*: Use movimentos, respiração e descanso apropriado para aumentar a força vital de seu corpo.
12. *Entre em sintonia com a sabedoria de seu corpo*: Ame e respeite seu corpo, e ouça as necessidades dele.

O Pilar da Alma – conecte-se com o espírito

13. Solicite *a conexão com seu Poder Maior*: Encontre tranqüilidade através da prece, da meditação ou do contato com a natureza para viver sua relação com seu Poder Maior.
14. *Ouça sua voz interna*: Faça conexão com a sabedoria de sua alma para você se guiar na vida.
15. *Confie no que a vida revela*: Abra-se à graça e ponha-se no fluxo da vida.

O Telhado – viva uma vida inspirada por um propósito

16. *Encontre sua paixão*: Descubra o que realmente importa para você e alinhe-se com o que faz seu coraçã o cantar.
17. *Siga a inspiração do momento*: Focalize o que você quer e permita a si mesmo ser conduzido ao que isso revelar.
18. *Contribua para algo maior do que você mesmo*: Responda ao seu chamado interno para servir aos outros de maneiras grandes e pequenas.

O Jardim – cultive relações sadias

19. *Cuide de suas relações*: Aprecie as pessoas que fazem parte de sua vida e use o contágio emocional para aumentar sua felicidade.
20. *Cerque-se de apoio*: Crie um sistema de apoio que o ajude a manter o foco em viver da melhor maneira possível.
21. *Veja o mundo como uma família*: Tenha um senso de amor e conexão com toda a humanidade.

Tornar os Hábitos de Felicidade comuns em sua rotina exige prática. É preciso tempo e repetição para seu cérebro criar os caminhos neurais que vão sustentar um nível mais elevado de felicidade. Eis algumas dicas para ajudá-lo em seu caminho:

1. Lembre-se dos Três Orientadores
2. Dê passos pequenos.
3. Crie um sistema de apoio.

Lembre-se dos Três Orientadores

Você pode empregar o primeiro princípio dos Três Orientadores – *O que o expande o faz mais feliz* – usando seu GPS interno para informar suas escolhas na vida todos os dias.

Use o segundo princípio – *O universo está aí para apoiá-lo* – perguntando a si mesmo sempre que necessário, "Se há um objetivo maior no que está acontecendo, qual é?".

aneira de usar o terceiro princípio – *O que você quer,* inha Fórmula Secreta que você aprendeu no Capítulo 2: ição e nenhuma tensão.

I.. Mantenha sua intenção de ser Feliz Sem Motivo clara e viva em sua consciência. Mantenha esta intenção – escrita no Capítulo 2 – num lugar onde você a veja regularmente.

Atenção: Para manter as condições favoráveis ocorrendo regularmente, concentre sua atenção no desenvolvimento dos Hábitos de Felicidade e siga os passos de ação descritos ao fim de cada capítulo, destinados a ajudá-lo a praticar esses hábitos.

Nenhuma tensão: O estado de paz e bem-estar que você quer já está dentro de você. Relaxe, solte e confie que ele está se revelando.

O processo é como plantar uma flor: você a planta (sua intenção), você a molha e a fertiliza (sua atenção), e então relaxa (nenhuma tensão), sabendo que com o passar do tempo começará a ver a planta florir. Você pode soltar – o processo está acontecendo.

Dê passos pequenos: superando sua resistência a mudar

Para ter um progresso mais rápido, você não precisa dar saltos enormes. Só precisa dar passos pequenos – continuamente. No Japão, essa abordagem é chamada de *kaizen*, palavra que significa literalmente "melhora contínua". Usando a kaisen, um sucesso grande e duradouro é alcançado através de passos pequenos e persistentes. O que se constata é que a melhor maneira de superar a resistência a mudanças é agindo lenta e firmemente.

A maioria de nós resiste a mudanças – mesmo quando elas são boas! É por isso que tanta gente tem uma bicicleta ergométrica guardada na garagem, quase não vai à academia de ginástica na qual se matriculou e mantém aquela embalagem cheia de *shakes* dietéticos de baixa caloria, poucos carboidratos e pouca gordura empoeirando dentro do armário. A resistência está fundamentada em nossa fisiologia.

Nosso cérebro freqüentemente vê as mudanças com suspeita, se não claramente com medo. Para superar a resistência, mantenha as mudanças que você está fazendo pequenas e graduais o suficiente para que elas não sejam captadas pelo "radar de medo" de seu cérebro. Quando você estabelece objetivos facilmente alcançáveis, a reação de medo do seu cérebro não é ativada.

E mais: quando você continua a dar passos pequenos, seu cérebro começa a criar novos caminhos neurais para sustentar cada novo Hábito de Felicidade. Logo seus novos hábitos estarão bem fixados e você se verá praticando com facilidade e automaticamente os comportamentos que deseja.

Instale um sistema de apoio: a felicidade adora companhia

Para tornar esse processo ainda mais fácil e prazeroso, você pode convidar outras pessoas a se juntar a você. Convoque o apoio de um treinador, mentor, amigo ou grupo de amigos. Praticar os Hábitos de Felicidade com a ajuda de outras pessoas nos ajuda a *tê-los* num nível mais profundo.

O Dr. William Glasser, psiquiatra e autor de muitos livros, entre os quais *Every Student Can Succeed*, passou anos estudando como as pessoas aprendem. Ampliando as teorias de Edgar Dale, educador do século XX, ele afirma:

Nós aprendemos...

10% do que lemos
20% do que ouvimos
30% do que vemos
50% do que vemos *e* ouvimos
70% do que discutimos com outras pessoas
80% do que vivemos pessoalmente
95% do que ensinamos a outra pessoa

Isso significa que você aumenta sete vezes o impacto de *Os sete passos para ficar de bem com a vida* simplesmente discutindo as informações que aprendemos neste livro com outras pessoas. Eis algumas ótimas maneiras de obter o apoio de outras pessoas:

1. Encontre um companheiro Feliz Sem Motivo: Assim como um parceiro de exercícios, uma outra pessoa que esteja praticando os Hábitos de Felicidade pode ajudá-lo a manter-se no caminho. Quando alguém o está incentivando e dependendo de sua ajuda para manter o foco, isso torna seu o objetivo de ser Feliz Sem Motivo uma prioridade em sua vida. Além disso, ter um companheiro sempre torna tudo mais divertido.
2. **Forme um grupo de apoio Feliz Sem Motivo:** Multiplique o efeito-companheiro formando um grupo de apoio Hábito de Felicidade, cujos membros se reúnam regularmente – frente a frente, online ou por telefone – para aconselhar, ouvir e incentivar um ao outro enquanto todos elevam seus pontos fixos de felicidade. Você pode usar cada encontro para focalizar um hábito diferente. Seu grupo vai acrescentar a atenção dele à sua intenção Feliz Sem Motivo, aumentando exponencialmente o poder do próprio grupo. Minha previsão é de que você vai terminar cada encontro sentindo-se animado e abençoado por encontrar companheiros que compartilham seu objetivo de aumentar o nível de alegria no mundo. (Visite www.happyfornoreason.com para localizar um grupo de apoio perto de você.)
3. Consulte-se com um coaching Feliz Sem Motivo: Muitas pessoas estão usando coaching e os considerando muito úteis para sustentar a conquista de seus objetivos. Entre em contato com um coach Feliz Sem Motivo especialmente treinado para orientá-lo a elevar seu ponto fixo de felicidade. (Visite www.happyfornoreason.com para saber mais sobre os coaches Felizes Sem Motivo.)
4. Procure mentores Felizes Sem Motivo: Considero os 100 Felizes meus mentores Felizes Sem Motivo e sei como a influência deles em minha vida é incrivelmente valiosa. Estar perto de pessoas que já vivem num profundo estado interno de felicidade ajudará você a construir sua Casa da Felicidade mais rápida e facilmente. Em algumas tradições, "estar na companhia de sábios" é considerado um dos passos mais importantes que se pode dar para aumentar a felicidade na vida.

O mundo é como você

A maneira como o mundo lhe parece é determinada pela cor das lentes através das quais você o vê. Quando você está feliz, vê felicidade em toda a sua volta. Quando está infeliz, encontra infelicidade em toda parte. Eu adoro a seguinte fábula que ilustra isso de maneira brilhante:

> Há muitos anos, numa vila distante, havia um lugar conhecido como A Casa dos Mil Espelhos. Um cachorrinho feliz soube desse lugar e decidiu visitá-lo. Quando chegou, subiu alegremente os degraus da entrada da casa. Olhou através da porta, com suas orelhas levantadas e seu rabo abanando tanto quanto possível e, para sua grande surpresa, viu-se mirando outros mil cachorrinhos felizes com seus rabos abanando tanto quanto o dele. Deu um sorriso largo e foi saudado com mil sorrisos largos tão calorosos e amistosos quanto o dele. Quando deixou a casa, pensou consigo mesmo, "Esse lugar é maravilhoso. Vou voltar e visitá-lo com freqüência."
>
> Na mesma vila, outro cachorrinho – que não era feliz como o primeiro – decidiu visitar a casa. Subiu os degraus lentamente e esticou sua cabeça baixa para olhar através da porta. Viu mil cachorros de aparência pouco amigável olhando para ele, latiu para eles e ficou horrorizado ao ver mil cachorros latindo de volta para ele. Quando partiu, pensou consigo mesmo, "Esse lugar é horrível. Nunca mais volto aqui".

Seu espelho são todas as pessoas do mundo. Quando você está Feliz Sem Motivo, o mundo reflete essa felicidade de volta para você.

Participe da revolução de felicidade

Quando você construir sua Casa da Felicidade, não será difícil encontrar outras pessoas que se juntem a você – está havendo uma revolução de felicidade. A felicidade está aparecendo em todos os lugares, em revistas, jornais, livros e na tevê. Há até campanhas publicitárias e enormes cartazes com frases como "Sem medo de ser feliz". Um número cada vez maior de pessoas quer descobrir como ser realmente feliz em suas vidas agora. Li recentemente que a felicidade é hoje o que a auto-estima era nos anos 1990 e o que a auto-realização era nos anos 1970. Isto é uma boa notícia, porque quanto mais pessoas voltarem sua atenção para a felicidade, mais condições favoráveis serão criadas para todos.

O mundo inteiro não precisa estar feliz para haver uma mudança fundamental no nível de felicidade do planeta. Numerosos estudos indicam que quando até mesmo 1 por cento da população sente mais paz, bem-estar e coerência meditando regularmente, isto tem um efeito sobre toda a comunidade, reduzindo os índices de criminalidade, o número de acidentes, os atos de violência e a ocorrência de doenças.

Aprender a ser Feliz Sem Motivo põe você à frente da revolução de felicidade e é uma maneira poderosa de colaborar com o mundo. Você se torna um farol, iluminando sua própria vida e a vida de todas as pessoas ao seu redor. Esta idéia é brilhantemente expressa num antigo provérbio chinês que ainda é válido para os dias de hoje:

Quando há luz na alma, há beleza na pessoa.
Quando há beleza na pessoa, há harmonia na casa.
Quando há harmonia na casa, há ordem na nação.
Quando há ordem na nação, há paz no mundo.

Feliz Sem Motivo – nossa realização pessoal

Na introdução, mencionei como eu e Carol nos sentimos abençoadas por termos sido capazes de escrever este livro. Passar algum tempo entrevistando os 100 Felizes e concentrando nossa atenção num assunto como a felicidade nos tornou pessoas mais felizes, mais saudáveis e mais gentis (pelo menos de acordo com nossos maridos!). A perspectiva de ser Feliz Sem Motivo permeia nossas interações com as pessoas, nossa percepção do mundo à nossa volta – tudo! Estou impressionada com o poder dessas três palavrinhas – Feliz Sem Motivo – de animar as pessoas e lembrá-las da felicidade que já existe dentro delas.

Confirmei isso quando estava comprando uma luminária pelo telefone. Enquanto a vendedora processava a informação, começamos a conversar sobre felicidade. Quando mencionei o título do meu livro, ela ficou bastante animada e disse, "Feliz Sem Motivo! Adoro isso! Às vezes me sinto feliz e não sei por que, mas nunca sei como chamar isso. Feliz Sem Motivo é uma descrição perfeita." No dia seguinte, recebi dela um e-mail que incluía o seguinte parágrafo:

No fim do dia, ao voltar para casa dirigindo meu carro, depois de falar com você, fiquei ouvindo "Feliz Sem Motivo" na minha cabeça. Não consegui deixar de sorrir – e me vi sorrindo durante quilômetros.

O efeito propagador de Feliz Sem Motivo continuou: a leitura daquele e-mail me fez sorrir também.

Em Carol, essa idéia de ser feliz a partir de dentro vinha se infiltrando há muitos anos. Quando tive a idéia do título *Os sete passos para ficar de bem com a vida* e contei a Carol, ela concordou na hora que era a maneira perfeita de descrever esse estado que vai além da felicidade comum.

No dia seguinte, ela me telefonou toda animada. Disse que estivera folheando umas revistas antigas e havia se deparado com a letra de uma canção que escrevera em 1984. Havia se esquecido completamente da canção, mas quando a leu novamente, ficou arrepiada. Quando me disse a letra, também fiquei impressionada com a coincidência:

Dirigindo meu carro, faixas amarelas brilhando
Inverno em Nova York e céu de Nova York
Então, sem qualquer motivo especial que eu possa ver,
De repente estou tão feliz quanto alguém pode estar.

Água quente ensaboada, lavando louça
Mirando as nuvens e fazendo pedidos.
Então, sem qualquer motivo especial que eu possa ver,
De repente estou tão feliz quanto alguém pode estar.

A alegria dentro de mim floresce como uma rosa,
Algo doce e caloroso flui.
Então, sem qualquer motivo especial que eu possa ver,
De repente estou tão feliz quanto alguém pode estar.*

---

*Driving my car, yellow lines flashing by,/New York winter and a New York sky/Then for no reason special that I can see,/Suddenly I'm happy as a person can be. Hot soapy water, doing the dishes,/Staring at the clouds and making wishes./ Then for no reason special that I can see,/ Suddenly I'm happy as a person can be. Joy inside me blossoms like a rose,/ Something sweet and warm flows./Then for no reason special that I can see,/ Suddenly I'm happy as a person can be. *(N. do T.)*

Tempo para a música de *Além da Imaginação*: du-du-du-du, du-du-du-du. Nós rimos. Ambas sabíamos que não era por acaso que estávamos fazendo este livro juntas!

Trabalhar em *Os sete passos para ficar de bem com a vida* transformou totalmente a vida de Carol. Ela diz que embora antes se considerasse bastante feliz, saber o que é ser Feliz Sem Motivo lhe deu um nível diário de paz e alegria que antes ela via apenas vagamente. Carol sente uma nova confiança por saber que não importa o que lhe aconteça, ela tem uma caixa de ferramentas cheia de Hábitos de Felicidade que podem ajudá-la a encontrar o caminho de volta à felicidade que tem dentro de si.

Para mim, escrever *Os sete passos para ficar de bem com a vida* foi uma realização que eu almejava desde a infância: encontrar uma felicidade profunda e compartilhá-la com outras pessoas. A construção de minha Casa da Felicidade apagou a angústia e o vazio que me deprimiam há muitos anos. Sinto uma gratidão extraordinária pela experiência continuamente crescente de ser Feliz Sem Motivo em minha vida.

Em seus últimos dias, meu pai, meu primeiro modelo exemplar de Feliz Sem Motivo e inspiração deste livro, deu-me um presente final.

Ao celebrar seu aniversário de 91 anos num jantar em casa, com toda a família, meu pai teve o que acabaria sendo sua última refeição. Foi também a última vez em que estava ativo antes de falecer, em paz, uma semana depois. Embora não tenhamos percebido na ocasião o que ele estava fazendo, naquela noite ele apresentou um argumento muito específico para levar cada um de seus filhos – minha irmã, meu irmão e eu – um a um, até o bordado Árvore da Vida, sua obra-prima final, que estava pendurada na parede da sala de estar.

Quando ele sorriu carinhosamente e apontou para o bordado emoldurado, eu sabia que ele estava tentando expressar algo importante. Ele mal podia falar, mas hoje acredito que com aquele gesto final estava tentando se comunicar comigo, "Você é a próxima geração na Árvore da Vida e quero que transmita a mensagem da minha vida. Tive uma vida profundamente feliz. Por favor, viva essa felicidade e ajude os outros a vivê-la também".

Este livro é minha maneira de transmitir a mensagem de meu pai.

Meu mais profundo desejo é que cada um de nós fique cheio de luz, amor e felicidade em sua própria vida, e que através disso criemos um mundo de paz.

Que todos nós sejamos Felizes Sem Motivo!

BIBLIOGRAFIA RECOMENDADA

Livros sobre felicidade

A arte da felicidade, de Sua Santidade o Dalai Lama (Martins Fontes, 2003).

Authentic Happiness: Using the New Positive Psychology to Realize Your Potential for Lasting Fulfillment, de Martin Seligman (Free Press, 2004).

Feel Happy Now!, de Michael Neil (Hay House, 2008).

Happier: Learn the Secrets to Daily Joy and Lasting Fulfillment, de Tal Ben Shahar (McGraw-Hill, 2007).

Happiness Makeover: How to Teach Yourself to Be Happy and Enjou Every Day, by M. J. Ryan (Broadway, 2005)

Felicidade – A prática do bem-estar, de Matthieu Ricard *(Palas Athena, 2007).*

How We Choose to Be Happy: The 9 Choices of Extremely Happy People – Their Secrets, Their Stories, de Rick Foster e Greg Hicks (Perigee Trade, 2004).

The Joy Diet: 10 Daily Practices for a Happier Life, de Martha Beck (Crown, 2003).

Positivity Psychology Coaching: Putting the Science of Happiness to Work for Your Clients, de Robert Biswas-Diener e Ben Dean (Wiley, 2007)

Stumbling on Happiness, de Dan Gilbert (Vintage, 2007)

What Happy People Know: How the New Science of Happiness Can Change Your Life for the Better, de Dan Baker e Cameron Stauth (St. Martin's Griffin, 2004).

Livros para construção de sua Casa da Felicidade

Capítulo 3 (Poder pessoal)

The Game of Life (Hay House Classics), de Florence Scovel Shinn (Hay House, 2006).

How Did I Get Here? Finding Your Way to Renewed Hope and Happiness When Life and Love Take Unexpected Turns, de Barbara DeAngelis (St. Martin's Griffin, 2006)

O poder do agora, de Eckhart Tolle (GMT, 2002).

O segredo, de Rhonda Byrne (Ediouro, 2006).

The Solutions Focus: Making Coaching and Change Simple, de Paul Z. Jackson e Mark McKergow (Nicholas Brealey Publishing, 2007).

Capítulo 4 (Mente)

Biology of Belief: Unleashing the Power of Consciousness, Matter, and Miracles, de Bruce H. Lipton (Mountain of Love, 2005).

Loving What Is: Four Questions That Can Change Your Life, de Byron Katie e Stephen Mitchell (Three Rivers Press, 2003).

The Sedona Method: Your Key to Lasting Happiness, Success, Peace and Emotional Well-Being, de Hale Dwoskin (Sedona Press, 2003).

Capítulo 5 (Coração)

Count Your Blessings: The Healing Power of Gratitude and Love, de John Demartini (Hay House, 2006).

O poder do perdão, de Frederic Luskin (Novo Paradigma, 2002).

The HeartMath Solution: The Institute of HeartMath's Revolutionary Program for Engaging the Power of the Heart's Intelligence, de Doc Lew Childre e Howard Martin (HarperSanFrancisco, 2000).

The Hidden Messages in Water, de Masaru Emoto e David A. Thayne (Atria, 2005).

Capítulo 6 (Corpo)

The Diet Cure, de Julia Ross (Penguin, 2000).

Essential Cleansing for Perfect Health, de Brenda Watson (Renew Life Press, 2006).

Everything You Need to Know to Feel Go(o)d, de Candace Pert e Nancy Marriott (Hay House, 2006).

The Four-Day Win: End Your Diet War and Achieve Thinner Peace, de Martha Beck, PhD (Rodale, 2007).

Good Night: The Sleep Doctor's 4-Week Program to Better Sleep and Better Health, de Michael Breus, PhD (Dutton Adult, 2006).

Hormones, Health, and Happiness: A Natural Medical Formula for Rediscovering Youth with Bioidentical Hormones, de Steven F. Holtze, MD (Wellness Central, 2007).

Mars and Venus Diet and Exercise Solution: Create the Brain Chemistry of Health, Happiness, and Lasting Romance, de John Gray (St. Martin's Press, 2003).

The Mood Cure: The 4-Step Program to Take Charge of Your Emotions – Today, de Julia Ross (Penguin, 2003).

Natural Highs: Supplements, Nutrition, and Mind-Body Techniques to Help You Feel Good All the Time, de Hyla Cass, MD, e Patrick Holford (Avery, 2003)

Women's Bodies, Women's Wisdom: Creating Physical and Emotional Health and Healing, de Christiane Northrup, MD (Bantam, 2006).

Capítulo 7 (Alma)

Awakening into Oneness: The Power of Blessing in the Evolution of Consciousness, de Arjuna Ardagh (Sounds True, 2007).

How to Know God: The Soul's Journey into the Mystery of Mysteries, de Deepak Chopra (Three Rivers Press, 2001).

Inspiration: Your Ultimate Calling, de Wayne Dyer (Hay House, 2007).

No Self, No Problem, de Anan Thubten (Dharmata Press, 2006).

A Return to Love: Reflections on the Principles of "A Course in Miracles", de Marianne Williamson (Harper Paperbacks, 1996).

Capítulo 8 (Objetivo)

Beneath a Vedic Sun: Discover Your Life Purpose with Vedic Astrology, de William Levacy (Hay House, 2006).

The Better World Shopping Guide, de Ellis Jones (New Society Publishers, Canadá, 2006).

Finding Your Own North Star: Claiming the Life You Were Meant to Live, de Martha Beck (Three Rivers Press, 2002).

The Passion Test: The Effortless Path to Discovering Your Destiny, de Janet Bray Attwood e Chris Attwood (Hudson Secret Press, 2007).

The Power of Full Engagement: Managing Energy, Not Time, Is the Key to Performance and Personal Renewal, de Jim Loehr e Tony Schwartz (Boorman Companhia, 2007).

Sucesso feito para durar, de Jerry Porras, Stewart Emery e Mark Thompson.

Os princípios do sucesso, de Jack Canfield e Janet Switzer (GMT, 2007).

Capítulo 9 (Relações)

Getting the Love You Want: A Guide for Couples, de Harville Hendrix (Pocket Books, 2005).

Lasting Love: The 5 Secrets of Growing a Vital, Conscious Relationship, de Gay Hendricks e Kathlyn Hendricks (Rodale, 2004).

Homens são de Marte, Mulheres são de Vênus: de John Gray (Rocco, 1997).

Capítulo 10

One Small Step Can Change Your Life: The Kaizen Way, de Robert Maurer, PhD (Workman, 2004).

Ferramentas e técnicas

Agape International Spiritual Center – Rev. Dr. Michael Beckwith
www.agapelive.com
O Agape International Spiritual Center é uma comunidade espiritual cujas portas estão abertas a todos que buscam espiritualidade autêntica, transformação pessoal e serviço abnegado à humanidade.

Art of Living Foundation
www.artofliving.org
Esta organização educacional e humanitária internacional sem fins lucrativos oferece workshops para o ensino de meditação e técnicas de respiração que acalmam a mente, liberam o estresse, retiram toxinas do corpo e energizam todo o sistema em minutos.

B.E.S.T. – Morter HealthSystem
www.morter.com
A Morter HealthSystem desenvolveu e ensina a Técnica de Sincronização Bioenergética – B.E.S.T. – um procedimento físico de equilíbrio de energia para restabelecer o potencial de cura total do corpo usando sua capacidade natural de cura. A B.E.S.T. ajuda a equilibrar o sistema nervoso autônomo e sustenta uma saúde verdadeira, vibrante.

Biocybernaut Institute – Dr. James Hardt
www.biocybernaut.com
O Biocybernaut Institute oferece o treinamento Advanced Brian Wave Neurofeedback. As pessoas são delicadamente guiadas para sua própria autodescoberta através de programas que as treinam para abrir seus corações e fazer um profundo trabalho de perdão que aprimora suas experiências de vida e suas ondas cerebrais alfa.

Canfield Training Group – Jack Canfield
www.jackcanfield.com
O Canfield Training Group oferece programas para mudar a vida que têm como foco viver os *Princípios do sucesso*, aumentar a auto-estima e otimizar o rendimento máximo. Jack Canfield, Treinador de Sucesso dos Estados Unidos, ajuda você a ir de onde está até aonde quer estar.

Center for Soulful Living – Bill Bauman
Aboutcsl.com
O Center for Soulful Living é uma comunidade mundial de pessoas que se dedicam a viver centradas na alma e cheias de graça. Sua principal intenção é ajudar as pessoas a se conectar com sua sabedoria, poder e brilho internos.

Reeducação do Campo Cortical
www.corticalfieldreeducation.com
A Cortical Field Re-Education, desenvolvida por Harriet Goslins, é uma abordagem revolucionária para melhorar a saúde e o bem-estar melhorando a comunicação entre o cérebro e o corpo. É um programa integrativo que envolve não apenas cura física, mas também os níveis emocional, espiritual e energético que acompanham a cura.

Método Demartini
www.drdemartini.com
Derivado da física quântica, o Dermatini Method é uma série predeterminada de questões e ações que neutralizam cobranças emocionais e equilibram sua mente e seu corpo. O processo permite a você avançar para novos níveis de inspiração, criatividade e rendimento.

Técnica Emocional da Liberdade (EFT)
www.emofree.com
A EFT usa toques delicados em pontos meridianos-chaves de seu corpo para liberar quase todas as questões emocionais, de saúde e de rendimento que você pode identificar. Em www.emofree.com, você pode baixar um manual grátis que lhe ensinará como usar essa tecnologia e assistir a uma demonstração da EFT em vídeo.

Hanna Somatics
www.livingsomatics.com
Hanna Somatics é um programa que consiste em movimentos lentos e delicados para melhorar o funcionamento do sistema nervoso. Os benefícios incluem uma redução significativa da dor e um aumento da tranqüilidade e felicidade no corpo.

Hendricks Institute – Gay e Kathlyn Hendricks
www.hendricks.com
O Hendricks Institute ensina habilidades centrais para a vida consciente. Seu foco está em ajudar as pessoas a se abrir para mais criatividade, amor e vitalidade através do poder da relação consciente e do aprendizado sobre a pessoa inteira.

Holosync
www.centerpointe.com
Holosync é uma forma sofisticada de tecnologia neuro-áudio que produz com facilidade e sem esforço os padrões das ondas cerebrais elétricas da meditação. Trata-se de uma tecnologia cerebral cientificamente provada que lhe dá todos os benefícios da meditação.

Institute of HeartMath
www.heartmath.com
A missão do HeartMath é estabelecer uma vida baseada no coração e uma coerência global, inspirando as pessoas a se conectar com a inteligência e orientação de seus próprios corações. O sistema HeartMath é composto de pesquisas, programas, produtos e tecnologias para melhorar a saúde, o bem-estar e a realização pessoal.

Intentional Living Program – Dra. Sue Morter
www.drsuemorter.com
O Intentional Living Program da Dra. Morter é uma abordagem e um método mente-corpo únicos que permitem às pessoas romper bloqueios limitadores para viver a vida de seus sonhos. Este programa experimental e educacional funciona no nível da remodelação do cérebro e do corpo para alcançar o funcionamento e sucesso máximos.

Life Spa do Dr. John Douillard
www.lifespa.com
Life Spa é um centro em Boulder, Colorado, para Ayurveda e Panchakarma, destinado a rejuvenescer, desintoxicar e equilibrar os tecidos mais profundos do corpo. Seus programas transformam o corpo no nível celular.

Lefkoe Institute: tornando a mudança mais fácil – Morty Lefkoe
www.lefkoeinstitute.com
O Lefkoe Institute ajuda indivíduos que querem fazer mudanças permanentes em seu comportamento e/ou emoções de uma maneira suave, mas eficiente. Usando o Método Lefkoe, crenças indesejadas são literalmente desligadas para sempre.

Lindwall Foundation – Liberdade através de Relaxamento
www.lindwallreleasing.org
O Lindwall Releasing Process é um processo poderoso para soltar lembranças negativas ou pensamentos limitadores. O processo envolve permitir que uma perturbação passada venha à tona, confrontando a situação quando necessário, e depois liberar o impacto negativo e o conteúdo emocional através de afirmações faladas.

Mood Cure Website – Julia Ross
www.moodcure.com
O Mood Cure se baseia no trabalho pioneiro feito desde 1988 na Recovery Systems, a clínica de Julia na Califórnia. Essa abordagem abrangente e natural usa aminoácidos que abastecem o cérebro de maneira direcionada, combinados a uma dieta de proteínas, gordura saudável e rica em vegetais para produzir um humor melhor em questão de dias.

Nancy Fursetzer
www.Positician.com
Certified Positician® coach. Os positicians procuram o melhor em tudo e ensinam outras pessoas a fazer o mesmo. Certificado de Positician disponível.

Network for Grateful Living – Irmão David Steindl-Rast
www.gratefulness.org
A Network for Grateful Living (ANG*L) é uma organização sem fins lucrativos que se dedica à gratidão como inspiração central para mudanças pessoais, cooperação internacional e ativismo sustentável em áreas de preocupação universal.

Método Opção – Lenora Boyle
www.changelimitingbeliefs.com
Lenora Boyle tem ajudado pessoas a serem mais felizes desde 1991, através de seminários interativos, prática de treinamento privado e tele-aulas. Ela faz seminários usando o Método Opção, especializado em ir até a raiz do problema: a crença limitadora ou um condicionamento do passado.

Paraliminar – estratégias de aprendizado
www.learningstrategies.com/Paraliminal/Home.asp
Paraliminar são um programa neurolingüístico e uma tecnologia de aprendizado de todo o cérebro para aumentar seu poder pessoal, ativando sua "mente inteira" com uma combinação precisa de música e palavras. Cada sessão é cuidadosamente preparada para dar a você resultados que mudam sua vida.

Teste da Paixão
www.thepassiontest.com
O Teste da Paixão de Janet e Chris Attwood é um instrumento incrivelmente simples, mas profundo, que tem sido dado a milhares de pessoas em todo o mundo. É uma maneira perfeita de se alinhar com as coisas pelas quais você é mais apaixonado, de modo que você possa compartilhar seus dons especiais.

Pantajali Kundalini Yoga Care
www.kundalinicare.com
Pantajali Kundalini Yoga Care é um serviço de orientação espiritual para buscas sinceras, baseado na tradicional ciência kundalini. Oferece avaliações e recomendações individuais de prática espiritual, acompanhadas de apoio e orientação.

Positive Psychology Services – Robert Biswas-Diener
www.intentionalhappiness.com
Positive Psychology Services oferece uma ampla série de serviços de treinamento e orientação oral baseados na nova ciência da psicologia positiva.

Psych-K
www.psych-k.com
Psych-K ajuda você a reescrever o software de sua mente transformando crenças autolimitadoras em crenças que lhe dão suporte. Psych-K desenvolve uma comunicação em todo o cérebro, o que muda rápida e facilmente crenças subconscientes.

Releasing the Inner Magician (RIM) – Dra. Deborah Sandella
www.innermagician.com
O método RIM é um método mente-corpo avançado para liberar pensamentos e sentimentos do passado que são sabotadores e se reinstalam. O RIM ajuda você a tocar seu Mágico Interno, um poder intuitivo divino que dissolve a dor e revela a força e a paixão naturais de seu espírito.

Método Sedona – Hale Dwoskin
www.sedona.com
O Método Sedona é um programa único para empreender mudanças permanentes e positivas em sua vida. A técnica o ajuda a alterar rapidamente seu estado de consciência, passando de um estado de contração, estresse e resistência para outro de expansão, relaxamento e aceitação.

Foco na solução – Mark McKergow
www.thesolutionsfocus.com
Foco na solução é uma nova onda de mudanças positivas mínimas para pessoas e organizações – uma maneira comprovada de descobrir o que funciona tão simplesmente e suavemente quanto possível. Oferece treinamentos, livros, artigos, discursos, consultas e muito mais.

Soulmate Kit – Arielle Ford
www.soulmatekit.com
O Soulmate Kit é um guia que compreende um DVD, três CDs e um manual de instruções de 104 páginas, destinados tanto a homens quanto a mulheres. Conduz os usuários através de um programa profundo e detalhado para remover a bagagem emocional do passado e criar e atrair o Sr. Certo ou a Sra. Certa para sua vida.

Soul Medicine Institute – Dawson Church
www.soulmedicineinstitute.org
O Soul Medicine Institute se dedica a encorajar a compreensão de que uma conexão espiritual vibrante é essencial para estar bem. Promove treinamento, educação e pesquisas sobre o papel da intenção, da consciência e da energia na cura.

Soulwave Institute – Katie Darling
www.soulwave.org
O trabalho de Katie Darling explora a idéia científica e espiritual de que tudo é uma onda que existe num campo oceânico, inclusive você e eu. Os treinamentos do Soulwave oferecem uma experiência direta disso, que abre caminho para uma cura poderosa, a alegria, o alívio e um novo tipo de sabedoria chamado inteligência dinâmica.

Spring Forest Qigong – Chunyi Lin
www.springforestqigong.com
Spring Forest Qigong é uma técnica revolucionária baseada numa prática de cura milenar, revisada e aprimorada para o mundo do século XXI. Chunyi Lin, mestre de Qigong, criou a Spring Forest Qigong com um objetivo em mente: pôr o poder em suas mãos para que você perceba plenamente que nasceu sabendo curar.

Switched-On Seminars: Otimização de Desempenho do Cérebro – Jerry Teplitz
www.teplitz.com
Os Switched-On Seminars têm como foco uma reorganização do circuito do seu cérebro para criar novos níveis de sucesso. Seminários sobre vendas, network marketing, golfe e gerenciamento integram os hemisférios esquerdo e direito de seu cérebro para ajudar a impedir que este seja acionado por experiências desagradáveis do passado e permitir que você se adapte facilmente a novas oportunidades e mudanças.

Técnica de Acupressão Tapas (TAT)
www.tatlife.com
A TAT é uma inovadora técnica de cura de meridiano de energia para acabar com o estresse, criar uma saúde boa e vibrante e uma vida feliz. No site www.tatlife.com você pode baixar um folheto grátis sobre como aplicar a TAT em você.

Vedic Behavior and Trend Analysis Systems – William R. Levacy
www.vedicsky.com
Vedic Behavior and Trend Analysis Systems ajuda a analisar comportamentos e a prever acontecimentos, de modo que você pode antecipar bons resultados para suas ações. Fornece um roteiro para uma vida efetiva, sintonizada com as leis da natureza.

O Trabalho – Byron Katie
www.thework.com
O Trabalho é um processo de investigação simples, mas poderoso, que ensina você a identificar e questionar os pensamentos estressantes que causam todo o sofrimento do mundo. Pessoas que fazem The Work com dedicação relatam resultados que mudam suas vidas.

RETRIBUIÇÃO

No espírito da retribuição, estamas satisfeitos por doar uma parte dos lucros das autoras com *Os sete passos para ficar de bem com a vida* para as duas valiosas causas seguintes:

Operation Smile: Fundada em 1982, a Operation Smile é uma instituição internacional de caridade para crianças, cuja rede de voluntários globais se dedica a ajudar a melhorar a saúde e a vida de crianças e adultos jovens. Desde que foi fundada, a Operation Smile já tratou mais de cem mil crianças nascidas com lábio leporino, palato fendido e outras deformidades faciais. Além de contribuir para o tratamento médico gratuito, a Operation Smile treina profissionais médicos em seus 25 países parceiros e lhes doa equipamentos cruciais para criar a base de uma auto-suficiência a longo prazo.

Operation Smile, Inc.
6435 Tidewater Drive, Norfolk, VA 23509
Telefone: (888) OPSMILE, Fax: (757) 321-7660
Site: www.operationsmile.org

The Pachamama Alliance: A Pachamama Alliance se dedica a fortalecer povos indígenas para que eles preservem seu território e seu modo de vida. Assim, protege o mundo natural para toda a família humana. Sua principal estratégia inclui suprir povos de florestas tropicais com ferramentas e recursos necessários para apoiar a contínua força e vitalidade de suas comunidades e culturas. Os povos indígenas oferecem uma nova maneira de ver e viver o mundo, inerentemente interconectada e sustentável. Essa parceria recíproca está servindo para produzir neste planeta uma presença humana ambientalmente sustentável, espiritualmente realizada e socialmente justa.

The Pachamama Alliance
1009 General Kennedy Avenue, PO Box 29191, San Francisco, CA 94129
Telefone: (415) 561-4522
Site: www.pachamama.org

SOBRE MARCI SHIMOFF

Marci Shimoff é uma celebrada líder transformacional e especialista em felicidade que tem inspirado milhões de pessoas no mundo com sua mensagem sobre as possibilidades infinitas que a vida apresenta. Uma das principais especialistas motivacionais dos Estados Unidos e conceituada oradora profissional, ela tem realizado programas para uma grande variedade de públicos e organizações, incluindo muitas empresas da Fortune 500. Há mais de 20 anos tem sido amplamente aclamada por compartilhar seus métodos revolucionários de realização pessoal e sucesso profissional.

Marci é também uma das maiores autoras de best sellers de não-ficção de todos os tempos, e a face feminina do maior fenômeno de livro de auto-ajuda de todos os tempos, *Histórias para aquecer o coração*, que alcançou mais de 150 milhões de pessoas. É co-autora de seis dos títulos da série, incluindo *Histórias para aquecer o coração das mulheres* e *Histórias para aquecer o coração das mães* (Sextante). Seus livros venderam mais de 13 milhões de exemplares no mundo, em 33 línguas, e completaram 108 semanas na lista de best-sellers do *New York Times*, sendo que quatro títulos ficaram em primeiro lugar na lista durante 12 semanas. Seus livros também estiveram no topo das listas de best-sellers do *USA Today* e da *Publishers Weekly*.

Além disso, Marci é uma professora retratada no filme internacional e fenômeno editorial *O segredo*, apresentando suas percepções sobre princípios cruciais para criar o sucesso e a realização duradouros. Personalidade popular e envolvente na mídia, Marci apareceu em mais de quinhentos programas de rádio e televisão nacionais e regionais, e foi entrevistada para mais de cem artigos de jornais em toda a América do Norte. Seu trabalho tem sido publicado em revistas femininas nacionais, incluindo a *Ladie's Home Journal* e a *Woman's World*.

Presidente e co-fundadora do Esteem Group, Marci faz discursos programáticos e seminários sobre autofortalecimento e desempenho máximo para corporações, associações de mulheres e organizações profissionais e sem fins lucrativos. Fez MBA em comportamento organizacional na Ucla e concluiu também um programa avançado de habilitação, de um ano, para se tornar consultora para controle de estresse.

É membro fundador do Executive Committee of the Transformational Leadership Council, um grupo de cem grandes líderes que servem a mais de dez milhões de pessoas no mercado do autodesenvolvimento. Marci se dedica a cumprir seu objetivo e visão de vida de ajudar as pessoas a viver com mais poder e plenas de alegria.

Para saber mais sobre as apresentações programáticas, livros ou programas de seminários de Marci, você pode fazer contato com ela em:

The Esteem Group
369-B Third Street #314
San Rafael, CA 94901
Telefone: 415-789-1300
Fax: 415-789-1309
www.marcishimoff.com
www.happyfornoreason.com

SOBRE CAROL KLINE

Carol Kline é co-autora de cinco livros que tiveram mais de cinco milhões de exemplares vendidos da série *Histórias para aquecer o coração*. Em 2006, escreveu com Jack Canfield e Gay Hendricks *You've Got to Read This Book: 55 People Tell the Story of the Book That Changed Their Life*.

Escritora e editora free-lance desde 1980, e formada em literatura, Carol é especialista em narrativas de não-ficção e auto-ajuda. Tem escrito para jornais, newsletters e revistas. Além de seus próprios livros da série *Histórias para aquecer o coração*, contribuiu com suas histórias e seu talento em edição para muitos outros livros da mesma série.

Carol também é oradora e defensora do bem-estar dos animais. Além disso, tem ensinado sistemas para controle do estresse ao público em geral desde 1975. Atualmente, trabalha em vários projetos de livros sobre temas diversos.

Para escrever para Carol ou saber sobre seus serviços como escritora e oradora, use, por favor, o seguinte contato:

Carol Kline
Carol Kline, Inc.
P.O. Box 521
Ojai, CA 93024

E-mail: ckline@happyfornoreason.com

BIOGRAFIAS DOS 100 FELIZES CUJAS HISTÓRIAS APARECEM EM *OS SETE PASSOS PARA FICAR DE BEM COM A VIDA*

Janet Attwood é co-autora do *The Passion Test*, best seller nos Estados Unidos; co-autora de *From Sad to Glad*; e co-fundadora da revista transformacional online, *Healthy Wealthy n Wise*. Especialista em paixão, ela apresenta seus programas de Teste da Paixão em todo o mundo. Seu "Empowered Women CD Series" está sendo usado em abrigos de mulheres sem-teto nos Estados Unidos. wwwjanetattwood.com

Martha Beck é autora de livros presentes na lista de best-sellers do *New York Times* e colunista mensal da *O: The Oprah Magazine*. Chamada pela NPR de "a mais conhecida coaching dos Estados Unidos", seus livros incluem *The Four Day Win: End Your Diet War e Achieve Thinner Peace* e *Expecting Adam*. www.liveyournorthstar

Michael Bernard Beckwith é fundador do Agape International Spiritual Center, em Los Angeles. O Dr. Beckwith realiza retiros, é professor de meditação, lidera seminários e é o criador do Life Visioning Process, que ensina em todos os Estados Unidos. Seus livros incluem *Inspirations of the Heart*, *Forty Day Mind Fast Soul Feast*, *A Manifesto of Peace* e *Living from the Overflow*. www.agapelive.com

Rhonda Byrne é produtora e criadora de *O segredo*, livro publicado no mundo inteiro e filme que é um fenômeno. Foi considerada pela revista *Time* uma das cem pessoas mais influentes do mundo, em 2007. Australiana, Rhonda vive atualmente nos Estados Unidos, onde dá continuidade a seu trabalho em projetos que elevam, inspiram a trazem alegria para o mundo. www.thesecret.tv

Chellie Campbell é autora de *The Wealthy Spirit* e *Zero to Zillionaire*, e criou o popular Financial Stress Revolution® Workshop, para ajudar as pessoas a obter sucesso aumentando sua renda, gerenciando seu dinheiro e tendo mais tempo livre para se divertir! Oradora profissional, líder de seminários e campeã de pôquer, Chellie faz workshops na região de Los Angeles e programas em todo o país. www.chelie.com

Aerial Gilbert é diretora do Guide Dogs for the Blind e também uma atleta entusiasmada. Rema regularmente na baía de São Francisco e já competiu com sucesso em numerosos eventos de remo. Compartilha suas experiências pessoais em apresentações públicas, organizações de fraternidade, de negócios, escolas e outros grupos. www.guidedogs.com

Elizabeth Gilbert é autora de inúmeros livros, incluindo o best seller *Comer, rezar, amar*, escolhido recentemente pela Paramount Pictures para se tornar um filme estrelado por Julia Roberts. Tem escrito também para a *New York Times Magazine*, a *Real Simple* e a *O: The Oprah Magazine*. Mora atualmente em Nova Jersey e trabalha num novo livro. www.elizabethgilbert.com

Mariel Hemingway é uma atriz que vem desenvolvendo sua paixão pela ioga e pela saúde há mais de 22 anos, e agora é considerada um exemplo de vida holística e equilibrada. Seu livro mais recente, *Mariel Hemingway's Health Living from the Inside*, é um guia para encontrar o equilíbrio e a saúde através de técnicas de fortalecimento de estilo de vida. www.marielhemingway.com

Gay Hendricks, PhD, é há mais de trinta anos um dos maiores colaboradores nos campos da transformação de relações e das terapias corpo-mente. Juntamente com sua esposa, Dra. Kathlyn Hendricks, é autor de muitos best-sellers – incluindo *Conscious Loving*, *Spirit-Centered Relationships* e *A mística empresarial* (Cultrix) – bem como fundador do Hendricks Institute, que oferece seminários na América do Norte, Ásia e Europa. www.hendricks.com

Chunyi Lin é Mestre de Qigong com licença internacional, fundador da Spring Forest Qigong e co-autor de *Born a Healer*, best seller no Amazon.com. Além disso, Mestre Lin criou uma série de materiais de aprendizado para estudantes, incluindo vídeos, guias de meditação em áudio e manuais de referência. Sua visão é, "um curandeiro em cada família e um mundo sem dor". wwwspringforestqigong.com

Mary G. Lodge é mãe de cinco filhos, avó de onze netos e bisavó de cinco bisnetos. Seus hobbies incluem escrever, pintar e jardinagem; e ela gosta de falar sobre o perdão. Contate-a em LodgeDoor@aol.com

Lisa Nichols, professora retratada em *O segredo*, é uma dinâmica oradora transformacional internacional e forte defensora do fortalecimento pessoal. Co-autora de série *Chicken Soup for the African American Soul*, Lisa é fundadora e diretora-executiva do Motivating the Teen Spirit (LLC), reconhecido como um dos mais abrangentes programas de fortalecimento de habilidades disponíveis hoje para o autodesenvolvimento de adolescentes. www.lisa-nichols.com

Happy Oasis é fundadora e Oficial Visionária Chefe do Raw Spirit Festival, o maior festival do planeta para promoção de consumo de alimentos crus, eco-sustentabilidade e paz mundial, em Sedona, Arizona. Durante décadas, viajou como antropóloga aventureira e foi adotada por tribos. É autora de *Uncivilized Ecstasies* e *Bliss Conscious Communication*. www.RawSpiritFest.com

Catherine Oxenberg é princesa européia e atriz premiada, que atuou em inúmeros filmes e programas de televisão, sendo mais conhecida por seu papel na popular série de tevê *Dynasty*. Em 2006, ela e seu marido, o ator Casper Van Dien, estrelaram a série na tevê *Watch Over Me*. Catherine é também a mãe orgulhosa de cinco belos filhos. www.catherineoxenberg.com

Rico Provasoli é quiroprático aposentado, e hoje escritor em período integral. Seus títulos recentes incluem *Golf between the Ears* e *Please*

Don't Tell My Guru. Ele vive no norte da Califórnia. Continua a navegar, rir e agradecer vigorosamente por tudo. Viaja como orador público e lidera seminários sobre Aliviar-se de Críticas Internas. www.ricoprovasoli.com

Zainabi Salbi é fundadora e diretora-executiva da Women for Women International, que em 2006 recebeu o Conrad N. Hilton Humanitarian Prize. É também autora de *Between Two Worlds: Escape from Tyranny: Growing Up in the Shadow of Saddam* e *The Other Side of the War: Women's Stories of Survival and Hope*. www.womenforwomen.org

CJ Scarlet, depois de vencer uma doença que ameaçava sua vida, é agora escritora, oradora motivacional e treinadora pessoal dedicada a ajudar pessoas a alcançar a felicidade e a prosperidade que merecem. Seu primeiro livro de inspiração, *Neptune's Gift*, está hoje disponível online em www.cjscarlet.com

Lynne Twist, autora do best seller *The Soul of Money*, é uma ativista global, responsável por arrecadações de fundos, oradora e consultora, que tem dedicado sua vida a iniciativas globais que servem aos nossos melhores instintos, incluindo o fim da fome no mundo, a proteção das florestas tropicais do mundo e a criação de um futuro sustentável para todas as formas de vida. www.soulofmoney.or

PERMISSÕES

Somos gratas a várias pessoas que compartilharam conosco suas histórias cativantes e inspiradoras, para que estas fossem incluídas no livro. Além disso, agradecemos aos seguintes indivíduos e organizações que nos deram permissão para reproduzir seus materiais:

Pág. 39 Cartum do gene da irritação. Publicado com permissão da Hage Cartoons.

Pág. 52 Cartum do dinheiro. Publicado com permissão de Patrick Hardin.

Pág. 55 Cartum do cachorro. Publicado com permissão de Mike Twohy; 1992, *The New Yorker Magazine.*

Pág. 74 Cartum da abóbora. Publicado com permissão de Mark Anderson.

Pág. 83 *Técnica do Foco nas Soluções.* Publicada com permissão de Mark McKergow.

Pág. 85 Cartum da culpa. Publicado com permissão de Martha Campbell.

Pág. 100 *M-Power March.* Publicado com permissão de Morter HealthSystems.

Pág. 108 Cartum da programação ruim. Copyright 2001 de Randy Glasbergen. www.glasbergen.com

Pág. 120 *Minirroteiro para o trabalho.* Publicado com permissão de Byron Katie.

Pág. 128 *Exercício O processo de libertação.* Publicado com permissão de The Sedona Method.®

Pág. 131 Cartum do querido diário. Publicado com permissão de Mike Twohy; 1996 *The New Yorker Magazine.*

Pág. 143 Gráficos do ritmo cardíaco. Publicados com permissão do Institute of Heart-Math.

Pág. 144 Cartum da boa batida. Publicado com permissão de Jonny Hawkins.

Pág. 152 Fotos de água do Dr. Emoto. Publicadas com permissão de I.H.M. Co., LTD.

Pág. 157 *Exercício Técnica da Coerência Rápida®.* Publicado com permissão de Institute of HeartMath. A Coerência Rápida é uma marca registrada do Institute of HeartMath.

Pág. 176 Cartum do transplante de sorriso. Copyright 2001 de Randy Glasbergen. www.glasbergen.com

Pág. 186 "Os quatro neurotransmissores de felicidade e seu cérebro", de *The Mood Cure*, de Julia Ross, copyright 2002 de Julia Ross. Usado com permissão de Viking Penguin, divisão do Vigking Group (EUA) Inc.

Pág. 188 "Questionário Tipo de humor em quatro partes", de The Mood Cure, de Julia Ross, copyright 2002 de Julia Ross. Usado com permissão de Viking Penguin, o Vigking Group (EUA) Inc.

Pág. 200 *Exercício Respiração do Universo*. Publicado com permissão de Spring Forest Qigong.

Pág. 212 Cartum do telefone celular. Copyright 2001 de Randon Glasbergen. www.glasbergen.com

Pág. 215 *Postcard*. De *A Lotus Grows in the Mud*, de Goldie Hawn, com Wendy Holden, 2005 de Illume, LLC. Usado com permissão de G. P. Putnam's Sons, divisão do Penguin Group (EUA) Inc.

Pág. 221 Fotos de água do Dr. Emoto. Publicado com permissão de I. H. M. Co, LTD.

Pág. 224 *Oi, Deus. Eu me chamo de Liz*. Adaptado de *Comer, rezar, amar*, de Elizabeth Gilbert, 2006 de Elizabeth Gilbert. Usado com permissão de Viking Penguin, divisão do Penguin Group (EUA) Inc. O material adicional é de uma entrevista com a autora.

Pág. 254 *Exercício Identificando suas paixões*. Usado com permissão de Janet Attwood e Chris Attwood.

Pág. 273 Cartum do sorriso infeccioso. Copyright 2001 de Randy Glasbergen. wwwglasbergen.com

Pág. 282 Cartum de Skippy. Publicado com permissão de Jonny Jawkins.

Pág. 301 História do portão 4-A do Aeroporto de Albuquerque. Publicada com permissão de Naomi Shihab Nye.

Este livro foi composto na tipologia
Adobe Garamond Pro, em corpo 12.5/15.3, e impresso
em papel off-white 80g/m² na Markgraf.